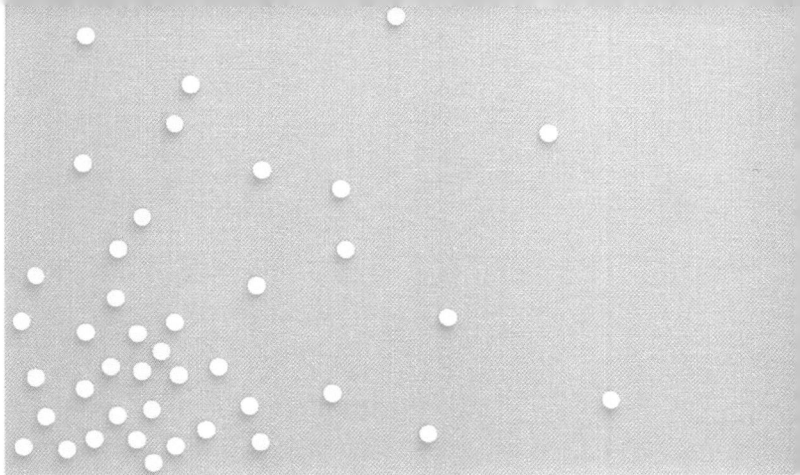

语文课程学段体式教学论

主编　鄢文龙

编者　欧阳文　白瑞明　熊晓珑

暨南大学出版社

JINAN UNIVERSITY PRESS

中国·广州

图书在版编目（CIP）数据

语文课程学段体式教学论/鄢文龙主编. —广州：暨南大学出版社，2016.2（2019.8 重印）
ISBN 978 – 7 – 5668 – 1777 – 8

I.①语… Ⅱ.①鄢… Ⅲ.①语文教学—教学研究 Ⅳ.①H19

中国版本图书馆 CIP 数据核字（2016）第 055811 号

语文课程学段体式教学论
YUWEN KECHENG XUEDUAN TISHI JIAOXUELUN
主 编：鄢文龙

出 版 人：徐义雄
策划编辑：杜小陆 潘江曼
责任编辑：王莎莎
责任校对：刘舜怡 李林达
责任印制：汤慧君 周一丹

出版发行：暨南大学出版社（510630）
电 话：总编室（8620）85221601
营销部（8620）85225284 85228291 85228292（邮购）
传 真：（8620）85221583（办公室） 85223774（营销部）
网 址：http://www.jnupress.com http://press.jnu.edu.cn
排 版：广州联图广告有限公司
印 刷：虎彩印艺股份有限公司
开 本：787mm×960mm 1/16
印 张：14.75
字 数：300 千
版 次：2016 年 2 月第 1 版
印 次：2019 年 8 月第 3 次
定 价：35.00 元

前　言

　　语文课程与教学论，从最早的国文教授法，到国文教学法、语文教材教学法、语文教学法、语文教学论，再到语文教育学已有一个世纪的历史。但目前这门学科仍然没有摆脱现实困境，这主要体现在四个方面：一是还远远停留在师范院校的课堂，并没有发挥其引领作用；二是还基本停留在研究者的圈内，并未由小众化而渐趋大众化；三是理论与实践严重脱离，大学的课程与教学论教师并未深入教学一线，缺乏"下水"指导的权威性；四是大学即将毕业的准教师所学习的通识的课程教学理论缺乏现实的可操作性。

　　以往的课程与教学论教材，大多囿于说明基本性质、研究对象、基本任务和发展演变，描述语文课程与教学的发展、性质与目标、设计，重点阐述语文教学设计，特别是识字与写字教学、阅读教学、写作教学、口语交际与综合性教学。虽然也关注语文教学中学生和教师主体性的发展，但大都立足于宏观论述，最多是中观阐述，极少深入微观个案研究；很少从心理学的视角，进一步关注学生的身心发展规律，从学生的学段实际出发，确立教学目标、教学重点、教学难点、教学方法及学习方式；更少从文体的角度，根据体式不同而采用不同的教学模式。

　　鉴于实际状况，我们试图从语文教学的特殊性出发，尊重语文教学规律，以教材文本为对话主体，结合学生的身心发展规律，重视学习的循序渐进规律及知识的阶梯性与系统性，采用按学段分层教学，突出文本体式教学。既让准教师走上教学岗位后有更强的实践能力，又让适龄学生在身心发展中学有所成，为学生的终身发展奠定基础。

　　本书由鄢文龙担任主编，具体编写人员和分工如下：

　　鄢文龙：全书体例的创建，细目的撰写，全书语言文字的润色与修改，前言，第一章。

　　欧阳文：第三章，第五章。

　　白瑞明：第二章，第四章。

　　熊晓珑：典型案例。

编　者

2016 年 1 月

目　录

第一章 语文课程标准中的学段目标解读

　　课程目标是人才培养总目标的具体体现，规定着课程的具体内容、课程任务和实施方法。因此，课程目标是课程编制、实施和评价的准则和指南，也是学生学习的主要任务和目标。

　　课程目标可以分为达成性课程目标、生成性课程目标和表现性课程目标三种。其中，达成性课程目标以预设的学习效果为中心，是对学生学习成果的期待，具有导向、控制、激励与评价等功能，也具有具体明确、便于操作和评价等优点，适合以掌握知识技能为主的课程内容。生成性课程目标也称展开性课程目标，以学习活动的整个过程为中心，是对教育过程本身的展开和生成的期待、关注，强调学生的能力对教育过程的适应性和学生学习兴趣的生成。表现性课程目标则以学生在学习中的表现为中心，是对学生在学习过程中的个性化表现、创造精神和独立思考能力的期待与关注，适合以学生活动为主的课程内容。

　　语文课程目标是从语文学科的角度，依据语文课程的性质和基本理念，规定人才培养的具体规格和要求。

　　本章的主要内容是对义务教育阶段和高中阶段共五个学段的语文课程目标进行解读，试图体现课程目标的整体性、阶段性、持续性、层次性和递进性。

第一节 《义务教育语文课程标准》中的学段目标[①]

　　2011年12月教育部正式印发了《义务教育语文课程标准》[简称为"《标准（2011版）》"]。该《标准（2011版）》按九年一贯的整体设计，在"总目标"之下分别提出了义务教育阶段四个学段的语文课程目标，包括"识字与写字""阅读""写作""口语交际""综合性学习"等五个方面的内容。

　　无论是总目标还是学段目标，都是从"知识与能力""过程与方法""情感态度与价值观"三个方面设计的，分别对应达成性目标、生成性目标和表现性目标，三者相互渗透，融为一体。"知识与能力"方面体现了语文学科的"工具性"和"培养学生具有适应实际生活需要的能力"的课程理念，"过程与方法"

---

① 参引中华人民共和国教育部制订：《义务教育语文课程标准（2011年版）》，《语文建设》2012年第3期，第69～73页。

方面体现了语文学科的"综合性"的课程理念，而"情感态度与价值观"方面则体现了语文学科的"人文性"和"全面提高学生的语文素养"的课程理念。

《标准（2011 版）》提出的义务教育阶段语文课程总目标共有十条。其中前五条从语文素养的宏观方面着眼，侧重培养学生的"情感态度与价值观"和"过程与方法"两个方面，即培养健康的思想，如爱国主义精神、社会主义道德的品质等；积极的人生态度，实事求是、崇尚真知的科学态度和良好的习惯；正确的世界观、人生观、价值观和多元的文化观。后五条则从具体的语文能力培养方面着眼，侧重"知识与能力"方面，即包括汉语拼音、阅读、文学作品、文言文、写作、口语交际、语文工具书等方面知识的学习，以及识字与写字、阅读、写作、口语交际、信息、思维、学习等各方面能力的培养。

总而言之，义务教育阶段语文课程的总目标是：在注意"过程与方法"的前提下培养学生的"知识与能力"，养成健康的"情感态度与价值观"。总目标着眼于学生语文素养的整体提高，既体现了人文性、工具性、实践性、综合性的统一，又强调了学生在学习中的主体地位，更切合现代社会对语文能力的新要求，突出了语文课程的实践本质。

一、第一学段（1～2 年级）

《标准（2011 版）》中，对第一学段（1～2 年级）的目标规定如下：

（一）识字与写字

识字、写字是阅读和写作的基础，是语文教学的一项基本任务，也是第一学段的教学重点。《标准（2011 版）》第一学段提出了关于"识字与写字"的六条目标：

1. 喜欢学习汉字，有主动识字、写字的愿望。
2. 认识常用汉字 1 600 个左右，其中 800 个左右会写。
3. 掌握汉字的基本笔画和常用的偏旁部首，能按笔顺规则用硬笔写字，注意间架结构。初步感受汉字的形体美。
4. 努力养成良好的写字习惯，写字姿势正确，书写规范、端正、整洁。
5. 学会汉语拼音。能读准声母、韵母、声调和整体认读音节。能准确地拼读音节，正确书写声母、韵母和音节。认识大写字母，熟记《汉语拼音字母表》。
6. 学习独立识字。能借助汉语拼音认读汉字，学会用音序检字法和部首检字法查字典。

其中，第 2 条、第 5 条、第 6 条和第 3 条中的"掌握汉字的基本笔画和常用的偏旁部首，能按笔顺规则用硬笔写字，注意间架结构"是侧重"知识与能力"方面的目标；第1条、第4条和第3条中的"初步感受汉字的形体美"是侧重"情感态度与价值观"方面的目标；识字、写字和拼读等活动的展开则属于"过程与方法"方面。

本学段提出了需要达成的四个"知识与能力"目标：一是识字数1 600个左右，其中一半要求会写；二是掌握汉字笔画、偏旁部首等汉字构造的基本知识；三是学会汉语拼音的基本知识；四是能通过拼音和借助字典来认读生字。"情感态度与价值观"方面，就是引导学生通过感受汉字的形体美和音韵美来培养他们对汉字识字、写字的兴趣，形成良好的书写习惯。

教师在第一学段的教学中应努力做好以下几个方面：

一是把握基础。拼音教学方面，注重考查学生认读和拼读的能力，以及借助汉语拼音认读汉字、讲普通话、纠正地方音的能力；识字教学方面，关注学生认清字形、读准字音、掌握汉字基本意义的情况，以及在具体语言环境中运用汉字的能力，借助字典、词典等工具书查检字词的能力；写字教学方面，关注学生写好基本笔画、基本结构和基本字的情况。

二是提高兴趣。教学要注意儿童的认知特点，多采用活动和游戏的形式，运用形象直观的教学手段，创设丰富多彩的教学情境。汉语拼音教学应注意汉语拼音在现实语言生活中的运用；识字教学要注意将学生熟识的语言因素作为主要材料，结合学生的生活经验，引导他们利用各种机会主动识字，力求识用结合。此外，教师应及时恰当地评价，尤其要多鼓励学生，从而激发他们识读汉字的兴趣，树立读好、写好汉字的自信心。

三是注重过程与方法。应将拼音教学、普通话教学、识字教学和写字教学结合起来，激发学生识字、写字的兴趣；要在每天的语文课中安排10分钟，让学生在教师指导下随堂进行写字练习。让学生写好规范字，养成良好的书写习惯，增强练字效果，从而养成良好的性情、态度和审美趣味。

（二）阅读

阅读是搜集处理信息、认识世界、发展思维、获得审美体验的重要途径，是语文课程中极其重要的学习内容。

阅读教学是学生、教师、教科书编者、文本之间对话的过程。《标准（2011版）》第一学段在阅读方面提出了如下七条目标：

1. 喜欢阅读，感受阅读的乐趣。养成爱护图书的习惯。
2. 学习用普通话正确、流利、有感情地朗读课文。学习默读。
3. 结合上下文和生活实际了解课文中词句的意思，在阅读中积累词语。借助读物中的图画阅读。

4. 阅读浅近的童话、寓言、故事，向往美好的情境，关心自然和生命，对感兴趣的人物和事件有自己的感受和想法，并乐于与人交流。

5. 诵读儿歌、儿童诗和浅近的古诗，展开想象，获得初步的情感体验，感受语言的优美。

6. 认识课文中出现的常用标点符号。在阅读中体会句号、问号、感叹号所表达的不同语气。

7. 积累自己喜欢的成语和格言警句。背诵优秀诗文50篇（段）。课外阅读总量不少于5万字。

以上七条目标都涉及"知识与能力"方面，第3、6这两条目标涉及"过程与方法"方面，第1、2、4、5、7这五条目标涉及"情感态度与价值观"方面。

阅读教学从这三个方面进行设计，体现了语文课程的工具性、人文性和实践性。其内容阐释如下：

1. 重视兴趣和习惯的培养。

阅读教学建议提出，"要重视培养学生广泛的阅读兴趣"。兴趣是最好的老师，因此，对于处于第一学段的学生来说，培养兴趣就显得格外重要。如第1条"喜欢阅读，感受阅读的乐趣。养成爱护图书的习惯"，第7条"积累自己喜欢的成语和格言警句"，指出要让学生喜欢阅读，要能感受到阅读的乐趣，并由爱阅读而爱惜图书。

2. 强调内容和手段的浅近易懂。

对于初步接触阅读的学生，教学内容和手段不宜过难和过于复杂，这几条目标中所涉及的内容和手段都注意到了这一点，如第4条"阅读浅近的童话、寓言、故事"，第5条"诵读儿歌、儿童诗和浅近的古诗"。浅近的学习内容才容易理解，有助于学生树立信心。直观形象的图画和生动有趣的内容也都适合此阶段学生的认知特点，容易激发其学习兴趣。

3. 重视学生的阅读感受和体验。

语文是人文性很强的学科，大多数阅读文章都包含着浓厚的感情色彩，在阅读过程中我们应该少一点分析，让学生更多地去感受、体验文本的感情，从而受到熏陶、感染。因此，《标准（2011版）》特别强调学生在阅读过程中的感受和体验。如第1条"喜欢阅读，感受阅读的乐趣"，第5条"诵读儿歌、儿童诗和浅近的古诗，展开想象，获得初步的情感体验，感受语言的优美"，第6条"在阅读中体会句号、问号、感叹号所表达的不同语气"，使用了"感受""想象""体验""体会"等词语，强调了学生在阅读过程中心智的自觉活动。阅读教学建议也指出，"第一学段侧重考查学生能通过朗读和想象等手段，大体感受作品的情境、节奏和韵味"，"第一学段可侧重考查对文章内容的初步感知和文中重要词句的理解、积累"。

4. 强调在阅读过程中培养能力。

《标准（2011 版）》主张语文知识的学习和阅读过程相结合，让学生在阅读过程中随文学习语文知识，在运用中学习知识。如第 3 条"结合上下文和生活实际了解课文中词句的意思，在阅读中积累词语。借助读物中的图画阅读"等。阅读教学建议不主张将语文知识学习和阅读行为割裂开来的系统讲授，建议指出，"在阅读教学中，为了帮助理解课文，可以引导学生随文学习必要的语文知识，但不能脱离语文运用的实际去进行'系统'的讲授和操练，更不应要求学生死记硬背概念、定义"，"语文知识的学习重在运用，其概念不作为考试内容"。在语法修辞知识的教学建议中也指出，"语音、文字、词汇、语法、修辞、文体、文学等丰富的知识内容，在教学中应根据语文运用的实际需要，从所遇到的具体语言实例出发进行指导和点拨……要避免脱离实际运用，围绕相关知识的概念、定义进行'系统、完整'的讲授与操练"。

5. 重视阅读方法和习惯的培养。

第 2 条"学习用普通话正确、流利、有感情地朗读课文。学习默读"，第 5 条"诵读儿歌、儿童诗和浅近的古诗，展开想象，获得初步的情感体验，感受语言的优美"。目标中提到了朗读、默读和诵读等阅读方法。从一开始就培养学生正确的阅读方法，养成良好的阅读习惯，对以后各学段的学习非常重要。第一学段在这方面的目标设置正体现了这一点。

（三）写话

写作能力综合体现了学生的语文素养。《标准（2011 版）》在第一学段提出了三条写作目标：

1. 对写话有兴趣，留心周围事物，写自己想说的话，写想象中的事物。
2. 在写话中乐于运用阅读和生活中学到的词语。
3. 根据表达的需要，学习使用逗号、句号、问号、感叹号。

（四）口语交际

1. 学说普通话，逐步养成讲普通话的习惯。
2. 能认真听别人讲话，努力了解讲话的主要内容。
3. 听故事、看音像作品，能复述大意和自己感兴趣的情节。
4. 能较完整地讲述小故事，能简要讲述自己感兴趣的见闻。

5. 与别人交谈，态度自然大方、有礼貌。

6. 有表达的自信心。积极参加讨论，敢于发表自己的意见。

（五）综合性学习

1. 对周围事物有好奇心，能就感兴趣的内容提出问题，结合课内外阅读共同讨论。

2. 结合语文学习，观察大自然，用口头或图文等方式表达自己的观察所得。

3. 热心参加校园、社区活动。结合活动，用口头或图文等方式表达自己的见闻和想法。

二、第二学段（3～4 年级）

（一）识字与写字

《标准（2011 版）》第二学段提出了关于"识字与写字"的五条目标：

1. 对学习汉字有浓厚的兴趣，养成主动识字的习惯。

2. 累计认识常用汉字 2 500 个左右，其中 1 600 个左右会写。

3. 有初步的独立识字能力。会运用音序检字法和部首检字法查字典、词典。

4. 能使用硬笔熟练地书写正楷字，做到规范、端正、整洁。用毛笔临摹正楷字帖。

5. 写字姿势正确，有良好的书写习惯。

其中，第 2 条、第 3 条和第 4 条中的"能使用硬笔熟练地书写正楷字，做到规范、端正、整洁"是侧重"知识与能力"方面的目标；第 4 条中的"用毛笔临摹正楷字帖"是侧重"过程与方法"方面的目标；第 1 条和第 5 条则是侧重"情感态度与价值观"方面的目标。

本学段在前一学段的基础上，提出了需要达成的三个"知识与能力"目标：一是在该学段内需要认识 900 个左右常用字，会写的字也从 800 个左右增加到 1 600 个左右；二是能使用字典、词典，有初步的独立识字能力；三是写字方面，由前一阶段的注意笔顺规则和间架结构提高到学会用硬笔写端正、规范的正楷字。而"用毛笔临摹正楷字帖"则是实现这一目标的过程与方法。"情感态度与价值观"方面，一是要继续培养良好的书写习惯，二是"对学习汉字有浓厚的兴趣"。

对教师在第二学段的评价和教学方面的一些建议：

（1）评价方面。评价要有利于激发学生主动识字、写字的兴趣，帮助学生养成写规范字的习惯，减少错别字。识字的评价，要考查学生认清字形、读准字音、掌握汉字基本意义的能力，以及在具体语言环境中运用汉字的能力，借助字典、词典等工具书查检字词的能力。写字的评价，要考查学生对要求"会写"的字的掌握情况，既要重视书写的正确、端正、整洁，又要关注正确的写字姿势和良好的书写习惯的养成。

（2）教学方面。识字教学要注意儿童的认知特点，既要结合生活实际，在其熟悉的语言环境中使用其熟知的语言材料积极诱导学生独立主动地识字，又要善于运用多种识字教学方法和形象直观的教学手段，创设丰富多彩的教学情境，提高识字教学效率。

写字教学过程中既要把握标准，强调学生写字姿势要正确，书写要规范、端正、整洁，又要注意过程，要增强学生练字意识，养成练字习惯，最好在每天的语文课中安排 10 分钟，要求学生在教师指导下随堂练习；既要注意书写的效果，又要注意学生在临摹的过程中性情、态度、审美趣味的养成。从这一阶段开始还要关注学生的毛笔书写。

（二）阅读

《标准（2011 版）》第二学段在阅读方面提出了如下九条目标：

1. 用普通话正确、流利、有感情地朗读课文。

2. 初步学会默读，做到不出声，不指读。学习略读，粗知文章大意。

3. 能联系上下文，理解词句的意思，体会课文中关键词句表达情意的作用。能借助字典、词典和生活积累，理解生词的意义。

4. 能初步把握文章的主要内容，体会文章表达的思想感情。能对课文中不理解的地方提出疑问。

5. 能复述叙事性作品的大意，初步感受作品中生动的形象和优美的语言，关心作品中人物的命运和喜怒哀乐，与他人交流自己的阅读感受。

6. 诵读优秀诗文，注意在诵读过程中体验情感，展开想象，领悟诗文大意。

7. 在理解语句的过程中，体会句号与逗号的不同用法，了解冒号、引号的一般用法。

8. 积累课文中的优美词语、精彩句段，以及在课外阅读和生活中获得的语言材料。背诵优秀诗文 50 篇（段）。

9. 养成读书看报的习惯，收藏图书资料，乐于与同学交流。课外阅读总量不少于 40 万字。

以上九条目标都涉及了"知识与能力"方面，第3、7这两条目标涉及"过程与方法"方面，第1、4、5、6这四条目标涉及"情感态度与价值观"方面。

阅读教学从这三个方面进行设计，体现了语文课程的工具性、人文性和实践性。其内容阐释如下：

1. 重视读书和积累。

例如，第3条"能借助字典、词典和生活积累，理解生词的意义"，第8条"积累课文中的优美词语、精彩句段，以及在课外阅读和生活中获得的语言材料。背诵优秀诗文50篇（段）"，第9条"养成读书看报的习惯，收藏图书资料，乐于与同学交流。课外阅读总量不少于40万字"。其中有两次提到"积累"，既注重生活积累，又注重阅读积累。

2. 重视学生的阅读感受和体验。

例如，第3条"体会课文中关键词句表达情意的作用"，第4条"能初步把握文章的主要内容，体会文章表达的思想感情"，第5条"能复述叙事性作品的大意，初步感受作品中生动的形象和优美的语言，关心作品中人物的命运和喜怒哀乐，与他人交流自己的阅读感受"。这几条目标中，均使用了"体会""把握""感受""关心"等体悟性的词语，突出了阅读过程中学生的主体性。

3. 强调循序渐进。

这几条目标中，使用了"初步""粗知""大意"和"一般"等词语，显然是考虑到学生的年龄特点，提出了一些较低的要求。例如，第2条"初步学会默读，做到不出声，不指读。学习略读，粗知文章大意"，第7条"在理解语句的过程中，体会句号与逗号的不同用法，了解冒号、引号的一般用法"。阅读教学建议也指出，"第二学段侧重考查通过重要词句帮助理解文章，体会其表情达意的作用，以及对文章大意的把握"，"第二学段侧重考查在阅读全文基础上对重要段落和语句的细致阅读，具体感受作品的形象和语言"。

4. 重视阅读方法和习惯的培养。

例如，第1条"用普通话正确、流利、有感情地朗读课文"，第2条"初步学会默读，做到不出声，不指读。学习略读，粗知文章大意"，第6条"诵读优秀诗文，注意在诵读过程中体验情感，展开想象，领悟诗文大意"，以上几条目标中提到了朗读、默读、略读、诵读等多种阅读方法。

（三）习作

写作能力综合体现了学生的语文素养。《标准（2011版）》在第二学段提出了六条写作目标：

1. 乐于书面表达，增强习作的自信心。愿意与他人分享习作的快乐。

2. 观察周围世界，能不拘形式地写下自己的见闻、感受和想象，注意把自己觉得新奇有趣或印象最深、最受感动的内容写清楚。

3. 能用简短的书信、便条进行交流。

4. 尝试在习作中运用自己平时积累的语言材料，特别是有新鲜感的词句。

5. 学习修改习作中有明显错误的词句。根据表达的需要，正确使用冒号、引号等标点符号。

6. 课内习作每学年 16 次左右。

（四）口语交际

1. 能用普通话交谈。学会认真倾听，能就不理解的地方向人请教，就不同的意见与人商讨。

2. 听人说话能把握主要内容，并能简要转述。

3. 能清楚明白地讲述见闻，说出自己的感受和想法。讲述故事力求具体生动。

（五）综合性学习

1. 能提出学习和生活中的问题，有目的地搜集资料，共同讨论。

2. 结合语文学习，观察大自然，观察社会，用书面或口头方式表达自己的观察所得。

3. 能在教师的指导下组织有趣味的语文活动，在活动中学习语文，学会合作。

4. 在家庭生活、学校生活中，尝试运用语文知识和能力解决简单问题。

三、第三学段（5～6 年级）

（一）识字与写字

《标准（2011 版）》第三学段中提出了关于"识字与写字"的四条目标：

1. 有较强的独立识字能力。累计认识常用汉字 3 000 个左右，其中 2 500 个左右会写。

2. 硬笔书写楷书，行款整齐，力求美观，有一定的速度。

3. 能用毛笔书写楷书，在书写中体会汉字的优美。

4. 写字姿势正确，有良好的书写习惯。

其中，第1条、第2条中的"行款整齐，力求美观，有一定的速度"和第3条中的"能用毛笔书写楷书"是侧重"知识与能力"方面的目标；第2条中的"硬笔书写楷书"是侧重"过程与方法"方面的目标；第3条中的"在书写中体会汉字的优美"和第4条则是侧重"情感态度与价值观"方面的目标。

本学段在前一学段的基础上，提出了需要达成的三个"知识与能力"目标：一是在该学段内需要认识500个左右常用字，会写的字也从1 600个左右增加到2 500个左右；二是有较强的独立识字能力；三是既能用硬笔又能用毛笔写楷书，强调硬笔写楷书既要美观又要有速度。通过硬笔或毛笔来练习楷书则是实现这一目标的过程与方法。"情感态度与价值观"方面，一是要继续培养良好的书写习惯，二是要体会汉字的优美。

对教师在第三学段的评价和教学方面的一些建议：

（1）评价方面。识字的评价，要着重学生主动、独立识字的能力，要考查学生认清字形、读准字音、掌握汉字基本意义的能力，以及在具体语言环境中运用汉字的能力，借助字典、词典等工具书查检字词的能力。写字的评价，既要关注硬笔书写，又要关注毛笔书写；既要考查学生的书写效果，又要考查其书写速度；既要关注其书写姿势，也要关注其对正楷字美感的体认。

（2）教学方面。本阶段的识字教学要较多地体现学生的自主性，多让学生借助工具书独立掌握汉字的基本意义和准确读音。写字教学方面，要在每天的语文课中安排10分钟，既要指导学生在确保姿势正确、书写整齐美观的前提下较快速地写好硬笔楷书，又要指导学生学会用毛笔写楷书，体会汉字的优美，使之养成良好的审美趣味和写字习惯。

（二）阅读

《标准（2011版）》第三学段在阅读方面提出了如下八条目标：

1. 能用普通话正确、流利、有感情地朗读课文。

2. 默读有一定的速度，默读一般读物每分钟不少于300字。学习浏览，扩大知识面，根据需要搜集信息。

3. 能联系上下文和自己的积累，推想课文中有关词句的意思，辨别词语的感情色彩，体会其表达效果。

4. 在阅读中了解文章的表达顺序，体会作者的思想感情，初步领悟文章的基本表达方法。在交流和讨论中，敢于提出看法，作出自己的判断。

5. 阅读叙事性作品，了解事件梗概，能简单描述自己印象最深的场景、人物、细节，说出自己的喜爱、憎恶、崇敬、向往、同情等感受。阅读诗歌，大体把握诗意，想象诗歌描述的情境，体会作品的情感，能受到优秀作品的感染和激励，向往和追求美好的理想。阅读说明性文章，能抓住要点，了解文章的基本说明方法。阅读简单的非连续性文本，能从图文等组合材料中找出有价值的信息。

6. 在理解课文的过程中，体会顿号与逗号、分号与句号的不同用法。

7. 诵读优秀诗文，注意通过语调、韵律、节奏等体味作品的内容和情感。背诵优秀诗文60篇（段）。

8. 扩展阅读面。课外阅读总量不少于100万字。

以上八条目标都涉及了"知识与能力"方面，第2、6、8这三条目标涉及"过程与方法"方面，第1、3、4、5、7这五条目标涉及"情感态度与价值观"方面。

阅读教学从这三个方面进行设计，体现了语文课程的工具性、人文性和实践性。其内容阐释如下：

1. 重视读书和积累。

如第2条"默读有一定的速度，默读一般读物每分钟不少于300字。学习浏览，扩大知识面，根据需要搜集信息"，就是强调学生要掌握浏览能力，使阅读有一定的速度，提高掌握信息的效率，从而扩大知识面；第3条"能联系上下文和自己的积累，推想课文中有关词句的意思，辨别词语的感情色彩，体会其表达效果"，强调在一定积累的基础上提高阅读的水平；第7条"背诵优秀诗文60篇（段）"，第8条"扩展阅读面。课外阅读总量不少于100万字"，这两条都提出具体的阅读量的要求来确保学生知识面的扩大。

2. 重视学生在阅读过程中的主体地位。

这八条目标中有四次用到"自己"一词，如"阅读叙事性作品，了解事件梗概，能简单描述自己印象最深的场景、人物、细节，说出自己的喜爱、憎恶、崇敬、向往、同情等感受"等，这些"自己"，强调了学生阅读的独立性和自主性。

3. 重视学生的阅读感受和体验。

例如，第3条"辨别词语的感情色彩，体会其表达效果"，第4条"在阅读中……体会作者的思想感情"，第7条"诵读优秀诗文，注意通过语调、韵律、节奏等体味作品的内容和情感"，使用了"体会""体味"两个感悟性的行为动词，且都指向了"感情""情感"等中心词，突出了学生在阅读中的感受和体验。阅读教学建议也指出，"第三学段侧重考查对文章表达顺序和基本表达方法的了解领悟"，"第三学段，可通过考查学生对形象、情感、语言的领悟程度，

11

以及自己的体验，来评价学生初步鉴赏文学作品的水平"。

4. 学会阅读各种文本。

例如，第5条"阅读叙事性作品，了解事件梗概，能简单描述自己印象最深的场景、人物、细节，说出自己的喜爱、憎恶、崇敬、向往、同情等感受。阅读诗歌，大体把握诗意，想象诗歌描述的情境，体会作品的情感，能受到优秀作品的感染和激励，向往和追求美好的理想。阅读说明性文章，能抓住要点，了解文章的基本说明方法。阅读简单的非连续性文本，能从图文等组合材料中找出有价值的信息"。其中提到的文本有叙事性作品、诗歌、说明性文章以及"简单的非连续性文本"。

5. 强调在阅读过程中培养能力。

如第4条"在阅读中了解文章的表达顺序……初步领悟文章的基本表达方法"，第6条"在理解课文的过程中，体会顿号与逗号、分号与句号的不同用法"等。

6. 重视对学生阅读方法的培养。

八条目标，分别是根据朗读、默读（浏览）、精读、诵读等阅读方法提出的。第1条"能用普通话正确、流利、有感情地朗读课文"，第2条"默读有一定的速度，默读一般读物每分钟不少于300字。学习浏览，扩大知识面，根据需要搜集信息"，第7条"诵读优秀诗文，注意通过语调、韵律、节奏等体味作品的内容和情感。背诵优秀诗文60篇（段）"。其他几条目标则侧重于精读方面。

（三）习作

写作能力综合体现了学生的语文素养。《标准（2011版）》在第三学段提出了五条写作目标：

1. 懂得写作是为了自我表达和与人交流。

2. 养成留心观察周围事物的习惯，有意识地丰富自己的见闻，珍视个人的独特感受，积累习作素材。

3. 能写简单的纪实作文和想象作文，内容具体，感情真实。能根据内容表达的需要，分段表述。学写读书笔记，学写常见应用文。

4. 修改自己的习作，并主动与他人交换修改，做到语句通顺，行款正确，书写规范、整洁。根据表达需要，正确使用常用的标点符号。

5. 习作要有一定速度。课内习作每学年16次左右。

（四）口语交际

1. 与人交流能尊重和理解对方。
2. 乐于参与讨论，敢于发表自己的意见。
3. 听人说话认真、耐心，能抓住要点，并能简要转述。
4. 表达有条理，语气、语调适当。
5. 能根据对象和场合，稍作准备，作简单的发言。
6. 注意语言美，抵制不文明的语言。

（五）综合性学习

1. 为解决与学习和生活相关的问题，利用图书馆、网络等信息渠道获取资料，尝试写简单的研究报告。
2. 策划简单的校园活动和社会活动，对所策划的主题进行讨论和分析，学写活动计划和活动总结。
3. 对自己身边的、大家共同关注的问题，或电视、电影中的故事和形象，组织讨论、专题演讲，学习辨别是非、善恶、美丑。
4. 初步了解查找资料、运用资料的基本方法。

四、第四学段（7～9 年级）

（一）识字与写字

《标准（2011 版）》第四学段提出了关于"识字与写字"的四条目标：

1. 能熟练地使用字典、词典独立识字，会用多种检字方法。累计认识常用汉字 3 500 个左右。
2. 在使用硬笔熟练地书写正楷字的基础上，学写规范、通行的行楷字，提高书写的速度。
3. 临摹名家书法，体会书法的审美价值。
4. 写字姿势正确，有良好的书写习惯。

其中，第 1 条和第 2 条是侧重"知识与能力"方面的目标；第 3 条中的"临摹名家书法"是侧重"过程与方法"方面的目标；第 3 条中的"体会书法的审美价值"和第 4 条则是侧重"情感态度与价值观"方面的目标。

本学段在前一学段的基础上，提出了需要达成的三个"知识与能力"目标：一是识字数增加到了 3 500 个左右；二是学会熟练使用字典、词典来识字检字；三是学写行楷字以提高书写速度和学习效率。"情感态度与价值观"方面，除了继续培养良好的书写习惯外，一个新的目标就是"体会书法的审美价值"，提高审美能力。而要达到这个表现性目标，就需要通过"临摹名家书法"这一过程与方法的展开来实现。

美育永远是我们教育学生的一个重要方面。我们教学生识字和写字，要让他们在对字的形义认识中感受到美，在临摹名家书法的过程中感受到美，在写字的顿挫疾徐中感受到美，从而普遍提高学生的审美能力，增强学生对民族文化的理解与热爱。

（二）阅读

《标准（2011 版）》第四学段在阅读方面提出了如下十二条目标：

1. 能用普通话正确、流利、有感情地朗读。

2. 养成默读习惯，有一定的速度，阅读一般的现代文，每分钟不少于500字。能较熟练地运用略读和浏览的方法，扩大阅读范围。

3. 在通读课文的基础上，理清思路，理解、分析主要内容，体味和推敲重要词句在语言环境中的意义和作用。

4. 对课文的内容和表达有自己的心得，能提出自己的看法，并能运用合作的方式，共同探讨、分析、解决疑难问题。

5. 在阅读中了解叙述、描写、说明、议论、抒情等表达方式。

6. 能够区分写实作品与虚构作品，了解诗歌、散文、小说、戏剧等文学样式。

7. 欣赏文学作品，有自己的情感体验，初步领悟作品的内涵，从中获得对自然、社会、人生的有益启示。对作品中感人的情境和形象，能说出自己的体验；品味作品中富于表现力的语言。

8. 阅读简单的议论文，区分观点与材料（道理、事实、数据、图表等），发现观点与材料之间的联系，并通过自己的思考，作出判断。阅读新闻和说明性文章，能把握文章的基本观点，获取主要信息。阅读科技作品，还应注意领会作品中所体现的科学精神和科学思想方法。阅读由多种材料组合、较为复杂的非连续性文本，能领会文本的意思，得出有意义的结论。

9. 诵读古代诗词，阅读浅易文言文，能借助注释和工具书理解基本内容。注重积累、感悟和运用，提高自己的欣赏品位。

10. 随文学习基本的词汇、语法知识，用来帮助理解课文中的语言难点；了解常用的修辞方法，体会它们在课文中的表达效果。了解课文涉及的重要作家作品知识和文化常识。

11. 能利用图书馆、网络搜集自己需要的信息和资料，帮助阅读。

12. 学会制订自己的阅读计划，广泛阅读各种类型的读物，课外阅读总量不少于260万字，每学年阅读两三部名著。背诵优秀诗文80篇（段）。

以上十二条目标都涉及了"知识与能力"方面，第2、4、11这三条目标涉及"过程与方法"方面，第1、3、7、8、9这五条目标涉及"情感态度与价值观"方面。

阅读教学从这三个方面进行设计，体现了语文课程的工具性、人文性和实践性。其内容阐释如下：

1. 重视读书和积累。

例如，第9条"注重积累、感悟和运用，提高自己的欣赏品位"，第12条"学会制订自己的阅读计划，广泛阅读各种类型的读物，课外阅读总量不少于260万字，每学年阅读两三部名著。背诵优秀诗文80篇（段）"。阅读教学建议也提出，"要重视培养学生广泛的阅读兴趣，扩大阅读面，增加阅读量，提高阅读品位。提倡少做题，多读书，好读书，读好书，读整本的书。关注学生通过多种媒介的阅读，鼓励学生自主选择优秀的阅读材料。加强对课外阅读的指导，开展各种课外阅读活动，创造展示与交流的机会，营造人人爱读书的良好氛围"。阅读的重要性对于语文学习来说是毋庸赘言的，其对学生语文素养的提高和思想文化修养的提升具有至关重要的作用。因此，"要重视学生课外阅读的评价。应根据各学段的要求，通过小组和班级交流、学习成果展示等方式，了解学生的阅读量和阅读面，进而考查其阅读的兴趣、习惯、品位、方法和能力"。

2. 重视学生在阅读过程中的主体地位。

这十二条目标中有八次用到"自己"一词，如"对课文的内容和表达有自己的心得，能提出自己的看法"等，这些"自己"强调了学生阅读的独立性和自主性。阅读教学建议特别指出，"阅读是学生的个性化行为"，教师应加强对学生阅读活动的指导、引领和点拨，让学生"在主动积极的思维和情感活动中，加深理解和体验，有所感悟和思考，受到情感熏陶，获得思想启迪，享受审美乐趣"，"要珍视学生独特的感受、体验和理解"，也特别提醒教师"不应以教师的分析来代替学生的阅读实践，不应以模式化的解读来代替学生的体验和思考"，"要防止用集体讨论来代替个人阅读"。这些建议处处在告诫教师对学生阅读活动的独立性、见解独特性的鼓励与尊重，防止教师对学生阅读主体性的侵害。

3. 重视学生的阅读感受和体验。

《标准（2011版）》特别强调学生在阅读过程中的感受和体验。如第3条

"体味和推敲重要词句在语言环境中的意义和作用"，第 7 条 "欣赏文学作品，有自己的情感体验，初步领悟作品的内涵，从中获得对自然、社会、人生的有益启示。对作品中感人的情境和形象，能说出自己的体验；品味作品中富于表现力的语言"，使用了 "体味、体验、领悟、品味" 等一系列行为目标动词，突出学生内心对某方面信息的主动获取，而非被动地接受。因此，对于文章内涵的把握也由过去显得排他和绝对化的 "中心思想" 改为多样灵活的 "情感体验" 一词。阅读教学建议也指出，"阅读教学应注重培养学生感受、理解、欣赏和评价的能力"，"阅读的评价，要综合考查学生阅读过程中的感受、体验和理解，要关注其阅读兴趣与价值取向、阅读方法与习惯，也要关注其阅读面和阅读量，以及选择阅读材料的能力。重视对学生多角度、有创意阅读的评价"，"精读的评价，重点评价学生对阅读材料的综合理解能力，要重视评价学生的情感体验和创造性的理解。……第四学段侧重考查理清思路、概括要点、探究内容等方面的情况，以及读懂不同文体文章的能力"，"文学作品阅读的评价，着重考查学生感受形象、体验情感、品味语言的水平，对学生独特的感受和体验应加以鼓励。……第四学段，可通过考查学生对形象、情感、语言的领悟程度，以及自己的体验，来评价学生初步鉴赏文学作品的水平"。

4. 学会阅读各种文本，尤其是 "非连续性文本"。

如第 6 条 "能够区分写实作品与虚构作品，了解诗歌、散文、小说、戏剧等文学样式"，第 8 条 "阅读简单的议论文，区分观点与材料（道理、事实、数据、图表等），发现观点与材料之间的联系，并通过自己的思考，作出判断。阅读新闻和说明性文章，能把握文章的基本观点，获取主要信息。阅读科技作品，还应注意领会作品中所体现的科学精神和科学思想方法。阅读由多种材料组合、较为复杂的非连续性文本，能领会文本的意思，得出有意义的结论"，第 9 条 "诵读古代诗词，阅读浅易文言文，能借助注释和工具书理解基本内容"，第 11 条 "能利用图书馆、网络搜集自己需要的信息和资料，帮助阅读"。以上各条目标提到的文本有诗歌、散文、小说、戏剧、议论文、新闻和说明性文章、科技作品以及非连续性文本。其中，"非连续性文本" 是指相对于句子和段落具有 "连续性" 的文本而言的阅读材料，一般以图表、图画等形式呈现。其特点是直观、简明、概括性强，易于比较，在人们的日常生活和工作中运用比较普遍，实用性强。学会从 "非连续性文本" 中获取所需要的信息，得出有意义的结论，是现代公民必须具备的阅读能力。阅读教学建议指出，"第四学段侧重考查理清思路、概括要点、探究内容等方面的情况，以及读懂不同文体文章的能力"，"略读的评价，重在考查学生能否把握阅读材料的大意。浏览的评价，重在考查学生能否从阅读材料中捕捉有用信息"。

5. 强调在阅读过程中培养能力。

如第 5 条 "在阅读中了解叙述、描写、说明、议论、抒情等表达方式", 第 6 条 "能够区分写实作品与虚构作品, 了解诗歌、散文、小说、戏剧等文学样式", 第 10 条 "随文学习基本的词汇、语法知识, 用来帮助理解课文中的语言难点; 了解常用的修辞方法, 体会它们在课文中的表达效果。了解课文涉及的重要作家作品知识和文化常识" 等。

6. 重视对学生朗读和默读等阅读方法的教学。

如第 1 条 "能用普通话正确、流利、有感情地朗读", 第 2 条 "养成默读习惯, 有一定的速度, 阅读一般的现代文, 每分钟不少于 500 字。能较熟练地运用略读和浏览的方法, 扩大阅读范围"。以上两条目标中提到了朗读、默读、略读、浏览等多种阅读方法, 其他几条目标都侧重精读方面。朗读的基础在于理解, 强调在理解的基础上有感情地朗读, 在声情并茂的朗读中表达自己的理解。默读结合略读和浏览的方法, 目的在于保证一定的阅读速度, 从而扩大阅读范围, 扩展知识视野或者在有限的时间内快速领会文意, 把握主旨, 获取关键信息。阅读教学建议指出, "应加强对阅读方法的指导, 让学生逐步学会精读、略读和浏览。有些诗文应要求学生诵读, 以利于丰富积累、增强体验、培养语感", "各个学段的阅读教学都要重视朗读和默读。各学段关于朗读的目标中都要求 '有感情地朗读', 这是指, 要让学生在朗读中通过品味语言, 体会作者及作品中的情感态度, 学习用恰当的语气语调朗读, 表现自己对作者及其作品情感态度的理解。朗读要提倡自然, 要摒弃矫情做作的腔调"。教学评价方面, 阅读建议指出, "默读的评价, 应从学生默读的方法、速度、效果和习惯等方面进行综合考查。……略读的评价, 重在考查学生能否把握阅读材料的大意。浏览的评价, 重在考查学生能否从阅读材料中捕捉有用信息"。

(三) 写作

写作能力综合体现了学生的语文素养。《标准 (2011 版)》在第四学段提出了八条写作目标:

1. 写作要有真情实感, 力求表达自己对自然、社会、人生的感受、体验和思考。

2. 多角度观察生活, 发现生活的丰富多彩, 能抓住事物的特征, 有自己的感受和认识, 表达力求有创意。

3. 注重写作过程中搜集素材、构思立意、列纲起草、修改加工等环节, 提高独立写作的能力。

4. 写作时考虑不同的目的和对象。根据表达的需要, 围绕表达中心, 选择恰当的表达方式。合理安排内容的先后和详略，条理清楚地表达自己的意思。运用联想和想象，丰富表达的内容。正确使用常用的标点符号。

5. 写记叙性文章，表达意图明确，内容具体充实；写简单的说明性文章，做到明白清楚；写简单的议论性文章，做到观点明确，有理有据；根据生活需要，写常见应用文。

6. 能从文章中提取主要信息，进行缩写；能根据文章的基本内容和自己的合理想象，进行扩写；能变换文章的文体或表达方式等，进行改写。

7. 根据表达的需要，借助语感和语文常识，修改自己的作文，做到文从字顺。能与他人交流写作心得，互相评改作文，以分享感受，沟通见解。

8. 作文每学年一般不少于14次，其他练笔不少于1万字，45分钟能完成不少于500字的习作。

其中，第4条和第5条侧重于"知识与能力"方面，第3、6、7、8条侧重于"过程与方法"方面，第1条和第2条侧重于"情感态度与价值观"方面。

这八条目标同样体现了语文课程的工具性和人文性相统一的课程性质，其内容阐释如下：

1. 重视写作方法与实践。

写作目标较少提及写作知识，而是注重写作实践。主张多写、多改，规定写作的次数、字数，主张在写作实践中提高写作能力，同时，就写作实践本身提出写作能力要求。例如第3条"注重写作过程中搜集素材、构思立意、列纲起草、修改加工等环节，提高独立写作的能力"等，写作教学建议中再次强调，"写作教学应抓住取材、构思、起草、加工等环节，指导学生在写作实践中学会写作。重视引导学生在自我修改和相互修改的过程中提高写作能力"。

2. 注重发展个性，培养创新精神。

写作教学目标指出，"写作要有真情实感"，"有自己的感受和认识"，"表达力求有创意"，"运用联想和想象，丰富表达的内容"；写作教学建议也指出，"写作是运用语言文字进行表达和交流的重要方式，是认识世界、认识自我、创造性表述的过程"，"要求学生说真话、实话、心里话，不说假话、空话、套话"，"为学生的自主写作提供有利条件和广阔空间，减少对学生写作的束缚，鼓励自由表达和有创意的表达"。作文，应是学生的精神家园，理应说真话、抒真情、写个性、有创意。

3. 注重培养适应社会需要的写作能力。

《标准（2011版）》针对一些学生的狭隘功利心理，提出了培养学生适应社会需要的写作能力的目标。如写作教学目标提出，"力求表达自己对自然、社会、人生的感受、体验和思考"，"多角度观察生活，发现生活的丰富多彩，能抓住事物的特征，有自己的感受和认识，表达力求有创意"。写作教学建议也要求通过作文"认识世界、认识自我"。因此，作文教学在关注学生个性发展的同时，也要注重适应社会的实际需要，引导学生培养适应社会实际需要的书面语言交际能力。

（四）口语交际

口语交际能力是现代公民的必备能力。过去的教学大纲一般是将教学内容和要求分成"听"和"说"两个系列，《标准（2011版）》中将这两个系列合在一起，改成了"口语交际"。突出"交际"，重视学生在交际情境中的倾听、表达、应对和文明交流能力，并在第四学段提出了六条口语交际目标：

1. 注意对象和场合，学习文明得体地交流。
2. 耐心专注地倾听，能根据对方的话语、表情、手势等，理解对方的观点和意图。
3. 自信、负责地表达自己的观点，做到清楚、连贯、不偏离话题。
4. 注意表情和语气，根据需要调整自己的表达内容和方式，不断提高应对能力，增强感染力和说服力。
5. 讲述见闻，内容具体、语言生动。复述转述，完整准确、突出要点。能就适当的话题作即席讲话和有准备的主题演讲，有自己的观点，有一定说服力。
6. 讨论问题，能积极发表自己的看法，有中心、有根据、有条理。能听出讨论的焦点，并能有针对性地发表意见。

其中，第2、4、5、6条侧重于"知识与能力"方面，第1条和第3条侧重于"情感态度与价值观"方面。同时，这些口语交际目标充分体现了课程"面向现代化、面向世界、面向未来"的思想，极具前瞻性。

在"口语交际"的具体课堂教学中应主要有以下教学策略：

1. 创设符合实际环境的口语交际情境。

口语交际教学建议指出，"教学活动主要应在具体的交际情境中进行，不宜采用大量讲授口语交际原则、要领的方式。应努力选择贴近生活的话题，采用灵活的形式组织教学"。口语交际是在特定的环境里产生的语言活动，因此，我们应该努力创设符合实际生活的交际情境，使学生产生身临其境的感觉，从而激发学生的兴趣，使其积极体验口语交际过程。

2. 创设口语交际双向互动的条件。

口语交际教学建议指出，"口语交际是听说双方的互动过程"，口语交际的核心是"交际"二字，注重的是人与人之间的交流和沟通。这是听说双方双向互动的过程，不是听和说的简单相加。只有交际双方处于互动状态，才是真正意义上的口语交际。因此，对于一些互动性不够明显的交际话题，如"劝阻""道歉""祝贺""请教""安慰""解释"等，我们应该多想办法，实现口语课堂教学中的双向互动。

3. 创设口语交际实践锻炼的机会。

口语交际教学建议指出，"重视在语文课堂教学中培养口语交际的能力，鼓励学生在各科教学活动以及日常生活中锻炼口语交际能力"。口语交际教学最重要的是培养学生的口语交际能力，而不是传授口语交际知识。其主要途径有两条：第一，坚持在课堂教学过程中培养口语交际能力，这要求我们用好教材中设计的口语交际内容，如即席讲话、主题演讲、课堂讨论等，让学生当堂训练，积累口语交际经验；第二，重视日常生活中的实践机会，日常生活中存在着大量的交际活动，我们要引导学生利用这些活动进行有目的的锻炼，同时，我们可以有针对性地组织有价值的活动，如宣传教育活动、献爱心活动、小记者活动等，给学生增加交际实践锻炼的机会。

（五）综合性学习

综合性学习本身是一种学习方式，语文的综合性学习是达成"自主、合作、探究"学习方式的重要途径，专门列出来正表明了对"过程与方法"这一维度的重视。

《标准（2011 版）》在第四学段提出了四条综合性学习目标：

1. 自主组织文学活动，在办刊、演出、讨论等活动过程中，体验合作与成功的喜悦。

2. 能提出学习和生活中感兴趣的问题，共同讨论，选出研究主题，制订简单的研究计划。能从书刊或其他媒体中获取有关资料，讨论分析问题，独立或合作写出简单的研究报告。

3. 关心学校、本地区和国内外大事，就共同关注的热点问题，搜集资料，调查访问，相互讨论，能用文字、图表、图画、照片等展示学习成果。

4. 掌握查找资料、引用资料的基本方法，分清原始资料与间接资料的主要差别，学会注明所援引资料的出处。

其综合性主要表现在三个方面：第一，学习目标的综合。具体表现在识字与写字、阅读、写作、口语交际这四个方面学习目标的综合，如"自主组织文学活动，在办刊、演出、讨论等活动过程中，体验合作与成功的喜悦"，"能从书刊或其他媒体中获取有关资料，讨论分析问题，独立或合作写出简单的研究报告"，

"能用文字、图表、图画、照片等展示学习成果"。与此同时，还表现在"知识与能力""过程与方法""情感态度与价值观"三个方面目标的综合。第二，学习领域（内容）的综合。学习领域的综合包括学生学习和生活的各个方面，要使他们学会在各个领域里学语文、用语文，在运用中进一步学好语文。在综合性学习教学建议中也指出，"综合性学习主要体现为语文知识的综合运用、听说读写能力的整体发展、语文课程与其他课程的沟通、书本学习与生活实践的紧密结合"，"综合性学习的设计应开放、多元，提倡与其他课程相结合，开展跨领域学习"。第三，学习方式的综合。学习方式的综合是指书本学习与实践活动相结合，接受性学习与探究性学习相结合，课内学习与课外学习相结合。相关的综合性学习课程目标如"选出研究主题，制订简单的研究计划。能从书刊或其他媒体中获取有关资料，讨论分析问题，独立或合作写出简单的研究报告"等。

关于综合性学习的教学应突出两点：一是加强实践，二是强调自主。加强实践，首先是要重视人人参与，使学生有强烈的参与与合作意识，人人主动积极地投身其中，善于与他人合作，如"共同讨论""体验合作与成功的喜悦"等；其次是要重视应用，在教学中加强"学""用"之间的联系，使学生在课内学到的东西马上能用到生活实际中去，从而增强学生的信心和兴趣，如"自主组织文学活动""能提出学习和生活中感兴趣的问题""关心学校、本地区和国内外大事"等。强调自主，主要是指由学生自行设计和组织活动，特别注重探索和研究过程，即由学生自主确定学习目标、活动内容及方式等，教师在各环节起指导作用。

总之，综合性学习的价值在于"倡导学生主动参与、乐于探究、勤于动手，培养学生搜集和处理信息的能力、获取新知识的能力、分析和解决问题的能力以及交流与合作的能力"[《基础教育课程改革纲要（试行)》]。

第二节　《普通高中语文课程标准》中的学段目标[①]

一、第五学段（高一至高三年级）

（一）课程目标

通过高中语文必修课程和选修课程的学习，学生应该在以下方面获得发展。

1. 积累与整合。

能围绕所选择的目标加强语文积累，在积累的过程中注重梳理。根据自己的

---

①　参引中华人民共和国教育部制订：《普通高中语文课程标准（实验)》，北京：人民教育出版社 2003 年版，第 6～13 页。

特点，扬长补短，逐步形成富有个性的语文学习方式。了解学习方法的多样性，掌握学习语文的基本方法，能根据需要，采用适当的方法解决阅读、交流中的问题。通过对语文知识、能力、学习方法和情感、态度、价值观等方面要素的融汇整合，切实提高语文素养。

2. 感受与鉴赏。

阅读优秀作品，品味语言，感受其思想、艺术魅力，发展想象力和审美力。具有良好的现代汉语语感，努力提高对古诗文语言的感受力。在阅读中，体味大自然和人生的多姿多彩，激发珍爱自然、热爱生活的感情；感受艺术和科学中的美，提升审美境界。通过阅读和鉴赏，深化热爱祖国语文的感情，体会中华文化的博大精深、源远流长，陶冶性情，追求高尚情趣，提高道德修养。

3. 思考与领悟。

根据自己的学习目标，选读经典名著和其他优秀读物，与文本展开对话。通过阅读和思考，领悟其丰富内涵，探讨人生价值和时代精神，以利于逐步形成自己的思想、行为准则，树立积极向上的人生理想，增强为民族振兴而努力的使命感和社会责任感。养成独立思考、质疑探究的习惯，增强思维的严密性、深刻性和批判性。乐于进行交流和思想碰撞，在相互切磋中，加深领悟，共同提高。

4. 应用与拓展。

能在生活和其他学习领域中，正确、熟练、有效地运用祖国语言文字。在语文应用中开阔视野，初步认识自己学习语文的潜能和倾向，根据需要和可能，在自己喜爱的领域有所发展。增强文化意识，重视优秀文化遗产的传承，尊重和理解多元文化，关注当代文化生活，学习对文化现象的剖析，积极参与先进文化的传播和交流。注重跨领域学习，拓展语文学习的范围，通过广泛的实践，提高语文综合应用能力。

5. 发现与创新。

注意观察语言、文学和中外文化现象，学习从习以为常的事实和过程中发现问题，培养探究意识和发现问题的敏感性。对未知世界始终怀有强烈的兴趣和激情，敢于探异求新，走进新的学习领域，尝试新的方法，追求思维的创新、表达的创新。学习多角度多层次地阅读，对优秀作品能够常读常新，获得新的体验和发现。学习用历史眼光和现代观念审视古代作品的内容和思想倾向，提出自己的看法。在探究活动中，勇于提出自己的见解，尊重他人的成果，不断提高探究能力，逐步养成严谨、求实的学风。

（二）目标阐释

在整个高中语文课程的目标体系中，作为课程改革最本质的体现，"知识与能力""过程与方法""情感态度与价值观"三个维度是一条主线，贯穿于总目标和具体目标中。这三个维度相互交融、渗透，以整体的而不是分割的、立体的而不是平面的结构纳入课程目标当中。

高中语文课程目标分为总目标、必修课程目标和选修课程目标三部分。

总目标也就是《普通高中语文课程标准》中"课程目标"这一部分的开头。这是对语文课程目标的总概括，体现了高中语文课程的性质与特点、课程改革的基本理念以及课程目标的设计思路。总目标着重从"过程与方法"这一角度切入设计，分为"积累与整合""感受与鉴赏""思考与领悟""应用与拓展""发现与创新"五个部分。各部分用两个关键词来提领，使整个目标系统的框架更加清晰，描述了两个既相互联系又有一定差异的学习过程。总目标的五个方面是并列的五种语文能力，互为依托，彼此兼容，既有区别又有联系地体现了全面提高学生语文素养的整体要求，体现了"积累、审美、思维、应用、探究"等语文能力均衡发展的要求。

必修课程与选修课程的目标是在总目标的思想基础上进一步展开的，作为两条线索贯穿于整个体系之中，使语文课程的目标体系显得严谨完整。必修课程目标按"阅读与鉴赏""表达与交流"两条线索进行描述，选修课程分别根据"诗歌与散文""小说与戏剧""新闻与传记""语言文字应用""文化论著研读"五个系列拟定目标。可以说，必修课程的目标对于过去教学大纲中的"内容与要求"有一定的继承性。选修课的五个系列目标，则是《普通高中语文课程标准》的首创，使课程的多样性得到实实在在的体现。

1. 积累与整合。

针对高中生学习语文的需要和特点，"积累与整合"部分要求学生能熟悉所学内容，并结合进一步的语文实践，使自身语文素养的各要素融汇整合。高中生不但要有随文的积累，更要有知识目标的积累，并在积累中注意梳理。要逐步形成适合自己的语文学习方式：一要掌握基本的学习方法，了解学习方法的多样性，有针对性地采用恰当的学习方法；二要通过梳理，在学语文、用语文的实践中将语文素养的各要素整合起来。

语文课程目标提出的整合，是全新的概念。"整合"包括以下三方面内容：

一是学习目标的整合。语文知识和语文能力不是语文学习目标的全部，还应包括语文学习的过程与方法，以及情感、态度、价值观等。

二是课程内容的整合。一方面是学科内课程内容的整合，另一方面要扩展语文学习的范围，注重跨领域的学习，在更广泛的空间学习语文知识和进行语文实践。

三是学习方法的整合。学习方法的整合要"根据自己的特点，扬长补短，逐步形成富有个性的语文学习方式"，同时要恰当地综合运用自主、合作、探究的学习方式，以最大限度地提高语文学习的效率。

2. 感受与鉴赏。

从课程目标表述中可以看到，新语文课程标准重视培养学生的审美能力，这也是对过去语文教育中一些偏差的反思。过去语文教育只重视语文知识的获得与语文能力的培养。这里所说的语文知识和语文能力，只是通过语文教育所获得的一部分显性成果，还有一部分语文教育成果是隐性的，是以"内在"的形式作用于学生的，如培养学生的情感、态度、价值观以及审美意识等。

语文教育追求显性成果而忽视隐性成果，从根本上讲，是忽视受教育者作为人的完整存在，因为人不仅是一种物质存在，还是一种精神存在。语文课程目标强调"培养人"，不仅要强调知识与能力的培养，还要以提升人的文化品位、发展人的健康个性、逐渐形成健全人格为目标。

要培养学生的审美意识与能力，就要引导学生扩大视野，关注自然和人生，广泛涉猎艺术、科学等领域；要提高学生对美的敏感度，培养感受力和鉴赏力，引导学生通过发现美来感受美、领悟美，最终将外在的美逐步内化为自身美好的情感、高尚的情趣和良好的道德修养。

3. 思考与领悟。

这一部分主要强调的是思维培养、理性学习、探究学习的要求。

相对于义务教育阶段而言，高中语文课程对学生的阅读能力提出了更高的要求，即要"根据自己的学习目标，选读经典名著和其他优秀读物，与文本展开对话。通过阅读和思考，领悟其丰富内涵，探讨人生价值和时代精神，以利于逐步形成自己的思想、行为准则，树立积极向上的人生理想，增强为民族振兴而努力的使命感和社会责任感。养成独立思考、质疑探究的习惯，增强思维的严密性、深刻性和批判性"。此外，高中学生还要"学习认识自然、认识社会、认识自我、规划人生"，不仅仅是按照他人制订的学习计划学习，还要逐步形成自己的学习计划。这一部分的"阅读、思考、领悟、探讨"目标既指向阅读理解能力、语文探究能力，又指向情感、态度、价值观；这里既注重思考、质疑、探究的习惯和良好思维品质的形成，又提倡独立学习、合作学习、共同提高。

4. 应用与拓展。

这一部分侧重于提高和发展语文的应用能力。要求学生通过高中语文学习，获得良好的应用能力，能正确、熟练、有效地运用语文知识；在应用实践中，进一步了解自己在语文学习方面的长处、弱点和倾向，在这一基础上再选择某个方面有重点地发展。要注意，选择的方面既要符合自己的爱好，有利于发展自己的潜能，又要适应社会发展的需要和客观条件的要求。

语文应用要重视对文化现象和问题的认识、思考、传承和交流。要注重跨学科、跨领域的学习，包括同一领域里不同学科之间的沟通，不同学习领域之间的沟通，学习、工作和生活领域之间的沟通。在语文应用中，开阔视野，扩展应用范围，提高语文综合应用的能力。

5. 发现与创新。

这一部分对有志于在语文探究、创新方面发展的高中生提出了更高的要求。它要求学生"注意观察语言、文学和中外文化现象，学习从习以为常的事实和过程中发现问题，培养探究意识和发现问题的敏感性"，还主张创新学习思维和表达方式，"用历史眼光和现代观念"来审视古代作品，"不断提高探究能力，逐步养成严谨、求实的学风"。

"发现与创新"要求学生不但要乐于接受现成的知识，乐于和他人持相同的态度和见解，还应敢于发表与他人不同的新知与新见。总之，创新是当前课程改革的一大热点，也是一大难点。《普通高中语文课程标准》将"发现与创新"作为课程目标的一个方面，既是学科教育的要求，也是着眼于学生发展的必然要求。而创新必备的两点，就是创新精神和创新能力。

二、必修课程

必修课程目标贯彻了课程改革的精神，其原则首先是突出学生基本语文素养的提高，关注学生三个维度目标的达成；其次是以创新精神和实践能力的培养为重点，尊重学生在学习过程中的主体地位和个性差异，鼓励学生积极参与、充分发展；最后是重视语文作为母语教育学科的精神哺育功能，重视其对学生精神成长的重要作用，强调德育在语文学科各个教育环节中的渗透，真正落实德育熏陶感染、潜移默化的作用。

高中语文必修课程目标分为"阅读与鉴赏""表达与交流"两个方面。

（一）阅读与鉴赏

具体目标：

《普通高中语文课程标准》中关于"阅读与鉴赏"的目标共有十二条：

1. 在阅读与鉴赏活动中，不断充实精神生活，完善自我人格，提升人生境界，逐步加深对个人与国家、个人与社会、个人与自然关系的思考和认识。

2. 发展独立阅读的能力。从整体上把握文本内容，理清思路，概括要点，理解文本所表达的思想、观点和感情。善于发现问题、提出问题，对文本能作出自己的分析判断，努力从不同的角度和层面进行阐发、评价和质疑。根据语境揣摩语句含义，运用所学的语文知识，帮助理解结构复杂、含义丰富的语句，体会精彩语句的表现力。

3. 注重个性化的阅读，充分调动自己的生活经验和知识积累，在主动积极的思维和情感活动中，获得独特的感受和体验。学习探究性阅读和创造性阅读，发展想象能力、思辨能力和批判能力。

4. 能阅读理论类、实用类、文学类等多种文本。根据不同的阅读目的，针对不同的阅读材料，灵活运用精读、略读、浏览、速读等阅读方法，提高阅读效率。

5. 能用普通话流畅地朗读，恰当地表达出文本的思想感情和自己的阅读感受。

6. 学习鉴赏中外文学作品，具有积极的鉴赏态度，注重审美体验，陶冶性情，涵养心灵。能感受形象，品味语言，领悟作品的丰富内涵，体会其艺术表现力，有自己的情感体验和思考。努力探索作品中蕴含的民族心理和时代精神，了解人类丰富的社会生活和情感世界。

7. 在阅读鉴赏中，了解诗歌、散文、小说、戏剧等文学体裁的基本特征及主要表现手法。了解作品所涉及的背景材料，用于分析和理解作品。

8. 学习中国古代优秀作品，体会其中蕴含的中华民族精神，为形成一定的传统文化底蕴奠定基础。学习从历史发展的角度理解古代作品的内容价值，从中汲取民族智慧；用现代观念审视作品，评价其积极意义与历史局限。

9. 阅读浅易文言文，能借助注释和工具书，理解词句含义，读懂文章内容。了解并梳理常见的文言实词、文言虚词、文言句式的意义或用法，注重在阅读实践中举一反三。诵读古代诗词和文言文，背诵一定数量的名篇。

10. 具有广泛的阅读兴趣，努力扩大阅读视野。学会正确、自主地选择阅读材料，读好书，读整本书，丰富自己的精神世界，提高文化品位。课外自读文学名著（五部以上）及其他读物，总量不少于150万字。

11. 注重合作学习，养成互相切磋的习惯。乐于与他人交流自己的阅读鉴赏心得，展示自己的读书成果。

12. 学会灵活使用常用语文工具书，能利用多种媒体搜集和处理信息。

具体阐释：

第1条目标在整个"阅读与鉴赏"目标中起着统领作用。以"立人"为本提出"阅读与鉴赏"目标，这是《普通高中语文课程标准》的根本要求，是从学生的全面发展和终身发展角度出发，从教育的本质上来理解阅读鉴赏活动，侧重"情感态度与价值观"这一维度。这是对语文学科认识的一种新高度、新境界，也是义务教育阶段阅读要求的发展。

第2条目标强调发展学生独立阅读能力这一重点。①阅读的整体性。阅读能力的基础要求，就是"从整体上把握文本内容，理清思路，概括要点，理解文本所表达的思想、观点和感情"。这一目标大致按"综合—分析—综合"的思路进行表述。②阅读的主体性和多元化。阅读教学要通过多重对话，尤其是师生之间平等的、互动的对话，去实现对课文的多元解读。要真正做到让学生积极参与、独立思考，就必须尊重学生对课文的多元理解。③将阅读落实到语言层面。文本阅读离不开对字、词、句的理解揣摩，对字、词、句的理解揣摩又不能脱离语境孤立地进行，因此必须重视语境。

第 3 条目标强调了关于个性化阅读的问题。①强调阅读活动中的个性差异。个性发展是本次高中课程改革的核心，这就要求阅读教学不仅要重视阅读技能的训练和指导，更要重视对作为阅读主体的学生的心理引导。②从个性化阅读指向创造性思维的培养。无论是教师还是学生，都应在研读文本的同时善于质疑，努力借助原有的生活经验、思想情感及积累的阅读体验，从文本中激发出新的联想和想象，对文本的意义加以适当的引申，进而赋予其新的意义。

第 4、5 条目标提出了三种类型文本的区分和阅读、朗读方法问题。新的高中语文课程根据发展学生探究、审美、应用能力的要求，根据三元思维特征（即分析性思维、创造性思维、实用性思维），把文本分为理论类文本、文学类文本和实用类文本。这是一种结合能力层面和思维特征层面的综合性分类，强调文本与语文能力培养的密切关系。阅读强调了精读、略读、浏览、速读等方法的结合，朗读强调了思想感情和阅读感受的恰当表达。

第 6、7 条目标提出了文学鉴赏的目的、态度、能力和方法问题。①鉴赏的目的和态度。鉴赏文学作品是一种积极的审美活动，主体精神的投入、情感的活跃是根本的要求，不能只有理性分析而没有体验。②鉴赏能力。在能力目标中渗透着对过程与方法的要求，强调感性与理性的统一、主观与客观的统一、情感与思想的统一、内容与形式的统一。③文学鉴赏的精神导向。文学作品中所表现的情感，往往是时代精神的折射，甚至表现了一个民族的某种民族精神，表现了全人类某种普遍的文化心理。④文学阅读鉴赏的具体方法与知识要求。强调了体裁和表现手法在阅读鉴赏中的重要性，说明了文学知识与鉴赏能力的关系，其目的是"分析和理解作品"。

第 8 条目标着重提出了中国古代文学作品的阅读鉴赏问题。基础教育的根本任务，是培养具有中国根的中华民族优秀后代。这条目标正是突出弘扬和培育民族精神的重要性，体现出教育对我国古代文化的重视。

第 9 条目标是关于文言文阅读的要求。这一条从语体的角度提出一般的文言文阅读要求，目标定位在"读懂"与"背诵"，强调了文言文阅读的"实际能力"。也就是重在提高学生对古诗文语言的感受能力、背诵能力，并最终能"举一反三"，实现文言文阅读能力的迁移。

第 10 条目标强调课外阅读问题。目标强调"具有广泛的阅读兴趣，努力扩大阅读视野"，强调"正确、自主地选择阅读材料……丰富自己的精神世界，提高文化品位"。即希望学生在课外阅读中从阅读兴趣入手，逐渐过渡到有正确目的的有效阅读，实现"丰富自己的精神世界，提高文化品位"的目标。

第11、12条目标强调阅读鉴赏中的合作以及工具书、多媒体的运用。合作学习是当今社会和谐人际关系在认知行为上的一种导向，它是对以往所强调的独立学习的一种社会化调整。工具书及多媒体的运用不仅是对传统学习方法的有效继承，也是顺应人类文明发展潮流，掌握先进的学习方法的必然要求。

（二）表达与交流

具体目标：

《普通高中语文课程标准》中关于"表达与交流"的目标共有九条：

1. 学会多角度地观察生活，丰富生活经历和情感体验，对自然、社会和人生有自己的感受和思考。

2. 能考虑不同的目的要求，以负责的态度陈述自己的看法，表达真情实感，培育科学理性精神。

3. 书面表达要观点明确，内容充实，感情真实健康；思路清晰连贯，能围绕中心选取材料，合理安排结构。在表达实践中发展形象思维和逻辑思维，发展创造性思维。

4. 力求有个性、有创意的表达，根据个人特长和兴趣自主写作。在生活和学习中多方面地积累素材，多想多写，做到有感而发。

5. 进一步提高记叙、说明、描写、议论、抒情等基本表达能力，并努力学习运用多种表达方式。能调动自己的语言积累，推敲、锤炼语言，表达力求准确、鲜明、生动。

6. 能独立修改自己的文章，结合所学语文知识，多写多改，养成切磋交流的习惯。乐于相互展示和评价写作成果。45分钟能写600字左右的文章。课外练笔不少于2万字。

7. 增强人际交往能力，在口语交际中树立自信，尊重他人，说话文明，仪态大方，善于倾听，敏捷应对。

8. 注意口语的特点，能根据不同的交际场合和交际目的，恰当地进行表达。借助语调、语气、表情和手势，增强口语交际的效果。

9. 学会演讲，做到观点鲜明，材料充分、生动，有说服力和感染力，力求有个性和风度。在讨论或辩论中积极主动地发言，恰当地应对和辩驳。朗诵文学作品，能准确把握作品内容，传达作品的思想内涵和感情倾向，具有一定的感染力。

具体阐释：

第1条目标强调学生通过观察丰富自己的经验与思考。这是从客观和主观两方面提出的表达与交流得以进行的基础条件。从客观方面来说，表达与交流源于生活，所以必须多角度"观察生活"以获取丰富的生活资料、写作素材；从主观方面来说，表达与交流的动因来自学生的内在需求，故必须"丰富生活经历和情感体验"，这样才会产生独特的感受和思考。

第2、3条目标提出书面表达的基本要求和思维培养目的。一方面强调写作中情感、态度和价值观对写作主题的积极导向作用，指出写作要"观点明确，内容充实，感情真实健康"，体现了写作教学中的"立人"原则；另一方面也非常重视写作思维，要求"思路清晰连贯，能围绕中心选取材料，合理安排结构"，并提出了在写作实践中"发展创造性思维"的要求。

第4条目标主要是书面表达的个性化目标。强调"有个性""有创意""自主写作""多想多写"，这是着眼于学生的个性发展、终身发展而提出的要求。提出写作的个性化，就能真正还学生以写作的主体地位，就能有效地培养学生的自我意识和独立的个性人格。

第5条目标具体提出了书面表达的能力要求。它强调写作的语言基本功，要求"进一步提高记叙、说明、描写、议论、抒情等基本表达能力"，并力求语言表达的"准确、鲜明、生动"。其中，"运用多种表达方式"的要求力图淡化文体界限，只关注基本表达方式的科学训练和灵活、综合运用；"推敲、锤炼语言"也涉及语言表达中的修改问题。

第6条目标强调修改和合作。修改是查漏补缺，是精益求精。修改的方法多种多样，特别要重视在合作中修改。另外，合作成果的展示与评价也是文章修改的必要环节。因为展示和评价既是"过程与方法"维度的要求，也是写作能力的体现，还包括情感态度的展现。

第7条目标是口头表达与交流的总要求。这一目标强调了语文学习中培养"人际交往能力"的重要性，体现了"重视听说"的教学理念。它既有听说方面"善于倾听，敏捷应对"的要求，又说明了重视听说教学对培养学生的内在文明素养和外在仪表的意义。

第8条目标提出了口头表达与交流的技巧问题。口头表达与交流的主要特点是现场性和交际性。现场性要求口语表达"能根据不同的交际场合和交际目的，恰当地进行表达"；交际性要求口语表达重视互动交流，要注意"语调、语气、表情和手势"，因为这样才能增强口语交际的实际效果。

第9条目标提出了表达与交流的具体方式及要求。这一目标分别提出了演讲、讨论、辩论、朗诵等口语具体表达方式及要求。口语的表达交流固然需要形式，但更需要丰富的人文精神内涵。目标中"有个性和风度""积极主动""传达作品的思想内涵和感情倾向"等就体现了对学生口语表达能力的内在要求。

三、选修课程

从选修课目标来看，五个系列课程目标的共同之处是：都明确了课程对于提高学生语文素养以及培养学生人文精神的意义，都提出了要关注学习方法，都强调了应用和实践的重要性。其具体内容如下：

（一）诗歌与散文

该系列的课程目标共有五条：

1. 培养鉴赏诗歌和散文作品的浓厚兴趣，丰富自己的情感世界，养成健康高尚的审美情趣，提高文学修养。

2. 阅读古今中外优秀的诗歌、散文作品，理解作品的思想内涵，探索作品的丰富意蕴，领悟作品的艺术魅力。用历史的眼光和现代的观念审视古代诗文的思想内容，并给予恰当的评价。

3. 借助工具书和有关资料，读懂不太艰深的我国古代诗文，背诵一定数量的古代诗文名篇。学习古代诗词格律基础知识，了解相关的中国古代文化常识，丰富传统文化积累。

4. 学习鉴赏诗歌、散文的基本方法，初步把握中外诗歌、散文各自的艺术特性，注意从不同角度和层面发现作品意蕴，不断获得新的阅读体验。

5. 尝试进行诗歌、散文的创作，组织文学社团，展示成果，交流体会。

围绕课程总要求，该系列的课程目标既强调了鉴赏诗歌、散文对培养文学兴趣、养成健康高尚的审美情趣的意义，又强调了"鉴赏诗歌、散文的基本方法"，还强调了进行诗歌、散文创作实践的意义。"鉴赏"是学习诗歌与散文系列课程的基础，鉴赏中当然包含对"涵泳、体味、背诵"等基本方法的掌握。而就创作而言，不仅要"尝试进行诗歌、散文的创作"，还要"组织文学社团，展示成果，交流体会"。

（二）小说与戏剧

小说与戏剧是诗歌、散文以外的基本文学体裁，也是与文学审美密切相关的课程。"小说与戏剧"部分共有六条目标：

1. 培养阅读古今中外各类小说、戏剧作品（包括影视剧本）的兴趣，从优秀的小说、戏剧作品中吸取思想、感情和艺术的营养，丰富、深化对历史、社会和人生的认识，提高文学修养。

2. 形成良好的文化心态，学会尊重、理解作品所体现的不同时代、不同民族、不同流派风格的文化，理解作品所表现出来的价值判断和审美取向，作出恰当的评价。

3. 学习鉴赏小说、戏剧的基本方法，初步把握中外小说、戏剧各自的艺术特性。注意从不同的角度和层面解读小说、戏剧作品，提高阅读能力和鉴赏水平。学写小说、戏剧评论，力求表达出自己的独特感受和新颖见解。

4. 朗诵小说或表演剧本的精彩片段，品味语言，深入领会作品内涵，体验人物的命运遭遇和内心世界，把握人物的性格特征。

5. 尝试对感兴趣的古今中外小说、戏剧进行比较研究或专题研究。

6. 留心观察社会生活，丰富人生体验，有意识地积累创作素材，尝试创作小说、剧本，相互交流。

第1、2条是课程的教育目标，强调通过对小说、戏剧作品的阅读鉴赏，培养学生的兴趣，提高学生的文学修养和文化素养；第3条目标是要求初步掌握小说、戏剧的鉴赏方法并形成"写小说、戏剧评论"的基本能力；第4条针对小说的"朗诵"和戏剧的"表演"特性，提出学生要在艺术实践活动中加深对作品的理解和体验，从而更有效地增强学习效果；第5、6条目标则鼓励学生尝试研究或创作。

（三）新闻与传记

"新闻与传记"课程目标的核心是，引导学生关注生活、关注社会，培养学生的社会责任感，让学生学会有深度地思考，学会规划人生，培养对写传记所需信息的处理能力。这部分课程目标共有五条：

1. 养成阅读新闻的习惯，关心国内外大事及社会生活，能迅速、准确地捕捉基本信息，就所涉及的事件和观点作出自己的评判。

2. 阅读新闻、通讯（包括特写、报告文学等）作品，了解其社会功用、体裁特点和构成要素，把握语言特色。

3. 广泛搜集资料，根据表达需要和体裁要求，对资料进行核实、筛选、提炼，尝试新闻、通讯的写作。

4. 阅读古今中外的人物传记、回忆录等作品，能把握基本事实，了解传主的人生轨迹，从中获得有益的人生启示，并形成有一定深度的思考和判断。

5. 认识传记作品的基本特性，尝试人物传记的写作。

前三条目标是关于"新闻"的，后两条是就"传记"而言的。第1、4条目标明确了课程的意义，强调了阅读新闻和传记对学生情感、态度和价值观的影响，第2、3、5条目标是对新闻、通讯、传记的具体阅读要求和写作要求。

（四）语言文字应用

本系列共有七条目标：

1．注意在生活和跨学科的学习中学语文、用语文，在学习和运用的过程中提高语言文字应用能力。

2．能综合运用在语文与其他学科中获得的知识、能力和方法，读懂与自己学识程度相当的著作，运用多种方式展开交流和讨论。

3．阅读应用文，能把握主要内容和关键信息。能根据需要，按照相关格式和要求，写作应用文，力求准确、简明、得体。在学写应用文的过程中，培养对事负责、与人合作的精神和严谨细致的作风。

4．在实践活动中增强口语应用的能力，能根据交际的需要，选择恰当的时机和场合，提出话题，敏捷应对，注意表达效果。参加演讲与辩论，学习主持集会、演出等活动。

5．联系语言文字应用中的现象和问题，阅读有关著作，尝试用所学的知识和方法作出解释；了解语言文字法规的有关内容，增强规范意识，学会辨析和纠正错误，提高语言文字应用的正确性和有效性。

6．观察语言文字应用中的新现象，思考语言文字发展中的新问题，努力在语言文字应用过程中有所创新。

7．拓展运用语言文字交流的途径，学会用现代信息技术辅助交流，如使用计算机进行编辑、版面设计，制作个人网页和演示文稿。

其中，第1、2条是从在生活和跨学科中学习和综合运用的角度提出"语言文字应用"的总体要求，即要求在多种形式的学习和实践中提高语言文字应用能力。第3条是关于阅读和写作应用文时的语言文字要求，即阅读时要"能把握主要内容和关键信息"，写作时"力求准确、简明、得体"。第4条目标是就交际实践领域提出语言文字应用的要求，即在"演讲与辩论，学习主持集会、演出等活动"中提高语言文字应用能力。第5、6条目标是强调对语言文字应用现象和问题的关注、思考及研究，鼓励学生用语言知识来解释语言现象和解决问题，并提倡应用过程中的创新。第7条目标是关于语言文字应用的方式和途径的，提出应关注语言文字应用的现代化手段。

（五）文化论著研读

课程目标关注学生思考文化问题的广度和深度，旨在增强学生文化探究的意识和兴趣，促进学生文化探究能力的发展。课程目标的重点在积累与传承、思辨与探究、验证与提高。本系列一共提出了四条目标：

1. 选读古今中外文化论著，拓宽文化视野和思维空间，培养科学精神，提高文化修养。以发展的眼光和开放的心态看待传统文化和外来文化，关注当代文化生活，能通过多种途径，开展文化专题研讨。思考人生价值和时代精神，增强使命感和责任感，努力形成自己的思想、行为准则。

2. 借助工具书、图书馆和互联网查找有关资料，了解论著作者情况、相关背景和论著中涉及的主要问题，排除阅读中遇到的障碍。在整体了解论著内容的基础上，选读其中的重点章节，有侧重地进行探究学习，把握论著的主要观点和基本倾向，了解用以支撑观点的关键材料。

3. 学习运用科学的思想方法发现问题、分析问题和解决问题，在阅读过程中注重反思，探究论著中的疑点和难点，敢于提出自己的见解，并乐于和他人交流切磋，共同提高。

4. 关注现实生活和社会的发展，对感兴趣的问题进行思考，参考有关论著，学习对当代社会生活中的问题和中外文化现象作出分析和解释，积极参与先进文化的传播和交流，提高自己的思考、交流能力和认识水平。

第 1 条目标从总体上提出本系列选修课的要求，并阐明文化论著研读的意义。第 2 条目标具体提出研读文化论著的基本要求和方法，要求了解论著作者的主要情况和论著的主要问题，注重资料查询和选读等方法。第 3 条目标强调研读文化论著要"探究论著中的疑点和难点"，要能发现、分析和解决问题，并注重研读中的"交流切磋，共同提高"。第 4 条目标指出分析现实生活中的文化现象和关注先进文化的传播和发展问题，鼓励学生对生活中的文化现象进行思考，并投身到先进文化的传播与交流之中。

第三节　《21 世纪语文课程标准》解读[①]

一、《21 世纪语文课程标准》内涵

国家教育部制订的《21 世纪语文课程标准》将语文能力的发展分为四个学段，各学段语文能力发展目标如下：

---

① 马大为：《实际应用语文学》，北京：九州出版社 2013 年版，第 3~9 页。

1~3年级——重在积累

(一) 积累

1. 识字 2 200~2 800。
2. 写字逐渐达到识字量的 90%。
3. 掌握汉字的笔画、笔顺和结构方式。
4. 学习汉语拼音，※学习给汉字注音。
5. 了解什么是同音字、多音字、形近字，随课文学习常见的同音字、多音字和形近字。
6. 积累书面语汇，能了解它们的基本意思，并能部分运用。
7. 了解什么是近义词，什么是反义词，随课文学习常用的近义词和反义词，记住 70~80 组常用单音反义词。
8. 了解什么是名词、动词、形容词、代词。
9. 了解什么是总分关系、并列关系。
10. 了解什么是比喻，什么是比较和引用。
11. 认识常用标点符号。
12. 认识自然段。
13. 每学期背诵若干篇课文，20~40 首诗词或其他韵文及名言警句。
14. 课外阅读逐步达到每学期不少于 10 万字。
15. 写字正确、端正，卷面整洁。逐步达到每分钟不少于 15 字。
※16. 练习毛笔描红、临帖。

(二) 语言训练
语言的理解

1. 了解 50~70 个常用部首所表示的大概意思，根据常用部首推知字义。
2. 体会汉字音、形、义三位一体的特点。
3. 大体理解课文中词语的意思。
4. 掌握确定多音字读音的方法，学习选择多义词的义项。
5. 能够理解词语之间、句子之间总分和并列的关系。
6. 能从整体上把握课文的主要内容和思想感情。
7. 听读课文，能说出大概内容。
8. 认真听取同学的发言和周围人的谈话，了解说话者的基本态度和主要看法；提出疑问，指出自己认为不正确或不完全的地方。

9．听广播、看电视、看广告，从中获得新的信息。

语言的运用

1～2 年级：

1．朗读课文声音响亮而自然。用自己的话复述部分课文。

2．用课文规定的常用词语造句。

3．看图说话，能讲出 4～6 幅连环画的故事，练习看图写话，不少于 40 字。

4．会写请假条、留言条等便条。

5．从二年级开始写日记，每学期 5～15 篇。

6．能正确使用逗号、句号，并用冒号、引号表示对话。

7．说清家庭地址、亲属情况、学校的大致情况以及自己熟悉的一条交通路线。

8．礼貌地拜访同学，使用文明语言邀请、道别、询问、待客、※打电话等。

9．能用完整的话回答简单的问题。

3 年级：

1．朗读、背诵课文，语气语调基本符合作品传达的感情，没有读破句的现象。

2．通过大量造句（300～500 句）丰富词汇。

3．根据一幅画想象，编故事，口述 2～3 分钟，并写成 100 字左右的短文。

4．正确运用代词叙事，不发生人称的混乱。

5．能较准确地表述数量、范围、程度和语气。

6．写语段，条理清楚，用词基本准确。

7．记简单的听课笔记。

8．写简单的书信。

9．日记，每学期 15～20 篇，没有一句一段的现象，不用拼音或同音字代替生字。

10．正确使用顿号、问号、叹号、※书名号、省略号。

11．用恰当的语言表示问候、请求、拒绝、称赞、不赞成、询问、介绍等。

12．能清楚地作口头报告，转述他人的吩咐。口述见闻，不少于两分钟。语言基本顺畅，没有长时间停顿。

（三）学习方法

1. 会看拼音读字。
2. 掌握自己识字的步骤和方法。
3. 掌握自己学词的步骤和方法。
4. 学习用比较的方法观察事物，表达看法。
5. 逛书店，大致了解图书的分类。
6. 能比较熟练地查字典，音序查字每字少于1分钟，部首查字每字少于2.5分钟。
7. 会查词典。
※8. 上机，掌握一种汉字输入法。
9. 书写姿势、握笔方法正确。
10. 养成朗读、默读的好习惯。
11. 能对自己完成学习任务的情况作简单的评价。

（四）综合活动能力

1. 能在8～12分钟内集中注意力听简单的故事，然后模仿，或说出听的大概内容。
2. 在老师的指导下表演课文故事或对话。

4～5年级——进行阅读和表达的系统训练

（一）积累

1. 继续学字识词，识字500～700个，基本上会认会写。
2. 语汇比较丰富。
3. 了解什么是数量词，什么是否定词。
4. 了解什么是拟人、反复、对比。
5. 认识常用标点符号，了解它们的一般作用。
6. 了解什么是情节，什么是时代背景。
7. 了解什么是顺叙、倒叙和插叙。
8. 读短小的古文，了解20～40个成语故事、神话故事、历史人物故事、寓言等。
9. 知道我国古今最著名的文学家。

10. 每学期背诵课文片段、10~20首诗词及若干名言警句。

11. 课外阅读每学期不少于20万字。

12. 比较熟练地使用钢笔，笔记、抄书每分钟不少于30字，字迹工整、美观。

※13. 毛笔书写，笔画工整，间架匀称。

（二）语言训练

语言的理解

1. 能根据语言环境在字典、词典中选择词语的正确义项。

2. 能在语境中理解词语、句子、标点的意思。

3. 能合理地给课文划分段落层次，分析课文条理，并概括段落大意。

4. 能概括记叙文的中心意思，正确把握作者的态度、感情和看法。

5. 能从整体上分析记叙文的题目、重点词语和人物，学习作圈点批注。

6. 理解课文中的特殊句式、所使用的修辞手法的作用。

7. 能通过阅读准确获取信息。

8. 会读说明书、教科书，以满足学习其他课程对阅读的要求。

9. 浏览报纸，学习通过阅读标题快速了解新闻的大概内容。

10. 会听课。能跟着老师的思路学习；能在紧要处集中注意力；能抓住要点，记下疑点。

11. 能辨识说话者用单个音节、不完整语句、片刻沉默等形式表达的意思，了解说话人用委婉、含蓄的形式表达的真实意思。

语言的运用

1. 能在理解的基础上朗读课文，速度适中，声音基调与作品的基调一致。

2. 能在理解的基础上背诵，背诵说明知识的句段能突出要点，背诵诗文有较充沛的感情。

3. 写记叙文，能写真情实感，内容具体，有中心，条理清楚，有过渡和照应，详略得当。

4. 能用平实的语言说明物品及做一件事的过程，条理清楚。

5. 采访熟悉的人，采访前写采访提纲，采访后写简单的采访报告。

6. 学习做听课笔记，逐渐达到要点突出，疑点显明；并能利用笔记复习。

7. 学习制订个人计划、公约，写发言提纲，写总结，写个人启事。格式正确，内容能与生活密切联系，语言简明。

8. 日记叙事清楚，能写出自己的看法，每学期15～20篇。

9. 正确使用标点符号。

10. 借助语感修改作文。

11. 课堂发言，观点正确，能正确引用课文，有条理地说话。

12. 交谈时能与对话者保持一致的话题，有针对性地发表意见。

（三）学习方法

1. 掌握精读的步骤和方法。

2. 掌握略读的步骤和方法。

3. 根据语文教科书的指导进行语言训练。

4. 学会使用书名目录和作者目录到学校图书馆和阅览室阅读或外借图书。

5. 借助工具书解决读写中出现的问题。

6. 摘录，※剪报，作札记，查阅并使用资料。

※7. 能在计算机屏幕上阅读，进行作文的编辑工作。

8. 养成读报、课外阅读的习惯。

9. 能够自测阅读的效果，大体恰当地评价自己在语文活动中的表现。

（四）综合活动能力

※1. 参加故事会、朗诵会等。

※2. 参与编写班报、班日志、班歌、作品集等。

※3. 创作儿童诗歌。

6～9年级——实现语文自学

（一）积累

1. 识字量累计至少3 500字。熟练掌握常用汉字的音、形、义。熟练掌握常用多音字的读音。

2. 掌握汉语拼音规则。

3. 能掌握多义词在具体语言环境中的意思。会辨析近义词、反义词，能分辨词语的感情色彩和语体色彩。

4. 熟悉一些常用文言实词，了解古汉语的基本特点。

5. 了解词的分类。

6. 了解词语、短语、句子的一般组合关系。

7. 能识别常用修辞手法。

8. 了解句式变换对表达的作用。

9. 了解常用标点符号的特殊作用。

10. 了解文学作品的种类及其特点，并把它们作为了解文章内容的手段。

11. 了解和识别几种表达方式。

12. 了解议论文的要素、几种主要的论证方法。

13. 了解几种主要的说明顺序和说明方法。

14. 了解教材涉及的著名文学家和作品。

15. 背诵名篇片段和名言警句。

16. 快速硬笔书写，非专业性质的速记，能满足学习需要。

※17. 毛笔书写讲究章法布局。

（二）语言训练

语言的理解

1. 养成由整体到局部条分缕析、由局部到整体把握思路的阅读习惯，说明开头、结尾、照应、过渡与表达中心的关系。

2. 能归纳文章主要写作方法，能把握并欣赏各类文章的语言特点。

3. 提高阅读速度，每分钟不少于500字。

4. 阅读记叙文，能分析梳理文章的线索脉络；深入理解词语、句子、标点在语言环境中的含义；能够体会人物的思想感情，概括人物的性格特点，分析其思想性格的成因；能认识作品反映的社会现象，概括作品的社会意义；有比较强的语言感受能力。

5. 阅读较深一些的说明文，能分析文章的层次结构；迅速、全面、准确地把握知识要点；能提炼疑点、解决疑点。

6. 正确、熟练地使用各科教科书，能抓住要点、重点，清楚它们在知识体系中的位置。

7. 阅读议论文，能比较准确地把握作者的态度、观点和主张，并根据论证的情况得出自己的见解。

8. 阅读浅近的文言文，能把握文章的主要内容，并能顺畅地朗读。

9. 在日常交际中，能听音、辨调，迅速归纳、把握作者的观点、态度、感情倾向，评判、鉴别是非曲直，不误解对方的真实意图，不遗漏说话者表达的意思，能抓住并记住说话的要点。

语言的运用

1. 能对写作对象作整体的观察和思考，从而获得基本认识。叙述清楚明白，说明能抓住特点，议论有中心议题。

2. 有明确的写作宗旨；条理清楚，主次分明，详略得当，斟酌用词用句以增强表达效果。

3. 学写短小的议论文，能针对现实问题立论，观点鲜明，论述清楚。

4. 缩写记叙性的文字材料，概述事件时能根据需要强调该突出的部分。

5. 能根据教科书、查阅的资料以及实际操作的经验，写内容比较简单的科学说明文或实验报告，表达准确，说明顺序合乎逻辑。

6. 以提纲的形式整理学习笔记，能抓住重点，能体现知识的系统性，能结合自己的薄弱环节作比较和说明，笔记无严重错误和要点遗失。

7. 会写常用实用文，如工作总结、内容简单的调查报告、会议纪要、展览说明、请柬、操作说明等，行款格式正确，要点齐全，语言简明、规范、※扼要。

8. 能根据需要快速写作短小的实用文。

9. 能根据需要选择表达方式和语体。

10. 从内容和形式两方面修改作文，并养成反复修改作文的习惯。

※11. 当众发表意见，言之有情，言之有理，言之有序。

12. 日常交际中，说话要点明确，吐字清楚、语势连贯、态度自然。

13. 能概述读物和影视剧的内容，生动地讲述见闻；能借助资料向别人介绍事物、事理；能扣题回答比较复杂的问题。

（三）学习方法

1. 参与制订教学计划，对学习难点、学习进度提出建设性意见。

2. 能够识别政治理论、社会科学、自然科学三大学科的基本分类。

3. 根据分类目录查阅中文图书，给自己的图书分类，编目录。

4. 在遇到问题时，会查找相关的工具书。

5. 继续做收集资料、整理资料的工作，使知识系统化、条理化，能熟练地使用资料。

※6. 浏览计算机提供的信息。

7. 能自觉学习：聆听、读书、积累资料等。

8. 读报看书成为生活必需。

9. 参与课程测试出题和评阅，对自己的学习态度、学习方法、学习效果作比较全面的评价，能够及时查漏补缺。

（四）综合活动能力

1. 班会上发言，参加讨论会、辩论会。

2. 给学校或社会单位提倡议。

3. 尝试编写课本剧、寓言、小说等。

10～12 年级——进一步提高语文素质

（一）积累

1. 随着社会的进步和生活领域的扩大，不断吸纳新鲜语汇。

2. 继续积累古汉语语汇，熟悉常用实词与虚词。

3. 了解古汉语与现代汉语的主要区别。

4. 了解论证方式、归谬的论证方法和论证的一般结构方式。

5. 了解古代文化常识。

6. 了解现实主义、浪漫主义、意识流等文学创作手法的常识。

7. 熟悉我国古代、现代、当代重要作家作品及文学史常识，熟悉世界著名作家作品，了解世界文学史常识。

8. 主动地、有选择地背诵名篇或名篇片段。

9. 熟悉文言文精品，理科学生至少 24 篇，文科学生至少 60 篇，直至达到耳熟能详的地步。

10. 硬笔书法字形美观，行气贯通。

※11. 毛笔字讲究韵味和神采。

（二）语言训练
语言的理解

1. 学点逻辑学初步知识，在听说读写中不犯逻辑性错误。

2. 学习比较修辞，能结合作者和具体语境品评作品的语言。

3. 懂得幽默和讽刺。

4. 鉴赏古今中外的文学作品，能比较、评析作品的主题、题材、结构和语言风格。逐步形成个性化倾向。有抵制不良作品影响的自觉性和一定的能力。

5. 文科生阅读文学、史学、文化学、人类学等领域简单的学术性作品；理科生阅读自然科学领域简单的学术性作品。具有质疑、释疑和评析的能力。

6. 能借助工具书翻译浅近文言文，不出现内容上的错误。

7. 根据文体特点研读文言文。

8. 交谈中能意会，讨论时能把握意向。

语言的运用

1. 熟练掌握各种实用文体的写作，格式正确，语言简洁得体。

2. 能根据需要应时作文，综合运用各种表达方式。

3. 有经常记札记、杂感或写日记的习惯。

4. 会写综述、评论，针对性强，论据比较充分，论证比较严密，有一定的逻辑性和说服力。

5. 反复修改作文，锤炼语言。

6. 即席发言中心明确，材料充实，语言比较简练生动。批驳别人的观点时做到有理、有力，自然大方，不失风度。

※7. 演讲有说服力、感染力，能引起听话者注意，能与听众交流。

（三）学习方法

1. 整合学习、生活、活动中出现的问题，寻求通过阅读解决问题的途径，安排自学计划。

2. 到中小型图书馆阅读和外借中文图书。

3. 有学习中工具书不离手的习惯。

4. 建立自己的信息库（方式不限），能不断往系统中镶嵌新的材料，使系统更加完善、合理；使用时能快速提取信息。

※5. 计算机操作，熟练掌握一种中文文字处理软件。

※6. 能用 E-mail 发表自己的见解。

7. 能自觉通过阅读和写作，加强思想修养，不断充实自己。

8. 能比较客观地评价自己语文学习的优势和欠缺，确定自己在集体中的位置，并能够自我适应、自我激励、自我定向、自我规划、自我控制，形成独立人格。

（四）综合活动能力

1. 作社会调查，写调查报告。

2. 自己组织文学兴趣小组，开展各种文学活动，如朗诵组、话剧组、萌芽社等。

二、《21 世纪语文课程标准》解读

对于《21 世纪语文课程标准》的把握，我们必须注意以下五点：

（一）螺旋式

《21 世纪语文课程标准》采用"螺旋课程"的结构。学生学习的四个阶段呈现出螺旋式上升状态。《21 世纪语文课程标准》的螺旋式结构体现了循序渐进的原则，侧重于学生的发展，兼顾知识序列。

（二）三维度

《21 世纪语文课程标准》将语文教学分为积累、语言训练（语言的理解、语言的运用）、学习方法三个维度。

（三）开放性

《21 世纪语文课程标准》力求成为一个开放的系统，这突出体现在课程标准的弹性上：

1. 就数量而言，需要量化的目标都具有一定的弹性，都有下限和上限，上限可以突破，但不必刻意追求。标准的弹性照顾了学生学习能力的差异，也给学生提供了根据自己的实际情况自由选择目标的权利。

2. 就内容而言，制订了可灵活掌握的内容，以※方式标注。教师可以根据学校的实际以及学生的学习情况灵活掌握。这样安排，体现了一定的选择性。

3. 就学习方法而言，学生可以选择适合自己的学习方法。

4. 开放性还体现在采用一种开放的态度，不把语文学习局限于课堂，倡导"大语文观"。

（四）需要性

《21 世纪语文课程标准》制订的出发点是学生发展的需要、社会生活的需要。《21 世纪语文课程标准》对"语文学习联系实际"的重视体现在以下几方面：

1. 联系学生生活实际。

2. 要求学生具备日常交际能力。

3. 在写作中淡化记叙文的写作，重视实用文的写作训练。

4. 结合信息社会对学生提出的新要求，把查找和处理信息的能力也列入《21 世纪语文课程标准》。

5. 提倡在实际活动中培养语文素质。

6. 需要性也体现在文学教育中。强调文学教育对学生发展的重要作用。

（五）超前性

这个课程标准要保证适合 21 世纪社会发展和学生发展的需要。体现了很强的理想色彩，学生学习语文的潜力巨大，关键是要真正从学生的学习实际出发，要尊重学生的学习主动性、创造性。

【思考与练习】

1. 什么是课程目标？课程目标分为哪三种类型？

2. 义务教育分为哪几个学段？其语文课程目标包括哪几个方面？

3. 教师在第一学段的识字与写字的教学过程中应努力做好哪几方面的工作？

4. 什么叫"非连续性文本"？阅读"非连续性文本"有哪些要求？

5. 高中语文必修课程的学习，学生应在哪几方面获得发展？

6. 高中语文必修课程目标分为哪两个方面？试作简要论述。

第二章　常用文本体式教学

一向定位高远的语文课程和语文教学，相比于其他课程的教学，在圈内外各方人士的眼里，几乎一直是一团乱麻、令人一头雾水。

中国近现代语文教学走过了一段极为艰难困苦的历程。围绕语文课程是什么、教什么、用什么教等基本问题的争论几乎从语文教学诞生的第一天起，便如影随形，一刻也未消停。百余年前争论的问题，今天仍然经常被讨论；六十年前已为定论的观点，至今还是争执不下；二三十年前的炒作，今天还是有人不时地提起，不断地被"炒冷饭"。最近几年，课改的"潮头"过去，语文改革"沉寂"的时日不久，一场语文教学的"个性化运动"便从原先的小学延展至中学，不少语文老师争相以"某某语文"来宣示自己的教育理念和思想，以求独树一帜。这本身是一件好事，成熟者梳理自己的教学个性和风格，于己是反思、提炼和升华，于人则可以引领、启发和促进。但假如人人都以为语文可以自立门户，且蔚然成风，便会成为笑话。因为语文就是语文，哪有那么多的"某某语文"？

热闹不少，炒作不断，高端论坛常出惊世骇俗之语，自说自话的战争也会引发许多"信徒"跟风。但有关本源的一些关键问题一直未有定论，语文课程"建设"的路线图都还"一地鸡毛"。圈内的争战似乎对我们影响不大，现实语文教学的外部环境才真的让我们紧张。应试教育愈演愈甚，将语文硬生生推到火山口上煎烤，分数比拼中的天生"劣势"使得语文的地位在学校课程体系中被明升暗降，学生及家长对于语文的公开漠视甚或贬损，带给语文教师的伤痛可以说是无以复加；语文是什么、教什么、用什么教，这些构成课程要件的问题迄今没有确定的答案。于是，在相当长时期难以改变的应试情境里，无从要求学生、家长和社会无限提升对"宏大叙事"一般的语文的价值的认识和理解，那么，语文课程、教学、教师被边缘化几乎就是无从逃避的宿命。

可以说，今天的语文教育已经面临着危险。问题症结究竟在哪儿？今天的中国语文遭遇着极为严重的"魅惑"。

语文之"魅惑"，第一在"高"。

语文教育大概从"文革"起异化为政治的附庸，尽管经历后来的"拨乱反正"，但一直贪恋"高位""高调"而不下，课改之后，诸如"人文性""创新精神""实践能力"等"高帽"戴得十分舒坦、受用，可谓风光无限。从"课标"中"工具性与人文性的统一"的规定，到很多语文专家视创新能力和实践能力为语文教育核心的价值追求，于是，很多教师每言必提"三维"，课堂中倾心于对"人文"的宣讲，卖力于对"价值观"的鼓吹，每课必联系"情感、态度、价值观"，课堂的结尾几乎固化为"曲终奏雅"——师生共演双簧式的思想和政治"表态"。至于"工具性"的落实、"统一"的体现，则不见了踪影。时间长了，大量一线的语文老师也越来越觉得语文等同于教育，学校只要一门语文学科就能解决教育的所有问题。但"高"也有"高"的隐忧，"曲高和寡"，"高处不胜寒"。哲人说，要毁掉什么，最好的也是最简单的办法就是高抬和捧杀，捧得越狠，抬得越高，毁得越快。

现实是，语文课堂变成教堂，语文教学变成玄学。人文教育、道德教育成为语文课"必需"的要素，大量的课堂被一分为二：一半围绕选文做一点理解的事儿，另一半则在空洞的说教上用尽心思。语文课程让学生越来越头疼，越来越不喜欢，越来越不会学；语文老师也深感越来越不会教，越来越不愿教，越来越多职业的倦怠和疲累，越来越少职业的自豪和自信。当有专家对某些老师在语文课堂中硬谈思想、高喊口号的做派表示不解、提出质疑时，老师则以"你懂的"一语戏谑着回应，几乎就是在宣示这样一种所谓的"人文"教育近乎忽悠，其中内隐着太多的无奈、应付、抵制和反讽。

一言以蔽之，"高"的表现，必然是"空""虚""假"；"高"的结果，常常导致全面的形式主义。

语文之"魅惑"，第二在"大"。

20世纪80年代初，一般教书者常被一句响亮的口号彻底征服："语文的外延就是生活。"由此发端，就有了生活语文、活动语文、文化语文、大语文等语文教育观。有些还据此衍生、扩展，风生水起，做成了蔚为大观的"语文帝国"。这从推动语文教学的进步和发展，改革语文学习的方式和方法的一面而言，是有道理的。

但由"大"导致的语文教学方面的问题也是十分明显、严重的。一些语文老师在课堂之外，安排学生进行大量的语文学习活动，要求阅读大量的课外读物，写作大量的札记和随笔；一些语文老师对语文教材的教学轻描淡写，对有关考试的大量训练材料却青睐有加。这直接带来的自然是学生课业负担尤其是课下学习负担的极度加重。有一个笑话，实际也是真实生活的写照：国庆长假，孩子好不容易被父母领着去公园游玩，走到山顶，爸爸问孩子："这景象如何？"孩子脱口而出："真是太美了。"爸爸说："那好，回去可以写一篇散文。"妈妈也不甘落后，当来到湖边，也问孩子："这景象怎样?"孩子随口说："也很美。"妈妈说："那好，回去后写一篇随笔。"孩子受不了了，当即提出："别玩了，咱们打道回府吧。"语文教学范围和时间的几乎毫无节制的扩张竟然"殃"及家庭，真令人感叹不已。搜罗各类语文类杂志，你会发现，据此作为经验介绍的文章并不在少数。但很少有人关注,在学校之外极为有限的、本应该与家人享受天伦之乐的时空中,这样的"语文学习"带给学生的是幸福愉悦还是苦恨烦恼?而且,一旦这样的教学使学生在偶尔的一两次考试中获得较好的成绩,那就更了不得,还得作为经验推广,这究竟是孩子的痛苦还是孩子的幸运?

现代语文的"大"又有新的表现。看如今的语文课,许多语文老师自觉或不自觉地将语文教学与中学的各门课程紧紧地联系起来。声光电综合的"多媒体技术"加剧了这种态势。原本黑白的语文"默片"摇身一变,从语言的寂静的芳草地跃出,在丰富多彩的所谓"生活"间遨游。学生们普遍感觉,语文课好看了,好听了,好玩了,但就是感受不到语文学习进步了,成绩提高了。实际上,很多学生和家长对语文的漠视,对语文老师的不很礼敬,与这样一种语文教育观及其指导下的语文教学实践的"虚无"和无法"落细、落小、落实"有着不可分割的关系。

夸大其词,大而无当,上天入地,把"生活"一股脑儿拉进语文,让语文变成了"文化",这究竟是要高抬语文,还是要毁掉语文?"大"的结果实际是"无",是内容的丧失和形式的虚无。语文学科的地位如此,首先是语文人内部乱了阵脚,接着是"内外"有意无意地"合谋"的结果。当什么都是语文的时候,语文也就什么都不是了。

语文之"魅惑",第三在"全"。

完美、圆满、全面,本是我们这个民族的一个传统,这本没有什么不好。但这是不是每一件事的要求或追求呢?新中国成立以后,汉语和文学分科,重视学科本位;后来逐渐倾向"文以载道";以后随着各种"运动",随着文化大革命,此"道"又渐渐演化为"思想政治",直至"政治"。这些尽管与语文之本位相"背离",内容和主旨却相对单一;语文教育在"高""大"之外对于"全"的"追求",是最近十来年的事儿。伴着"人文"思潮,"人文性"被看成改造语文教学的"良药",语文教材、语文教学领域的"人文"以迅雷不及掩耳之势,铺天盖地而来。一夜之间,语文课程的教学目标、内容等一下子网罗了社会生活的所有方面——语言、文学、文化、道德、生命、社会、自然等,几乎是全口径、全方位、全天候。你可以穷尽你的思维和想象,只要你能想到什么,生活中已经有什么,甚至可能有什么,什么就可以进入语文课程、语文教材。事实是,今天的几乎各种版本的语文教材在这一点上都丝毫不甘人后,无论从"主题"单元呈现的诸多选文,还是以辅佐角色出现的星罗棋布的知识点,我们都不难看出,语文教材几乎是一本中国思想、文化的百科全书,面面俱到,疏而不漏,好像一个为迎合数百人吃饭需求、梦想着让所有的人满意而自己又没有什么主见的食堂大师傅做出的饭菜。要什么有什么,但什么都不突出,蜻蜓点水;没有重点,没有主线,没有层级,没有难点,有的就是一锅大杂烩。说这样的东西是课程,真的是亵渎了课程这一神圣概念的尊严。"全"的追求，本意是为了圆满，殊不知，金无足赤，璧有微瑕，这恰恰是在自毁长城。

一言以蔽之，表现为思想、内容领域贪多求全、包罗万象的语文，在"主题"单元有意无意地"暗示"下，语文教学的思想、文化、政治教育导向还不一目了然吗？如此，语文课程还有什么"自我"？

讨论语文教学问题，绕不过一个坎——生活，但需要指出的是，我们所说的语文是指学校中特定的语文课程。

当我们说"语文的外延就是生活"的时候，必须思考生活究竟所指为何。广义而言，学校本身也是生活的一部分，我们所有人每时每刻都在生活，学生在校学习语文和其他课程本身就是生活，为什么单单只有语文是生活？学校课程几乎全都离不开生活，课改之后，几乎每一课程都在开发学习资源，其中最为重要的就是生活资源。再说，假如我们定义课程就是"经验"或者"处方"的话，那么任何课程就都是直接的或者间接的生活了。

生活，尽管是实实在在、可以感同身受的状态，但又是丰富复杂、无法穷尽的资源。既然如此，当我们把语文课程的学习置于生活的汪洋大海中时，某种程度上就是自陷语文和语文教育于泥淖之中。因为语文是学校基础教育的学科课程，这一课程是需要在特定的时间——比如初中三年或者高中三年，在特定的情境——主要是在学校，而且是与其他各类课程，如数学、英语、活动课程等并行不悖地学习的，这与社会一般人士利用业余时间学习语文有天壤之别，后者倒可以称为"生活语文"：学习者可以为着某种目的和实用功利而学，也可以信马由缰、随心所欲而学；可以"十年磨一剑"，还可以好读而"不求甚解"；可以把一本《红楼梦》读得烂熟，也可以将《唐诗三百首》背诵到底。学校中语文课程的学习，当然不可能如此。假如将这样的信马由缰的学习语文的方式搬用至学校中语文课程的学习，究竟是要成全学生还是要坑害学生，是要减轻还是要加重学生的学习压力和负担，这是不言自明的。

语文是基础学科，基础教育是为学生未来成长和发展奠定基础的。在基础教育的课程体系中，语文和数学是其他课程的基础。既然是基础，则应更多表现为"准备""条件""工具"层面。语文与其他课程既有分别和侧重，又有关联和共识；找准自己的定位，更多地在学校内、在教材内、在课堂内解决好自己应该和必须解决的问题；不居高临下，不厚此薄彼，与其他学科协同合作，对于学校课程实施、教育目标的达成即可功德圆满了。

依据课程标准建设语文课程，用底线思维设定语文教育的价值目标。有人说，语文课程迄今为止还不能算是一门课程，因为迄今语文课程的性质都没有界定清楚。很多人认为它是实践性课程或者是综合性课程。语文课程究竟应该是什么课程？语文是基础性课程，基础性课程是为其他课程的学习奠基，提供基本知识、基本技能的，比如阅读理解、语言表达、思维方法等。基础性课程一般应该是分科的显性的文化课程或者知识性课程。

对照学科课程的特点和标准，不难看出语文课程建设的问题很多。语文课程应该是时间和空间、能力和精力都相当有限的学生在规定的学段必须完成的学业，语文课程应该目标切实、清晰，内容范围合适、确定，教学方式方法具体、科学，关键是，语文课程必须建构自己相对完善的知识能力系统，以此为语文课程建设的逻辑起点，语文才有可能作为课程来建设，才有可能在某一天以"课程"的身份与其他学科课程在实质上平起平坐。

破除"高""大""全"十分紧迫。伤其十指，不如断其一指，有所舍才能有所得。立足能力和素养，坚持必要和适度，在广泛调研的基础上，对语文课程的具体目标作出规定，对语文教学的范围和内容予以确定。

其中，鉴于现实的混乱，有必要建立"底线思维"的理念，以统整各类语文价值观。语文教育必须走下"神坛"，回归知识、能力、素养的教育，回归语言本身。这是语文教育的基本也是最低的目标要求。语文教学重要的是揭示朴实的语言知识，引导学生体会理解和运用表达语言的美感。"教"，有实实在在的路径和策略，"学"，有真真切切的内容和目标。语文教育绝不回避德育教育，但不是跟德育课程争地盘，抢饭吃；不排斥人文，但绝不喧宾夺主，买椟还珠；更重视审美素养、创新意识和实践能力，但绝不是高谈阔论，务虚求玄。所有这些，都必须以听说读写诸多语文能力提升的底线要求为基础，如果说，语文课程的知识能力素养是树，那人文不过是这一树干上自然而然"衍生"出的枝叶和花朵。

语文课程并不是一门高深莫测的玄学。回归经验、本真和规律，实实在在就可以把语文学好，那为什么语文教育会如此"山重水复"、如此步履艰难呢？还是因为"人物"太多，"思想观念"太多，鱼龙混杂？而"魅惑"之所以难"祛"，关键是这许多年来，我们语文老师多了迷信，少了自信；多了感性，少了理性。回顾这许多年来的语文课改，假如要总结教训的话，那自信的丧失和理性的损失是最大的问题。语文教育，不是靠玩概念玩出来的，语文教育不可以被某一两个人的一两个口号改变，要求堂堂中国语文被一两个概念来概括甚或想要囊括，那就不独是亵渎或是侮辱，而是小瞧和狂妄了。

优秀的语文人，有志于建设和改革语文教育的语文人，一向不需要花哨和富丽，不需要虚假和忽悠，做应该做的事，做可以做的事。一句话，做实实在在的与语文课程建设相关的事，语文教育就会在这样的也许并不高大上的草根们的细小实践中逐渐成长和成熟起来。20 世纪 80 年代一大批默默无闻靠着常常是单枪匹马的"实验"成长起来的语文人就是明证，他们不信邪，重探求，具理性，肯坚守，真正做到了"落细、落小、落实"。问题是，现实中这样简单、质朴、慷慨的语文人不是太多，而是太少。诸多这样那样的功利和用心，让一些人甘于"魅惑"，沉浸于"魅惑"，甚或参与生产和制造"魅惑"。弘扬先贤的理性和操守，学习英雄的品行和精神，应成为今天语文人成长的必由之路，而如此，语文的"祛魅"才有可能成为现实，而最终，语文教育才有可能走向"柳暗花明"。

如果我们敢于尝试三分法——记叙文、说明文、议论文与四体法——诗歌、散文、小说、戏剧文学的分文本体式目标教学，或许具有针对性与突破性的传承与创新就落到了实处，或许就真的是一课就有一得。一课一得，循序渐进，由量变而质变，语文教学或许就真的变成了"真语文"。因为真，自然实；因为实，自然善；因为善，自然美。

第一节　记叙文

一、概述

（一）记叙文的内涵

所谓记叙文，是以叙述、描写为主要表达方式，以抒情、说明和议论为辅助表达方式，以记人、叙事、写景、状物为主要内容的一种文体。记叙文有狭义记叙文和广义记叙文之分。狭义的记叙文以记人、叙事、写景、状物为主，对社会生活中的人、事、景、物的情态变化和发展进行叙述和描写，记叙生活中真实存在的人和真实发生的事。常见的如消息、通讯、特写、报告文学、游记、日记、参观记、回忆录以及一部分书信等。广义的记叙文是指表达方式以叙述和描写为主的一切文章。它不但包括所有的狭义记叙文，同时还包括以记叙叙述的所有文学作品，如小说和散文，也包括神话、童话、寓言、故事等。

（二）记叙文的分类

以写作的对象为依据，将其分为四类：①写人记叙文，通过描述人物的外貌、行动、心理、语言和人物所处的特定环境来刻画人物性格、塑造人物形象、反映作品的主题。②写事记叙文，以叙述事件为主，着重记叙事件的发生、发展、经过和结局，通过事件表现作品的主题。③写景记叙文，以描写景物为主，通过写景寄托感情，表现主题。④状物记叙文，以写物为主，通过写物抒发感情，寄托志向。

（三）记叙文的要素

有关记叙文的要素，有四要素和六要素之说。四要素即记叙文最重要的构件：时间、地点、人物、事件。六要素之说即把四要素中的"事件"具体分解为事件的起因、经过、结果。时间要素是指所叙事情发生的时间，如年、月、日、季节、时段等。地点要素是指事情发生的环境或地点。人物要素是指事件里的人物。起因要素是指事情是如何发生的。经过要素是指事情发生的来龙去脉、发展过程。结果要素是指事情的结局。

（四）记叙的顺序

记叙的顺序就是行文的次序。一般分为四种次序：顺叙、倒叙、插叙和补叙。

1. 顺叙。

顺叙是按照时间顺序来组织安排材料，也即按事情发生的先后顺序来记叙。顺叙的结构层次与事情发展的过程基本一致。顺叙是最基本的、使用最为广泛的记叙顺序。

2. 倒叙。

倒叙是为了突出或强调某一内容，而将这部分内容提前到文章前面来叙述，一般情况是将事情的结局或某个最重要或最突出的片段提到前面叙述，然后行文又依时间顺序进行叙述。要特别注意的是，倒叙并不是整篇文章的逆叙，而只是局部的前置。一般来说，情节曲折、复杂的事情才须倒叙，如果中心明确，材料简单，事情发生的时间较短，就不必倒叙。倒叙的作用：构成强烈的悬念，吸引读者阅读下文。

3. 插叙。

插叙就是在叙事过程中插入一些与事情相关的内容，然后再接着叙述原来的事情。所插内容不是主要事件的有机组成部分，只是与主要事件有一定的相关性，其作用是对主要情节进行补充和衬托，使中心思想更加鲜明。倒叙和插叙的区别：倒叙所叙内容是整个事件不可缺少的有机组成部分，而插叙所叙内容则不是。

4. 补叙。

补叙也叫追叙，是指在行文过程中对前面所写的人或事作一些简短的补充交代，使所叙事情更清楚更明白。补叙和插叙虽然都是对主要情节的补充和交代，但它们也有不同。补叙内容大都无情节，前后无须过渡的话。补叙的作用：起补充、丰富、深化叙述的作用，有时也起到突出强调的作用。

（五）记叙文的线索

记叙文的线索是指贯穿全文、将材料串联起来的一条主线，它把文章的各个部分联结成一个统一整体。记叙文的线索主要有以下六种：

1. 以实物为线索。

文章以一个具体的实物贯穿全文，将各种人或事都集中到它的周围，以此来展开故事情节。

2．以人物为线索。

以某个人物贯穿全文，即按人物动作行为的变化、思想性格的发展、人生历程的见闻来组织材料。

3．以事件为线索。

以事件的开端、发展、高潮、结局的情节结构来组织安排材料，这件事就成了贯穿全文的重要线索。

4．以时间为线索。

文章以时间的推移来组织安排材料。

5．以地点为线索。

以地点的转换来安排层次。

6．以作者的思想感情为线索。

有一些散文没有中心事件和具体的故事情节，而是以作者的思想感情的变化发展为线索来组织材料。

记叙文的线索类型及其在具体文章中的表现形式又是复杂多样的。有的文章只有一条线索，我们常常把它称为单线；有的文章有两条或两条以上的线索，我们把它称为复线。有两条或两条以上线索的文章中，主要的线索一般只有一条，叫主线，其余的叫副线。另外还有明线和暗线之分，明线是能从文章表面看见的，贯穿文章始终的，将文章各部分联系起来构成一个整体的脉络；暗线是相对来说要从文章中分析得来的贯穿文章始末的线索。

（六）记叙的人称分类和特点

第一人称，以"我""我们"的角度展开叙述，即叙述人以作品中人物的身份出现，以"我""我们"自称。文中的"我""我们"可以是作者本人，或作品中的虚构人物，也可以是主要人物或次要人物。"我""我们"必须和作品中其他人物发生种种关系，并对人物、事件等起说明和见证作用。第一人称的优势在于，使文章真实生动，便于直抒胸臆，读起来有真实感和亲切感。但也有局限性，即第一人称的文章内容不能超过"我""我们"所经历或耳闻目睹的范围，阅读时要注意"我"在文章中所起的作用。

第二人称，用"你""你们"的角度直接与读者对话，第二人称在言语活动中，指称与说话人相对的听话人。第二人称叙述一般用在书信或书信体的文学作品中。第二人称记叙的优势在于，与读者形成面对面的交流，亲切自然，便于抒发作者或人物感情。但第二人称叙述的局限性更大，所以在叙事性文学作品中运用第二人称是较少见的叙述方式。

第三人称，言语活动中指称说话人与听话人以外的第三方为第三人称，即用"他""他们"的角度叙述。在叙事性文学作品中运用第三人称是最常见的叙述方式。它的优势在于能客观地展示生活，不受时空限制，有利于自由表达。用这种人称不受任何限制，作者以旁观者的角度出现，写起来比较开阔自由。

（七）记叙文的表达方式及其基本功能

1．叙述。

叙述是记叙文中最基本、最常见的一种表达方式，它是作者对人物的经历和事件的发展变化过程以及场景、空间的转换所作的述说和交代。其作用是令读者了解事件的来龙去脉、人物活动的基本情况等。

2．描写。

描写是在叙述过程中，用生动形象的语言，运用各种修辞手法把描写对象的状貌、情态描绘出来，再现给读者的一种表达方式。它是记叙文，特别是文学作品的主要表达方式之一。在一般的抒情散文、议论文、说明文中，有时也把它作为一种辅助手段。描写的手法运用得好，能达到逼真传神、栩栩如生的效果。其作用是：渲染气氛，调动读者的积极性，使读者如见其人、如闻其声、如临其境，从中受到强烈的艺术感染。

3．抒情。

抒情是作者在记叙的基础上表达主观感受，倾吐内心情感。抒情可分为直接抒情和间接抒情两种。直接抒情即直抒胸臆。间接抒情是在叙述、描写、议论中流露出爱憎感情。其作用是：抒发作者情感，渲染气氛，服务于文章主旨，深化主题。

4．说明。

说明是用简明扼要的文字，把事物的形状、性质、特征、成因、关系、功用等解说清楚的表达方式。被解说的对象，有的是具有实体的事物，如山川、花草、树木、建筑、器物等；有的是抽象的道理，如思想、意识、修养、观点、概念、原理、技术等。其作用是：使读者更好地了解文章的背景、环境，状物的细节等，从而细化文章或状物，有助于读者深刻了解文章或状物。

5．议论。

议论就是作者对某个议论对象发表见解，以表明自己的观点和态度。它是主要表达方式。在一般记叙文、说明文或文学作品中，也常被当作辅助表达手段。其作用是：使文章鲜明、深刻，具有较强的哲理性和较深的理论性。在记叙文中起到点明文章主旨、揭示事物本质、画龙点睛的作用。

（八）记叙文中的主要描写方法

1．肖像描写。

肖像描写又称外貌描写，是指对人物面容、神态、表情、姿态、身材（身影）、衣饰、风度乃至言谈举止的描写。外貌描写主要是为刻画人物的性格特点，反映人物的精神面貌服务的。

2. 语言描写。

语言描写是对人物说话（从内容到词汇、句法、腔调、声音等）的描写。它采取独白和对话两种手法。独白是人物的自言自语。对话是两个或两个以上的人物之间的交谈，它是语言描写中运用最多也是最普遍的一种手法。语言描写既可直接反映人物的思想特征，又可借人物的语言来说明或推动情节的发展，以及间接地描写其他人、事、景物。"言为心声"，语言描写应努力做到使读者"闻其声，知其人"。

3. 动作描写。

动作描写又叫行动描写，即对人物的动作、行为、活动的描写。这种描写方法对刻画人物有非常重要的作用，是表现人物性格及塑造人物形象的主要手段。

4. 心理描写。

心理描写指对人物在一定环境中心理状态、思想活动的描写，以提示人物的精神世界和性格特征。

5. 环境描写。

人们总是与外在世界发生密切的联系，记叙文中凡是对与人物发生联系的那些外界条件进行的描写，就是环境描写。环境描写主要有两种：一是自然环境，二是社会环境。自然环境一般指人物活动的具体场所或者是自然景物；社会环境一般指社会关系等社会背景。不过二者往往是结合在一起进行描写的。环境描写在文中的作用是：①交代故事发生的时间、地点及人物活动的空间，交代故事发生的时代背景、时代特征、社会习俗、思想观念和人与人之间的关系；②渲染环境气氛，烘托人物心情，表现人物性格，推动故事情节的发展，深化文章主题。总之，环境描写是为了更深刻地表达文章的中心思想。

二、学段要求

（一）初级学段（1~6 年级）

阅读叙事性作品，了解事件梗概，能简单描述自己印象最深的场景、人物、细节，说出自己的喜爱、憎恶、崇敬、向往、同情等感受。

能复述叙事性作品的大意，初步感受作品中生动的形象和优美的语言，关心作品中人物的命运和喜怒哀乐，与他人交流自己的阅读感受。

（二）中级学段（7~9 年级）

养成默读习惯，有一定的速度，阅读一般的现代文，每分钟不少于 500 字。能较熟练地运用略读和浏览的方法，扩大阅读范围。

在通读课文的基础上，理清思路，理解、分析主要内容，体味和推敲重要词句在语言环境中的意义和作用。

对课文的内容和表达方式有自己的心得，能提出自己的看法，并能运用合作的方式，共同探讨、分析、解决疑难问题。

在阅读中了解叙述、描写、说明、议论、抒情的表达方式。

三、写人叙事文阅读教学探究①

（一）抓住矛盾对立，从情节与内容角度深入探究

写人叙事的文章，时常会写到人与人、现象与现象的对立与冲突。这是写人叙事文的一个内容特征。抓住这些对立与冲突，有助于深入理解、探究文本的人物特征以及内容的深刻含义。

1. 从情节的矛盾对立处探究人物特征。

人物特征在冲突中会表现得很充分，因此写人叙事文在铺陈内容时总是很注重展示这些冲突的过程，要深入把握人物特征就应抓住这些冲突仔细体味探究。

比如，学习人教版必修一的《荆轲刺秦王》第一部分，理解和探究荆轲刺秦王在准备阶段所体现的人物特征时，如果抓住荆轲与太子丹的三次分歧来分析，就比较容易了。

第一次分歧：太子丹的急迫与荆轲的笃定。当时，秦军破赵，势如破竹，大军压境，燕国危在旦夕。太子丹认为"秦兵旦暮渡易水""日以尽矣"。燕太子为了刺秦王，找到了燕国处士田光推荐的荆轲。荆轲接受了任务，太子丹马上封荆轲为上卿，精心侍奉，却见荆轲迟迟未动身，因而催促荆轲实施行刺秦王计划，以此抵抗秦军的大举进攻，同时也雪见陵之耻。联系前后文可以知道，荆轲迟迟未动是因其认为时机不成熟。

第二次分歧：荆轲要樊於期之首级而"太子不忍"。荆轲在如何见秦王这个关键问题上，在太子心急如焚时，提出以樊将军首级与督亢地图为信物骗取秦王信任，可是太子"不忍"杀樊将军。后来，荆轲私见樊於期，荆轲再三问樊於期，樊於期慷慨献身。从荆轲提出的行动计划，可看出荆轲具有超人的胆识，很有智谋；从荆轲成功借得樊於期之首级，还可看出荆轲胆大心细，善抓时机，善于做说服工作。

第三次分歧：准备停当，荆轲的"有所待"与"太子迟之"。荆轲"有所待"，说明荆轲的镇定和胸有成竹，而太子却"迟之，疑其有改悔"。遭到太子猜疑，对侠义之士来说无异于人格侮辱，荆轲忍无可忍，怒叱太子，决定马上起身往秦，这显示了他刚烈、重义气的性格。

① 参司新华：《探究四法：让写人叙事文阅读走向深入》，《语文教学通讯》（A刊）2015年第5期，第44~46页。

通过分析荆轲与太子丹的三次分歧，可探究出荆轲镇定、智勇双全、果敢、重义气的性格特征。

2. 从内容的矛盾对立处探究文本蕴藏的深刻含义。

写人叙事类文章中大多有矛盾对立的内容。它们既可能是文章的主体构成部分，也可能是文中内容某几个很重要的点。抓住这些内容的矛盾对立处深入探究文本，是获得文本深厚意蕴的一条捷径。比如，《奥斯维辛没有什么新闻》一文，从整体和局部看，都有一些很明显的矛盾对立处。比如：

（1）题目含义和文体对立。文章题目显示"没有什么新闻"，可文体却是新闻，还获得了美国普利策新闻奖。抓住这个对立点，结合新闻的特征去深入探究，就能思考出作者这样写作的深刻含义：①"没有什么新闻"，其实是说这里发生的臭名昭著的纳粹法西斯行径，世人早已知道，没有什么新的内容；②虽然这里没有什么新闻，但是"我"还是要继续揭露纳粹法西斯的罪行，描写亲眼所见的各种残暴遗迹，写出自己亲眼所见的来参观的人们的沉重心情和参观时的特殊氛围，在让世人重温那段残酷的历史的同时，表达出自己强烈的愤懑。

（2）奥斯维辛集中营是一个暗无天日的人间地狱，可是，在文章的开头和结尾却描写了美好的和平景象，这些乐景描写与悲情基调协调吗？

这个对立点是探究作者写作深意的切入点。仔细思考、探究，作者在篇首和文末对景物和孩童活动的描写，虽然都有乐景，但是感情态度是不一样的。篇首，作者含着责怨的心情，写了布热金卡太阳和煦、树木繁茂、儿童嬉戏的祥和景象，作者觉得这种祥和之景出现在最令人毛骨悚然的地方，是"一场噩梦"。这是以乐写悲，以乐衬悲。文末描写灾难过后纳粹屠宰场的景观，是标志法西斯的彻底失败和人民的最终胜利。

（3）在文章倒数第四段写狱中人的木然之后，为什么又特意写到狱中一个姑娘的微笑？

这是很明显的对立内容。抓住这个对立点，可以让读者对被屠杀人群有更全面、深刻的认识。在恐怖的环境里，是这个姑娘感受不到死亡的来临吗？不是。作者抓住这个对立点，突出姑娘的特有情态，是要向读者展示人们的不屈、藐视、无畏，以及对未来的向往。抓住这个矛盾对立点，就实现了对文本内容细腻、深入的探究。

（二）以情感变化为突破口，探究文章主线、作者态度与情感

从作者或文中人物情感变化的角度去探究全文的情感主线、作者的核心态度以及作品主题情感产生的原因，是深入探究文本内涵的另一把钥匙。比如，《小狗包弟》一文中作者的情感是怎样变化的？悲伤（艺术家与狗的故事）—欢快（与包弟亲密接触）—忧虑（不知如何安排包弟）—轻松（送走了包弟）—沉重

（送走之后心不得安）—歉意（至今心不得安）。抓住这个情感变化顺序进行分析，就可以看出作者的情感主线是愧疚，这也是作者在文本中体现出来的核心态度。我们还可以对作者的情感态度进行前后对比，从而深刻理解文章主题情感产生的原因——"文革"对知识分子的迫害和扭曲。

再比如《兰亭集序》中，作者的情感路径是：乐—痛—悲。抓住这个情感变化过程，就可以深入探究出："悲"是文本的情感主线，也是作者的核心态度。在此基础上，进一步追问：这种主题情感产生的原因是什么？仔细研读、思考，全文情感变化的内核通篇在"死生"二字，由此可以探究出：作者强烈的生命意识的觉醒、对人类基本情感和生命基本命题的深度关注是产生主体情感的原因。可见，注重情感变化过程，就可以深入探究出作者的情感主线、核心态度以及作品主题情感产生的原因，从而获得对文本的深入认识。

（三）从评价争议入手，辨析、探究事件及人物命运产生的原因

从评价争议处去辨析、探究事件及人物命运产生的原因，是深入探究文本内容的另一种重要方法。

1. 从评价争议处探究事件及人物命运产生的原因。

事件及人物命运产生的原因，是理解写人叙事类文章的一个难点。从不同读者不同视角的分析评价中去探究事件及人物命运产生的原因，是一种深入理解文章的方法。

比如，学习《荆轲刺秦王》，对荆轲刺秦王失败的原因，历来有不同的看法。教材中荆轲说："事所以不成者，乃欲以生劫之，必得约契以报太子也。"荆轲的说法是真实的吗？

《史记·刺客列传》记载了这样一件事：当时和荆轲有过交情的著名剑客鲁勾践闻荆轲刺秦王事，曰："嗟乎，惜哉其不讲于刺剑之术也！"陶渊明《咏荆轲》："惜哉剑术疏，奇功遂不成。"从这些见解里可以看出，荆轲刺秦王失败似乎与"剑术"不精有关；否则，咫尺之内，也不至于让那把见血封喉的匕首飞向了铜柱。如果前面的看法成立，荆轲之说不过是一种托词。

另一种看法：在"图穷匕见"之时，教材中说荆轲"左手把秦王之袖，而右手持匕首揕之"，以荆轲之沉着冷静，是完全可以突然下手结果秦王性命的，何况荆轲手持的是一把"血濡缕，人无不立死"的锋利匕首。荆轲没有即时下手，与太子丹制定的抗秦策略有关。《史记·刺客列传》："诚得劫秦王，使悉反诸侯之侵地，若曹沫之与齐桓公，则大善矣；则不可，因而刺杀之。"荆轲行动之时，优先考虑的是"劫秦王"这一上策，所以错失良机，荆轲其人本是一诺千金之人。

通过对上面不同见解的比较分析，会发现鲁勾践、陶渊明是评价性分析，缺少历史事实；后一种观点有历史事实为证，并且符合情理逻辑。综上所述，"生劫之"其说可信。

2. 从评价争议处探究人物。

比如，学习《荆轲刺秦王》这篇课文，如何评价荆轲这个人物，古往今来有很多不同看法。

史学家司马光《资治通鉴》卷七："荆轲怀其豢养之私，不顾七族，欲以尺八匕首强燕而弱秦，不亦愚乎！故扬子论之，以要离为蛱蜚之靡，聂政为壮士之靡，荆轲为刺客之靡，皆不可谓之义。"文学家苏洵《六国论》："至丹以荆卿为计，始速祸焉。"但肯定荆轲的人更多，第一个是司马迁。《史记·刺客列传》说："其立意较然，不欺其志，名垂后世，岂妄也哉！"刘伯承将军挽叶挺联"勒马黄河悲壮士，挥戈易水哭将军"，也含褒奖荆轲之意。应该怎样认识荆轲刺秦王这一行为呢？

荆轲不懂得以一人之力难以挽狂澜于既倒的道理，也不懂得秦帝国的统一是历史发展的必然趋势，他的认识有很大的局限，最后以悲剧告终，有其必然性；但是不管怎样去分析评价，荆轲刺秦王，是反抗强暴的正义行动，在国家多事之秋不畏强暴、不怕牺牲、不避艰险、挺身而出的精神和气概是值得称道的。

（四）从社会文化角度切入，探究其所承载的社会文化内涵

一篇文章总是有它的社会文化价值，尤其是古诗文，承载了很多社会文化内涵。由于这些内涵藏在文字深处，容易被忽视或被肤浅认识。

比如，学习《诗经·卫风·氓》，常常是在体悟了人物特征以及爱情观之后就结束了。作为经典，《诗经·卫风·氓》这篇文章所蕴含的深层的社会文化内涵和价值是什么呢？

国风出现在西周后期，《诗经·卫风·氓》出自国风中的"卫风"。西周的社会制度有一个重要的内容，就是宗法制度，同时西周也开始讲"礼治"。在这样的社会文化环境中，一位敢喊、敢做、敢决裂的女性，作为作品的正面形象，寄寓的是作者和社会认可的什么样的人生追求呢？仔细品味，这里蕴含的是诚信、善始善终、男女平等、忠于爱情等人文内涵。这样的作品得以流传，并作为经典，是否强调男主人公应该"克己复礼"，尊重自己爱过的人，强调"仁爱"这个儒家主题？诗中的女主人公形象是不是追求人格平等、个人幸福的代表？这样分别从男女主人公的特征及其负载的时代、社会的背景的角度去思考，就挖掘出了文本深厚的文化价值。

四、典型案例

宴集序千古绝调　骈俪体美文美教

——《滕王阁序》教学过程设计①

王　磊

【第一课时】

（一）搜一搜：基于自主学习的跟进搜索

一搜：初识作者；了解有关古代"序"的常识。

再搜：熟悉写作背景，了解骈文的特点及与本文有关的趣闻逸事。

（二）想一想：基于骈文特点的比较猜想

1. 平仄——与律诗比较。小结：骈文不论四六句或七字句，如同律诗一样，一句之中，平仄交替；对句之中，平仄相反。一句之内、对句之中平仄相间，错落有序，抑扬顿挫，极具音乐之美。

2. 句式——与散文比较。并列为骈，散章为文，骈文又称"四六句"，多以四字、六字相间成句。四六句之所以流行即在于便于对偶，刘勰说"四字密而不促，六字格而非缓"。柳宗元更是形容这种句式之美是"骈四俪六，锦心绣口"。然而古人也秉承"友如作画须求淡，山似论文不喜平"的理念，本文间以不少的七字句就是为了"不喜平"，凸显张弛之美。

3. 语义——据事类义的猜想。骈文以双句为主，上、下句间讲究"据事以类义"，两句语义关系大致分三种：①重言一事。如"渔舟唱晚，响穷彭蠡之滨；雁阵惊寒，声断衡阳之浦"。四句均以听觉写傍晚之景，"滨""浦"意义相类，都是"水边"。②合言一事。如"俨骖䮘于上路，访风景于崇阿"。合起来说驾车登高，这里的"上""崇"都是"高"的意思。③并言二事。如"物华天宝，龙光射牛斗之墟；人杰地灵，徐孺下陈蕃之榻"，上联说物，下联说人，"射"与"下"意思相对。

（三）理一理：基于表达方式的思路梳理

根据表达方式的变化理清全文思路。明确：逢盛会（记叙）—绘阁景（描写）—抒情感（议论）。

（四）练一练：基于文中名句的巩固练习

根据文本内容，编制对联。

例：1. 滕王高阁名天下；子安诗篇传古今。

---

① 王磊：《宴集序千古绝调　骈俪体美文美教——〈滕王阁序〉教学过程设计》，《语文教学通讯》（A刊）2015年第2期，第34~35页。

2. 昔日睢园竹林聚会；今朝洪州新府留名。

3. 滕王阁，高朋满座；阎公宴，胜友如云。

4. 良辰美景赏心乐事四美具；人杰地灵主贤宾贵二双并。

【第二课时】

（一）导一导，向往"文之美"

1. 同学们，我想问的是，你们读过这篇文章后，最大的感受是什么？用一个字来回答我。是的，美。这是一篇难得一见的美文。我们平常看见美人美物总要多看几眼，那么面对这篇美文，我们也应该多读多品，借用阿尔卑斯山路上的标语来说就是："慢慢走，欣赏啊！"

2. "慢慢走，欣赏啊！"那么，我们要欣赏这篇课文哪些方面的美呢？讨论，归纳，明确："韵之美""句之美""景之美""情之美"。

（二）读一读，感受"韵之美"

1. 诵读要把握节奏、语速、语气等，而这些都要服从内容、情感的需要，我们先了解各段写了什么内容，情感有怎样的变化，然后再来把握朗读的技巧。

讨论，明确：本文总体思路是"事—景—情"。第 1 段：记事，宴会盛况。第 2、3 段：写景，登阁所见。第 4~7 段：议论，抒发感情。从第 3 段"披绣闼，俯雕甍"开始，前后景物、表达方式都有很大变化：一是由静而动，二是由远到近，三是胸襟由局促到开阔，四是文章的节奏也发生了变化。第 2 段开始两个四字句，然后连用几个六字句，非常舒缓，接着使用四个四字句和两个四六句，这样间以字数不等的句式，张弛有致，抑扬顿挫；而第 3 段，推开窗之后，以非常短促的三字句"披绣闼，俯雕甍"开启，再以错落有致的四六句展开，感情变得开阔而飘逸。

2. 分角色朗诵 1~4 段。

（1）全班集体朗读第 1 段，这一段作者记宴会盛况。集体朗诵，声音洪亮、铿锵，要营造声势，渲染盛况。

（2）请一位男生朗读第 2 段，这一段写登阁所见。要用清亮的声音读出豪迈的感情，体现滕王阁雕梁画栋、金碧辉煌之美。

（3）请一位女生朗读第 3 段，这一段也是描写登阁所见。与第 2 段不同的是，这里既有三字句也有七字句，更有四六句，节奏富于变化，有张有弛，要读得舒缓飘逸。

（4）教师朗读第 4 段，学生体会作者感情的变化。至于如何变化，我们会在这段的学习中落实。

（三）品一品，欣赏"句之美"

文中妙句如珠落玉盘，俯拾即是。高票当选《滕王阁序》第一名句的自然是"落霞与孤鹜齐飞，秋水共长天一色"。民间有这样一个故事：英才遭天妒，王勃于创作《滕王阁序》的第二年，渡海前往交趾探父，时因落水惊悸而死。后来，每当夕阳西下时，湖面上遥遥远处就会响起王勃吟诵"落霞与孤鹜齐飞，秋水共长天一色"的声音，持续了十多日。又是一个落日熔金的傍晚，当湖面再次响起"落霞与孤鹜齐飞，秋水共长天一色"的声音时，一位书生大声道：子安先生，你不要太得意了，你的"落霞与孤鹜齐飞，秋水共长天一色"删去"与""共"二字岂不更好！此言一出，湖面声音戛然而止。

我想问的是：此说是否有道理？"落霞"句好在哪里？

讨论，明确：这是民间传说，不可信。删去"与""共"二字，语速就显得急了些，不如原句从容自如。

鉴赏"落霞与孤鹜齐飞，秋水共长天一色"。

明确：①动静结合。上句写动，霞、鹜"齐飞"；下句写静，水、天"一色"。一动一静，以动衬静。②境界开阔。长天在上，高；落霞、孤鹜在半空，稍低；而秋水最低。有远有近，有高有低，层次感强，境界开阔，给人一种强烈的立体美。③意蕴深远。鸟是有生命的，而天空和云霞则是无生命的；落霞、长天恒常，而孤鹜只是匆匆过客。永恒与短暂，有生命的律动与无生命的静谧交织在一起，意蕴无穷。④对比鲜明。以秋水与长天为背景，落霞、孤鹜点缀其间，色彩浓重，视觉冲击强烈。

（四）写一写，体验"景之美"

"渔舟唱晚"一语在《滕王阁序》中看似平常，可细心的评论者却称它"一字一景，言不尽之景情"，乐曲《渔舟唱晚》也是我国流传最广的古典名曲之一，伴随这首名曲，请发挥合理想象，将这四字扩写成百字写景片段。扩写参考：

落日熔金，暮色四合。劳作一天的渔人收起渔网，划着沉甸甸的船儿，驶向烟云氤氲的水村山乡。归舟缓缓，收获满满。渔人哼着小曲，悠扬的歌声穿过云霄，仿佛把归航的信息、丰收的喜悦传送给了焦急等待的家人。

（五）议一议，领会"情之美"

1. 现在我们来阅读第 4 段，这一段作者的感情有了明显的变化，哪四个字最能体现王勃的情绪变化？

明确："兴尽悲来。"

2. 是的，"兴尽悲来"，世事本无常，高兴到极点，悲哀就来了。请同学们思考：本段抒发了哪几种"悲"？

明确：盈虚有数的命运之悲；知音难觅的孤独之悲；报国无门的身世之悲。作者为什么有如此之悲呢？请看大屏幕：

王勃自幼聪颖，十七岁便应举及第，在沛王府做侍读。然而正当他做着经天纬地的美梦时，出其不意的打击却降临到他的头上。当时的宫廷风行斗鸡游戏，诸王们常以斗鸡为乐。一次，适逢沛王与英王斗鸡，年轻的王勃本打算为沛王助兴，便写了一篇《檄英王鸡》，讨伐英王的那只鸡。不料这篇游戏之作被高宗看到后，大为不满，立即下诏废除王勃官职，逐出沛王府。而给他第二次更沉重打击的是在虢州参军任上，因与同僚的关系搞得很僵，又先藏匿后杀害官奴被判死刑，后虽巧遇大赦，免除了死刑，但王勃的父亲却因此被贬为交趾令。

3. 人生不如意者十之八九。悲，不是，也不应该是生命的全部。当你人生遭遇困境时，就要找到排解的法子，我们可以学一学"移山大法"——山不过来，我便过去，敢于面对，勇于突围。下面请同学们齐读第5段，找出最能体现王勃排解了悲伤、心胸豁达的一句。

明确："君子安贫，达人知命。"

是的，君子安于贫困，豁达之人知道如何掌控自己的命运。同学们看看，有了这种见解后，作者的情感有了怎样的变化？哪几句表现了这种变化？

明确：由悲伤到积极，由阴郁到豁达。"老当益壮，宁移白首之心？穷且益坚，不坠青云之志。酌贪泉而觉爽，处涸辙以犹欢。北海虽赊，扶摇可接；东隅已逝，桑榆非晚。"

教师小结：本文是作者交趾探父途中适逢滕王阁盛会的即兴之作。在大开大合的笔势下，在大起大落的情感里，交织着王勃内心的困惑与追求、孤独与坚守，彰显着一个"时运不齐、命途多舛"却又不甘平庸的年轻而高贵的灵魂。他在困厄中自救，在痛苦中自励，在逆境中自强，于是他将翱翔云端的人生姿态定格在滕王高阁那秋水长天之间，让千百年来的无数仁人志士肃然起敬！今人读《滕王阁序》就是要走近王勃，感受他那颗进取之心。

第二节　说明文

一、概述

说明文是以说明为主要表达方式来解说事物、阐明事理的文章体裁。说明文一般用来介绍事物的形状、构造、类别、性质、关系、功能，解释事物的原理、含义、特点、演变过程等。说明文实用性很强，它广泛运用于广告、说明书、提要、提示、规则、章程、解说词、科学小品等中。

（一）说明文的分类

按照不同的标准，说明文可以分为不同的类别。

按照被说明对象的内容、性质的不同，可把说明文分为事物说明文和事理说明文两大类。事物说明文就是对具体事物进行介绍的文章，它的目的是让读者了解、认识被说明对象的特征，尤其是形态特征。事理说明文顾名思义就是在说明一个理，也就是对抽象事理的解说，目的是让读者明白这个事理。

按照说明语言的不同特色，表达方式的具体运用情况的不同，又可以把说明文分为平实说明文和生动说明文两种，生动说明文也叫文艺说明文。

（二）说明方法及作用

根据说明对象的不同，要用不同的方法进行解释说明。常用的说明方法有以下十种：

1．举例子。

为了把事物的特征解释清楚，尤其是为了把复杂或抽象的事理解说清楚，往往可以通过具体的例子来加以说明。作用：可以把比较抽象、复杂的事物、事理说得更清楚、具体、明白。

2．列数字。

用一些数字来进行说明的方法。作用：便于从数量上说明特征，可以科学地、精确地说明事物。

3．分类别。

根据事物属性的异同，把事物按一定标准分为若干类，然后逐类加以说明。作用：条理清楚，层次分明，使人容易领会，便于认识。

4．作比较。

选择有外部或内在联系的事物进行比较的方法。作用：可以更好地揭示说明对象的特征。

5．打比方。

把此事物比作彼事物的说明方法。作用：可以使陌生的变得熟悉，抽象的变得具体，深奥的变得浅显，也可增强说明的形象性和生动性。

6．列图表。

用示意图、表格、插图等来帮助说明事物或事理的方法。作用：加强直观性，使人一目了然，增强说明效果。

7．摹状貌。

摹写事物的形状、体貌。作用：使说明对象生动、形象。

8. 下定义。

用简洁准确的语言指出事物的性质特点，使它与别的事物区别开来，使读者对事物有明确的概念。

9. 作诠释。

对事物进行解释的一种方法。

10. 引资料。

指引用文献资料、名人语录、诗词、谚语、历史故事、神话传说等。

（三）说明的顺序

说明要有顺序，这是使说明内容条理化的必要条件。常见的说明顺序有：时间顺序、空间顺序、逻辑顺序。

1. 时间顺序。

时间顺序是以事物发生、发展的时间先后来介绍某一事物的说明顺序。凡是事物的发展变化都离不开时间，如说明生产技术、产品制作过程、工作方法、历史发展、文字演变、人物成长、动植物生长等，都应以时间为序。时间顺序在文章中使用恰当就可以起到画龙点睛的效果，说明清楚，使读者一目了然。

2. 空间顺序。

空间顺序即按事物空间结构的顺序来说明，或从外到内，或从上到下，或从整体到局部来加以介绍，这种说明顺序有利于全面说明事物各方面的特征。一般说明某一静态实体（如建筑物等），常用这种顺序。

3. 逻辑顺序。

逻辑顺序即按照事物、事理的内在逻辑关系，或由个别到一般，或由具体到抽象，或由主要到次要，或由现象到本质，或由原因到结果等一一介绍说明。不管是实体的事物，如山川、花草、树木、器物等，还是抽象的事理，如思想、观点、概念、原理、技术等，都适用于以逻辑顺序来说明。凡是阐述事物、事理间的各种因果关系或其他逻辑关系，按逻辑顺序写作最为适宜。说明的逻辑顺序，是指依据事物之间或事物内部各部分之间的关系来确定说明内容的先后。事物之间的关系虽然错综复杂，但总是有主有次，有因有果，有一般的、有个别的，有普遍的、有特殊的，作者依据这些来安排说明内容的先后顺序，就容易把事物之间的关系说清楚，将繁杂的内容介绍得有条不紊。

逻辑顺序主要分成十二种：从原因到结果、从主要到次要、从整体到部分、从概括到具体、从现象到本质、从具体到一般、从结果到原因、从次要到主要、从部分到整体、从具体到概括、从本质到现象、从一般到具体。

（四）说明文的语言

说明文语言的根本要求是科学性、准确性，简练明确；文艺说明文还要求生动性、形象性、趣味性。

语言的科学、准确、简明体现在以下几个方面：①表示时间、空间、范围、程度、特征、性质、数量等有关词语要明确无误。②注意约数与确数（使用时取决于对事物的认识和了解是否达到全面、精确的程度）。③语言的生动、形象、有趣与记叙文的要求基本一致，但说明文为了达到这一目的，常常采用拟人修辞手法来表达。

分析说明文语言的基本要求：首先应具有说明事物特征、性质的作用，其次是具有严密性、科学性，最后是形象性、生动性。

（五）说明文的结构

说明文常见结构形式有以下三种：

1. 总分式。

这种结构形式大概有三种情形：①总—分式；②分—总式；③总—分—总式。如《苏州园林》采用的是总—分式，《什么是生态系统》采用的是分—总式，《看云识天气》采用的是总—分—总式。

2. 递进式。

各层之间的关系是由浅入深、由表及里、由现象到本质的，后边在前边的基础上进一步说明。如《万紫千红的花》一文，第一步说明花有各种颜色的原因，第二步说明花变色的原因，第三步说明花与昆虫的关系，第四步说明花与人的关系，逐层深入，各层之间的关系是递进的。

递进结构的主要形式有：①现象—本质；②特点—用途；③原因—结果；④整体—部分；⑤主要—次要；⑥概括—具体。

3. 连贯式。

各层之间按照事物发展的过程、时间、因果、条件等关系安排层次，前后互相承接。如《从甲骨文到微缩图书》，以事物发展的时间顺序为线索，介绍了书籍演变的历史，文章的层次反映了书籍发展的几个阶段，各层之间是连贯的。介绍产品制作的说明文采用的一般都是连贯式说明结构。

（六）说明文的基本特征

说明文是以说明为主要表达方式的文章，是对客观事物作说明的一种文体，或说明事物的性质、状态、特点、成因、功能、用途、关系等，或阐明事理，目的在于给人以知识。知识性、科学性、说明性是它的基本特点。

说明文的第一个特点是知识性，即着眼于解说和传播某种已经得到公认的知识，而不是像议论文那样着眼于通过论证或争辩以确立论点（浓缩的知识），也不是像记叙文那样着眼于表情达意。

说明文的第二个特点是科学性，即在介绍、解说、传播知识时必须科学，能准确地反映客观事物的实际及其规律，不允许任何的主观随意性。通过准确的定义、恰当的论断、合理的区分、明确的解说，给读者以科学的知识。

说明文的第三个特点是说明性，即以说明为主要表达方式。说明的语言比起记叙的特殊性，它注重的是普遍性；比起议论的抽象性，它注重的是具体性；比起记叙的可感性和议论的逻辑性，它注重的是明确性。说明是在普遍意义上具体而明白无误地介绍、解说某种客观事物的语言形式。说明性还体现了说明文的目的，即通过如实的解说，让人明事相、懂事理，给人以知，教人以用，而不是像议论文那样通过逻辑论证，晓人以理，导人以行，也不像记叙文那样通过形象刻画，动人以情，示人以范。

二、学段要求

（一）初级学段（1~6年级）

阅读说明性文章，能抓住要点，了解文章的基本说明方法。阅读简单的非连续性文本，能从图文等组合材料中找出有价值的信息。

（二）中级学段（7~9年级）

阅读新闻和说明性文章，能把握文章的基本观点，获取主要信息。阅读科技作品，还应注意领会作品中所体现的科学精神和科学思想方法。阅读由多种材料组合、较为复杂的非连续性文本，能领会文本的意思，得出有意义的结论。

三、典型案例

《中国建筑的特征》教学实录（第二课时）[①]

霍文新

（第一课时，学生已初步了解中国建筑九个方面的特征，并且通过图书馆和网络搜集到了关于中国建筑的图片、图书和视频等资料）

师：建筑是人类在洪荒年代为求得生命的安顿而建造的，是为生命服务的。它不仅满足遮风避雨的需要，而且进一步追求温馨、舒适和生机。所以建筑不仅是技术的，而且是艺术的；不仅是实用的，而且是审美的。比如，对如何承托飞檐（大跨度的空间）这个问题，为什么淘汰掉了斜撑最终保留了斗拱？

生：因为斗拱比斜撑看上去美。

师：美在什么地方？

生：整齐。感觉很复杂，又很巧妙。

---

① 引自霍文新、呼君：《语文课堂应该抓住"生命"的内核》，《中学语文教学》2012年第9期，第21~23页。

生：木块的组合看似单薄柔弱，却给人一种团结协作的印象，这种"托举"的状态，让人感觉到一种力量。

生：感觉方方正正，堂堂正正，比斜撑看着"正派"。

师：是啊，做人不是也讲究堂堂正正、不偏不倚吗？建筑的每一个部件都凝结着生命精神，我们按照生命的"文法"塑造着建筑。

师：上一节课，我们也粗略讨论了中国建筑的"文法"，但大多是实用层面。这节课我们着重探究中国建筑的"生命"文法。

生：我很喜欢向上翘起的屋檐，给人一种跃动的感觉。

师：反宇飞檐确实给建筑增添了生命感。生命感，主要体现在跃动、灵动上，少了动感与活泼，就会显得死板呆滞。

生：我觉得这不单单是大屋顶自身的美，这种美还有"大台基"的衬托作用。如果没有下面的大台基，只一个高高翘起的屋顶，像个细高的蘑菇，不美。

师：建筑的美是整体的。没有大台基作根基，有点头重脚轻的感觉；没有飞檐来装饰，又缺少轻盈跃动的精气神儿。飞檐与大台基是完美的组合，既稳重又不失灵动，既飘逸又不乏厚重。

生：我对土木材料很有感觉。土木给人一种温暖的感觉，石头、水泥给人以生硬冰冷之感。

生：是！我家的新房子还没有装修时感觉像个山洞，四周都是冰冷的水泥墙壁。

师：谁来谈谈对"土"的感觉。

生：土地是生命之源，养育了万物，大地是我们的"母亲"。

生：就连我们自身也是大地创造的。

师：何出此言？

生：不是有"女娲造人"吗？女娲抟土造人的神话其实就是古人对土地孕育生命的敬畏。

师：中华民族以农业立国，与土地结下了不解之缘。"社稷"一词，社就是土地神，稷就是谷神，反映了我们深厚的"土木"情缘。熟软的土木自然比石头更有生命的温度。我们生活在土木宫室之中，其实依然是在自然中，"如鱼得水"。

师：东西方建筑在组合上有什么不同？

生：外国建筑大多向高发展，是多层的；中国建筑是平面结构，四合院式。

师：采用四合院式的平面结构，是出于什么原因？

生：我们过多地依恋大地，与大地母亲难舍难分。（这位同学还是在"土"上考虑，很有诗意，很美）

生："庭院深深深几许"，好几进深的大院落，让人感觉很神秘，很含蓄，符合我们含蓄内敛的民族性格。

师：也可以说含蓄内敛的民族性格造就了我们的建筑风格。

生：反映了封闭的心理。

生：也反映了求安定的心理。家，就是让人安静下来的地方，所以我们做成闭合的院落。

师：同学们说的都有道理。想这样一个词——"气"，可能会给我们开辟另外一条思路。（众生茫然）我们日常词汇中有许多关于"气"的词："元气""风气""气势""气韵"……人的精神好叫"神气"，病倒了叫"元气大伤"，人死了叫"咽气"。"气"是什么？

生：是生命。

师："守住元气"这个词用在四合院这样一个封闭式的结构上合适吗？

生：合适！

生：不合适！四合院并不完全封闭，大门是它的开口，怎么能"守住元气"呢？

师：这个同学反问得有道理。可是再想一想，如果完全闭合了，不与外界通气，会怎样？

生：死了。

生：憋闷。

师：如果把建筑看成一个生命体，那么四合院的大门相当于什么？

生：相当于嘴巴或者鼻子，是供气流吸进呼出的，非常科学。

师：说到点子上了，不但要"守住元气"，还要讲究气流活络通畅。四四方方的院落，宛然就是一个"生命体"了。

生：院内的墙带有"花窗"，也增加了内部空间的通畅。

师：这就是内墙的特点——"隔而不断"。

生：文中说四合院是一个天然的"户外起居室"，我同意这种说法。种上花草树木，足不出户就能亲近自然，符合我们现在追求的绿色环境。

师：当我们在天地间筑起房屋后，并不愿意把大自然关在门外，留有"天井"这块地，通天接地，与自然交融，攫取宇宙间的勃然生机。这些都是我们现代人所"奢望"的啊。

生：西方建筑大多是灰色的（石头颜色），我们却采用鲜艳的色彩——红色、绿色、黄色。

生：红色，是生命的色彩，给人热情似火的感觉。

生：葱茏的绿色，也给人一种生机盎然的感觉。黄色，我感觉来自刚才所说的"土"的颜色。三种色彩，都是生命之色。

师：再次印证了我们这节课所探讨的主题——"生命"文法。我们总是想尽办法让居住环境充盈着"生命"的热情。请同学们观察我们搜集到的建筑图片，找出色彩搭配的规律。

生：门、柱子、墙一般是红色。

生：绿色多用在房檐、屋顶。

生：故宫的瓦是黄色的。

师：发现规律了吗？

（生思考；有难度，没有人发言）

师：看一看直接在外观能见的是什么颜色？

生：红色为主，红墙，红柱；还有黄色的瓦。

师：这些都是阳光能照到的地方，阳光照不到的地方呢？

生：绿色、蓝色（浅绿、青色）。

生：绘画的色彩大多也是绿色、蓝色，中间还有白色的线条。

生：红色、黄色是暖色调，给人一种活力和热情之感。

生：房顶内部、檐下的色彩感觉冷冷的。

生：房顶部位的浅绿、蓝色，像天空的蓝色，感觉很澄澈、空灵、深邃。

师：如果内外都是红色会怎样？

生：太"火辣"，让人感觉要疯狂。

生：如果都设计成绿色（浅绿）或蓝色（青色）也不好，太冷，太严肃。冷暖色彩搭配，就像飞檐与大台基的组合一样，是一种中和之美，让人感觉既不太张狂，也不太过阴郁。

师：确实。就像一个人，既需要热情、活力，又不能缺少冷静、淡然。以"生命"的视角来看建筑，我们会顿觉有趣。雍容的太和宫配以洁白的台基栏杆，既富丽堂皇又高洁圣雅。

师：谁来谈谈关于中国建筑雕刻的认识？

生：我搜集了好多建筑中的"三雕"艺术品。（向同学展示"三雕"图片）我把它们作了简单分类：有花鸟树木、历史故事、生活画面、龙凤吉祥物。

师：分类不是最终目的，我们要理解它们的寓意。

生："喜鹊登梅（门）"展现了人们对喜事的盼望，总想让生活充满喜庆、欢乐。还有"竹报平安""五谷丰登""连年有余""风调雨顺"，都是人们对美好生活的期盼。

生："春耕""夏耘""秋收""冬藏"四幅图，是老百姓生活的一个缩影，老百姓把这些农事雕刻在墙壁上（砖雕）当作画来欣赏，是对自己生活的审视与肯定。

师：这些都是以农业立国、以耕耘为食的大地文化，画出老百姓最朴素的愿望。

生："孟母三迁""桃园结义""岳母刺字"，它们就像历史教科书，教育着子弟。

生："葫芦纹""葡萄纹"，藤虽然很细，但是蜿蜒不断缠绕在门边窗沿，还都结出果实，可能人们欣赏的就是这种顽强的生命力吧。

师：建筑不愧为一座艺术的殿堂，艺术的精魂是生命的跳跃，人们总是想尽一切办法，把生命的愿望一并实现在供人居住的建筑上。无论是飞檐斗拱还是大台基，无论是四合院的结构还是色彩与雕刻，无不洋溢着生命温情。中国建筑是美的，是艺术的，是有生命的，建筑文化博大精深，卓越辉煌，远不止我们今天所探讨的这些，希望同学们在今后的生活中多观察、多比较、多思考。

第三节　议论文

一、概述

议论文又叫论说文，是以议论为主要表达方式，通过摆事实、讲道理、辨是非等方法，直接表达作者的观点和主张的常用文体。议论文应该观点明确、论据充分、语言精练、论证合理、有严密的逻辑性。它不同于记叙文以形象生动的记叙来间接地表达作者的思想感情，也不同于说明文侧重介绍或解释事物的形状、性质、成因、功能等。总之，议论文是以理服人，记叙文是以事感人，说明文是以知授人。

（一）议论文的分类

从论证方式上分，一般分为立论和驳论两种。

（1）立论：立论是作者对一定的事件或问题从正面阐述自己的见解和主张的论证方法。

（2）驳论：驳论是就一定的事件和问题发表议论，揭露和驳斥错误的、反动的见解或主张。

立论和驳论都是一种证明，无非一个是从正面证明其正确而另一个是从反面证明其错误。它们可以使用相同的论证方法。

从内容上分，可分为思想评论、社会评论和阅读评论。

从体式上分，可分为评述性议论文、引申性议论文、阐明性议论文、列举性议论文、区别性议论文、类比性议论文、对比性议论文、批驳性议论文、按语性议论文和演绎性议论文。

（二）议论文的特点

议论文是通过讲道理、摆事实来直接表达作者的见解和主张的文体。它以议论为主要表达方式，以理服人。它不像记叙文那样以情动人，也不像说明文那样以知授人。所以议论文有其明显的特点：内容上的理论性、结构上的逻辑性、语言上的概括性。

（三）议论文的三要素

1. 论点。

论点是作者对所论述问题持有的见解和主张，是议论文的灵魂。论点又有中心论点和分论点之分。中心论点是作者的总观点，分论点是围绕中心论点进行阐述的若干思想观点。分论点和分论点可以是并列关系，也可以是递进关系，但它们都应该服从全文的中心论点。

2. 论据。

论据是作者用来证明论点的依据，也就是能支撑论点的材料，包括事实论据和理论论据。

（1）事实论据，包括具有代表性的事例、确凿的数据、可靠的史实等。

（2）理论论据，主要指经过社会实践检验的为大众所普遍接受的正确理论，包括科学上的原理、公式、规律，前人的经典著作、至理名言，民间的谚语和俗语等。

3. 论证。

论证就是用论据来证明论点的过程。议论文的论点是要解决"要证明什么"的问题，论据是要解决"用什么来证明"的问题，而论证是解决"如何证明"的问题。论证的目的在于揭示论点和论据之间的内在逻辑关系。

（四）议论文的论证方法

基本的论证方法主要有四种：举例论证法、引用论证法、比喻论证法、对比论证法。

1. 举例论证法。

简称例证法，是根据需要列举一定的事实来证明观点正确的方法。事实要求充分、确凿，有代表性、根据性。

2. 引用论证法。

简称引证法，是引用正确的科学原理、马克思主义经典著作中的精辟见解、古今中外的名言警句以及人们认定的定理公式来证明论点的方法。

3. 比喻论证法。

简称喻证法，是用人们熟知的事物来作比喻证明观点。比喻论证法的作用是深入浅出，生动形象地证明观点，使观点更为清晰，使读者更易理解。

4. 对比论证法。

是将一个事物的正反意见或优劣情况进行对照分析来证明论点的方法。对比论证法的作用是通过正反对比使论证更加严密，更加深刻，可以使正确与错误对比鲜明，是非曲直更加明确，给人以鲜明深刻的印象。

（五）议论文的结构

议论文的结构通常有以下几种：

1. 纵贯式结构。

按照引论（导论、绪论）、本论（正文）、结论三部分组织材料，叫纵贯式结构。它大体上是按照提出问题—分析问题—解决问题的逻辑顺序来安排的，又称"三段式结构"。

2. 并列式结构。

先提出总论点，然后围绕总论点，从不同角度进行论证，形成若干分论点，几个分论点构成并列关系，共同论证总论点，这就是议论文的并列式结构。

3. 递进式结构。

在阐述中心论点时，各层次、段落之间的关系是环环相扣、逐层深入的，前一部分论述是后一部分论述的基础，最后推导出文章的结论。

4. 对比式结构。

这是把正反两方面的观点、事例，对比地组合在一起的结构，形成强烈的反差，使两种不同的事理在对比中是非更清晰，从而更有力地突出正面的论点和主张。

（六）议论文的语言

因为议论文在表达方式上主要以议论为主，这就决定了它的语言与记叙文、说明文的语言不同，有自己的特点，这主要表现为准确、严密、概括、简洁、鲜明、生动、富有感情色彩等。

议论文涉及对概念的揭示，对事物性质的判断，用严密的逻辑阐述事理，这就决定了议论文语言的准确性和严密性。与记叙文尤其是文艺性文章相比，议论文语言又有简洁性和概括性。

二、学段要求

（一）中级学段（7~9年级）

阅读简单的议论文，区分观点与材料（道理、事实、数据、图表等），发现观点与材料之间的联系，并通过自己的思考，作出判断。

（二）高级学段（高一至高三年级）

能阅读理论类文本。根据不同的阅读目的，针对不同的阅读材料，灵活运用精读、略读、浏览、速读等阅读方法，提高阅读效率。

三、论述类文本阅读教学探究①

论述类文本阅读应该教什么？这是教师们一直在思考的问题。从高考要求来看，论述类文本阅读能力主要体现在理解、分析综合和评价探究三个方面。具体来说，主要有对文中重要概念含义的理解，有对文中重要句子含义的理解；有对文中信息的筛选和整合，有对语言特色的分析，有对文章结构的把握和意思的概括；还有对文本主要观点和基本倾向的评价，有对文本所产生的社会价值和影响的评价等。这些充分反映了考纲对考生的论述类文本阅读能力考查的基本要求。除了要具备理解、分析综合和评价探究能力之外，中学生还需要什么？观点的雏形从哪里来，又是如何形成的？这个形成过程有什么规律？论证过程与行文思路是否完全一致？很明显，这些问题还没有在论述类文本阅读教学中得到有效解决。阅读是吸收信息的过程，但最终是为了输出信息。所以，还原论证过程，掌握必要的论证思路是论述类文本阅读教学不容忽视的内容。一般来讲，教学内容决定着教学方法，二者同时决定教学效果。

下面以《中国与西方的文化资源》（苏教版必修三）为例来谈谈论述类文本阅读的教与学。

【课堂实录】

（一）从感性现象切入

师：下面请同学观看两段视频：视频一：西方拳击比赛；视频二：中国太极表演。（师生一起看视频）现在请同学们谈谈西方拳击和中国太极带给你怎样不同的感受。

生：西方拳击充满力量，柔性缺失，刚性有余；中国太极柔中有刚，刚柔并济。

生：西方拳击视觉冲击力强，中国太极更能给人审美享受。

师：回答得很好，两位同学都能从现象出发，抓住事物的本质。

师：现在请大家阅读课文《中国与西方的文化资源》，从文中或生活中找一找中国与西方还有哪些不同的文化现象，并对这些现象归类。

生：在绘画上不同。中国以水墨画为主，画面意境深远，西方以油彩画为主，富有视觉冲击力。

生：在音乐与舞蹈上不同。中国古典音乐中透着一股柔美，西方摇滚现代感极强。

---

① 参杨仕威：《内容、方法与效果：论述类文本阅读的教与学——对〈中国与西方的文化资源〉的教学评议》，《中学语文（教师版）》2013年第1期，第50~52页。

生：民间活动不同，西方表现出肉体的沉醉，擅长挑战生命极限；中国注重力与美的完美结合。

（二）追溯思维根源

师：这些是摆在作者以及更多人眼前的文化事实。作者针对中西诸多不同的文化现象，作出了怎样的理性分析？为什么中西方的文化现象会出现诸多不同之处？

生：用作者的话说，就是"在宏观的视野下考察不同民族文化的优点与缺点、长处与短处，并加以比较"。最后"在比较文化研究的基础上，我们认识到，西方文化在感性与理性的两极最为发达：在感性一极，表现为体育活动；在理性一极，表现为科学活动。与之相反，中国文化在感性和理性的两极都不发达，而发达的是感性和理性之间相互交融、彼此渗透的艺术和工艺"。这是作者对中西文化现象产生不同的原因的高度概括。

师：你回答得很好。形成一个观点有一个复杂的思维过程。从观点的雏形到观点的成立，往往需要自我不断地否定以及否定之否定。很多时候没有办法再现这个过程。但是，研究的视角、立论的大前提或者研究方法有必要予以交代。

（三）把握论证的有效性

师：另外，作者这个基本观点人们理解起来还是有一定的难度的，作者为了让更多的人理解他的意思，他是如何做的？

生：作者把文化资源比作"矿藏"，这样中国与西方都各自有"富矿"。西方的"富矿"在感性与理性的两极，中国的"富矿"在感性与理性相互交融、彼此渗透的地方。通篇都采用比喻论证的说理方法。

师：这位同学讲得很到位。那么作者又是如何将这个问题论述透彻的？

生：作者立足于这个基本认识，在比较中从正反两面进行论证。针对西方感性生命和理性生命的极度表现，作者先交代其存在的优势，之后再交代其劣势。针对中国，是先交代弱点，再强调其优点。

师：关于这一点，请大家在课文中画出表明论证过程的一些标志性词语。为什么作者不先交代西方的劣势再阐明其优势，先交代中国的优势进而指明其劣势？又为什么不先交代中国的，再交代西方的？

生：这与作者的落脚点有关。按课文的行文思路，自然地推出了中国也有它的优势在。这为后文说明对待中国文化现象的态度作了铺垫。

（四）探明论述意图

师：作者为什么要引导读者密切关注中西方这两种不同的文化现象？

生：首先要增进对西方与中国文化的认识，增强民族自信心。"西方文化固然有其强项，亦有其弱项；中国文化固然有其短处，亦有其长处。一种健康的文化心态，应该是取人之长，补己之短，从而使之更加丰富、更加健全。"其次要重视并弘扬传统文化。

师：这就是作者写这篇文章的意图。把握意图很重要。由此可以看出，作者论述中国与西方的文化资源主要针对"我们在文化问题上常常处于一种不自觉的状态"，意在让更多的人增进对中西文化的正确认识，弘扬传统文化。

师：阅读以下文字。比较一下，看看你更倾向于谁的观点。

陈炎认为西方的艺术由于受理性冲动的影响而被科学化，或者由于感性冲动而被体育化，从而多少失去了艺术自身的特点。然而，王雷认为艺术本来就是内心思想和情感冲动的外化，没有冲动，何来艺术？陈炎认为西方的优点就在于两极体现在感性的冲动和理性的冲动上，是一种肉体的沉醉和精神的沉醉，而中方恰恰是两极薄弱，是理性与感性的交融。王雷则认为没有两极，何来中间？没有感性和理性的充分发育，怎么会有感性和理性之间的交融？中国人既没有肉体的沉醉，又没有精神的沉醉，只有一堆在现实欲望中蠢蠢欲动和苦苦挣扎的肉体和精神的混合物。

生：两者都有道理，只是两者的角度不同。陈炎从历史的高度宏观地把握中西文化的不同，是大文化背景下的比较。王雷则从现实出发，立足于当下。

师：能够客观地分析问题，这一点你做得很好。

师：作者阐释任何一个观点都是有意图的。因此，作者在尽量占有感性事实的基础上提出自己的观点，做到观点正确，论证有力。基于一个基本事实，这是展开论证的大前提。观点从现象中来，再到现象中去，这是论证的基本思维过程。

【教学评议】

这节课论述类文本阅读教学内容是明确的，教学方式是自由开放的；学生的能力训练点是正确的，学习活动是多边有效的。主要从两个维度来考查：一是"教什么""怎么教""教得怎么样"；二是"学什么""怎么学""学得怎么样"。其中，"教什么"往往决定着"怎么教"和"教得怎么样"；"学什么"决定着"怎么学"和"学得怎么样"。

（一）教与学内容的确定

《中国与西方的文化资源》这节课围绕什么内容展开？很明显，整节课都在围绕"不同"二字展开，这个"不同"就是这节课的"课眼"。从教材角度来看，这篇文章从标题到文本内容无不阐释中国与西方的文化资源的"不同"。这是教材内容。从教学角度来看，读懂并理解课文的核心内容是论述类文本阅读的重要任务。中学生面对论述类文本时，正确理解文本显得格外重要。理解上出现任何偏差都是不允许的。由此来看，教学围绕中国与西方的文化资源的"不同"推进课堂，是理解的前提，这些教学内容的确定是合理的、科学的。同时，这节课还在解决论述类文本一个非常重要的问题：中国与西方的文化资源为何不同，为什么要写它们之间的不同？这就是论述类文本论证的问题。这是课堂"教"与"学"内容的核心所在。教与学内容就是"航标"，先有了准确的"标"，这样，课堂教学就不会偏离"航向"。

关于"标"的问题，首先要弄清楚作者写论述文的目的是什么。学者陈炎写这篇文章的目的是表达他对中国和西方文化资源的看法，就这个问题与更多的人进行交流和沟通，这就是对话。要有效对话，首先要做到观点明晰，其次是观点要站得住脚，即观点有效的问题。他的观点是怎么来的？是在对中西文化现象以及文化资源等方面进行比较的过程中得出来的。最后要思考一个问题：教学论述文有什么用？学生不仅要能读懂论述，还要跟着学怎样思考问题，怎样形成自己的观点和阐释自己的观点。

这节课"教"和"学"的内容，按论述类文本形成的思维过程推进，由"现象"到"观点"，再到"结论"。这一点探索是值得肯定的，只是在这节课上这个思维过程给学生留下的印象不是很深刻，还需要强化。

（二）教与学方法的选择

目前，论述类文本教与学为什么一直困扰着教师与学生？这和教与学方法的选择不当不无关系。合适的教与学方法应该达到两点要求：有效与有趣。这节课基本上做到了这两点。

1."问题式"教与学——"有效"。

论述类文本教学是否有效取决于能否解决问题。这节课设置了一组递进的、有梯度的问题，形成一条问题链。问题式是适宜论述类文本阅读教学的方式。写作论述类文本特别注重思维的逻辑性与推理性，写作的时候实际上潜藏着自我提问的思维活动过程。论述类文本的阅读教学应该解决问题。本节课大致设计了以下几个中心问题：

（1）西方拳击和中国太极的不同体现在哪里？（引导问）

（2）你还能从文中或生活中找出哪些中西方不同的文化现象？（推进问）

（3）为什么会出现这些不同的文化现象？（原因问）

（4）作者认为我们该如何对待这两种不同的文化资源？（结论问）

（5）比较陈炎和王雷的观点，你赞成哪一个，说说理由？（探究问）

这一组问题按顺序推进，符合人们认识事物的一般规律，从现象到本质。实际上这体现出了一种思维过程，或者说是对事物的认识过程。从现象出发，归纳总结，分析原因，形成观点，得出结论。这是由"感性"而"理性"的过程，符合人们的认知习惯。这与文章的行文思路又有所不同。文章是总说观点，再比较、例证，最后得出结论。

2．合理运用教学素材——"有趣"。

教学从两段很具有吸引力的视频材料切入，这样，使抽象概括的社会科学论述文轻松化、直观化。视频媒介与课文内容紧密相关，作为教学的跳板自然妥帖，如果在教学结束时能对视频材料再作个性化的深层次阐释，效果可能会更好。论点来自现象，从根本上说要能解释现象。另外，在教学中启发学生联系生活，从生活当中找材料，也能让学生学得轻松。这样拉近了论述文与人们实际生活间的距离，至少不会让人觉得这类文章面目可憎。还有，增加拓展问题，以别人的不同观点来引发学生对论述文内容的质疑，能激发学生的阅读兴趣，还能培养学生科学的探究意识。有不同观点，就容易形成思想的交锋，能够促进学生去思考问题。

3．教与学效果的验证。

从"教与学"的效果来看，教师的教学思路清晰，集中火力解决问题。解决"不同体现在哪里""为什么会出现这些不同""怎么样"等问题，层次感、结构感、思维力都比较强。这种课堂教学的整体效果全由"不同"这个"课眼"来统领而形成。

从"学"的效果来看，学生参与度比较高，阅读与思考的积极性充分表现出来。这节课，学生除了理解作者的基本思想和主要观点之外，还学习了从"现象"到"本质"的思考问题过程。当然，一种思维方法，需要不断强化，学生才能真正掌握。这需要老师适时训练，不断总结与提升。

论述类文本教学到底该教给学生什么？或者说该培养学生什么？这主要取决于学生的论述类文本阅读能力。学生缺失什么，才更应该教什么。中学生缺乏文本理解能力，同时，还缺论证思维和论证意识。找出观点和材料容易，也容易提出观点和列举材料，但不明白作者是如何将观点与材料"胶合"在一起的，更不能把自己的观点与掌握的材料"胶合"在一起。作者的观点让我们信服，它是如何做到让我们信服的呢？恐怕不是简单地告诉学生作者采用了对比论证法或例证法就能解决问题的，这需要在还原作者的论证过程上多下功夫。

四、典型案例

找准课文的教学点

——以《在马克思墓前的讲话》教学为例①

张忠森

对于《在马克思墓前的讲话》的教学，如果将重心放在梳理马克思生前的贡献上，这似乎太肤浅了。那么，如何找准这篇课文的教学点呢？

根据文体要求，这是一篇墓前的讲话，而讲话的人则是死者生前最好的朋友。面对好友马克思的去世，最悲痛的莫过于恩格斯了。因此，这篇讲话蕴含了恩格斯深厚而丰富的情感。再者，作为一篇墓前的讲话稿，其逻辑层次是非常清晰明确的。鉴于此，我把这篇课文的教学点定为情感与层次两个方面，并将情感作为学习这篇课文的重点，将层次作为教学的难点。我的教学安排大体如下：

环节一：导入新课（由马、恩友谊谈起）。

马克思和恩格斯的友谊是人类友谊的典范。从 1842 年马克思和恩格斯第一次会晤起，40 年里，他们在领导国际共产主义运动的伟大斗争中，团结作战，患难与共，建立了真挚的友谊。由于革命斗争需要，他们曾身处两地近 20 年，但他们之间的关系不仅没有因此而疏远，反而联系越来越密切。他们几乎每天都要通信，交谈各种政治事件和科学理论问题，共同指导着各国的无产阶级革命运动。马克思不仅十分钦佩恩格斯的渊博学识和高尚人格，而且对恩格斯的身体也很关心。有一个时期，恩格斯生病，马克思时时挂在心上，他在给恩格斯的信中说："我关切你的身体健康，如同自己患病一样，也许还要厉害些。"恩格斯为了"保存最优秀的思想家"，在经济上资助贫困的马克思，使其能专心致力于革命理论的研究，他违背自己本来的意愿，到父亲经营的公司中去从事那"鬼商业"的工作。当《资本论》第一卷付印的时候，马克思给恩格斯写信说："其所以能够如此，我只有感谢你！没有你为我的牺牲，我是绝不可能完成三卷书的巨大工作的。我满怀感激的心情拥抱你。"恩格斯尽管作出了巨大牺牲，但他始终认为，能够同马克思并肩战斗 40 年，是一生中最大的幸福。马克思与恩格斯之间的这种崇高的革命友谊，正如列宁所赞扬的，它"超过了古人关于友谊的一切最动人的传说"。

这一环节的设计，目的是让学生对马克思与恩格斯的友谊和情感有一个初步

① 张忠森：《找准课文的教学点——以〈在马克思墓前的讲话〉教学为例》，《语文教学通讯》（A刊）2015 年第 4 期，第 46～47 页。

的认识，同时，让学生明白马克思生前的最大贡献体现在无产阶级革命事业上。

环节二：丰富的情感体验。

让学生们认真阅读这篇文章，感受恩格斯在面对自己好友去世时内心复杂的情感。并且让学生将自己的体验用"当我读到某某文字时，我感受到了恩格斯内心的某某情感"的句式表达出来。

这一环节的设计，主要是由这篇文章本身决定的。这是一篇墓前的讲话，就相当于悼念词，而且这篇悼念词又不同于一般的礼仪式的悼念词，这是恩格斯对自己最好的朋友、并肩作战了40年的战友去世的悼念，我们完全可以想象他当时的那种复杂而丰富的情感。为此，我把这一环节作为学习这篇文章的重点内容，这不同于一般的教学设计，一般的教学设计可能会把梳理马克思的生前贡献作为教学重点。此外，在情感体验过程中，我会让学生用自己体验到的感情来朗读。

预计学生的情感体验大体如下：

（1）悲痛之情。比如第1段"思想家停止思想""安静地睡着了"，可以感受到恩格斯在读到这里的时候，内心是非常悲痛的，但他的情感又在内心抑制着，所以语言上十分平静。再如这一段中的"还不到""但"，这些词都表现出了恩格斯没有料想到马克思的逝世，事情来得太突然，连一点儿心理准备都没有，上天就夺去了一个鲜活的生命。

（2）惋惜之情。第2段说"这个人的逝世，对于欧美战斗的无产阶级，对于历史科学，都是不可估量的损失"。似乎马克思的智慧及思想还没有全部发挥出来，他就已经离开人世，对我们全人类来说，都是一种巨大的损失。

（3）崇敬之情。马克思一生有过许许多多的贡献，而且每一项贡献都付出了艰辛的努力，但每一项贡献又都有益于社会，有益于人类。面对这样的一个人，谁能不怀崇敬之情呢？更何况是恩格斯。那么，这些又是怎么体现出来的呢？比如第3段"正像达尔文发现有机界的发展规律一样，马克思发现了人类历史的发展规律"；第4段中"剩余价值"被发现之前，所有人"所做的一切研究都只是在黑暗中摸索"；第5段又说"其中任何一个领域他都不是浅尝辄止"的，这是一种何等可贵的精神。不单如此，他对无产阶级的热情、贡献及精神更是让人仰慕。

（4）敬畏之情。正如第8段所说的，马克思为了革命，有着毫无畏惧的精神，他是"当代最遭忌恨和最受诬蔑的人"，遭"驱逐"，遭"诽谤"，遭"诅咒"，但是，"他对这一切毫不在意，把它们当作蛛丝一样轻轻拂去，只是在万不得已时才给以回敬"。马克思的一生，都秉承着大公无私的精神，所以，恩格斯由衷地说："现在他逝世了，在整个欧洲和美洲，从西伯利亚矿井到加利福尼亚，千百万革命战友无不对他表示尊敬、爱戴和悼念，而我敢大胆地说：他可能有过许多敌人，但未必有一个私敌。"

（5）坚信之情。恩格斯对马克思的无产阶级革命伟大事业是坚信不疑的，他坚定地相信，这项无产阶级革命的伟大事业必然会走向成功。比如他在讲话中说："这位巨人逝世以后所形成的空白，不久就会使人感觉到。""他的英名和事业将永垂不朽！"

环节三：有意的安排。

文章的第 2 段说："这个人的逝世，对于欧美战斗的无产阶级，对于历史科学，都是不可估量的损失。"而文章后面却先说在历史科学方面的贡献，再说对无产阶级革命的贡献。作者这种有意的安排，你觉得合理吗？

这一环节的设计，是为了让学生从理性的角度来把握这篇讲话的脉络结构，从而掌握一些写文章的技巧。这是该课的教学难点，让学生理性地分析文章，从而更好地掌握诸如如何让文章的结构更清晰，如何使文章更有思辨性之类的手法。

预设的分析：

合理。理由如下：

（1）第 2 段中把二者并列，并说都是不可估量的损失，没有用转折性的连词。按照说话的一般思维，并列时，一般会把最重要的放在前面来说。

（2）第 6 段中的过渡句"他作为科学家就是这样。但是这在他身上远不是主要的"，是一个转折性的句子，这在告诉我们，还有更重要的，那就是无产阶级革命。而且文中也说："在马克思看来，科学是一种在历史上起推动作用的、革命的力量。""当他看到那种对工业、对一般历史发展立即产生革命性影响的发现的时候，他的喜悦就非同寻常了。"从这些文字中，我们都可以感受到，马克思所做的一切努力都是为了他的无产阶级革命事业。

（3）他一生为革命做了许多事情，也可以说他一生都在为革命作贡献。他全身心地投入，满腔热情，坚韧不拔，卓有成效。

一堂语文课能否取得成功，很大程度上取决于能否找准课文的教学点，如果没找好，学生对这一课的学习就有可能无所得。当然，在找准之后，我们还要树立一个课堂意识，就是要还课堂给学生，不要碎问碎答。作为语文教师，我们应善于把握课堂的大方向，至于一些细节的东西，就应该留给学生。这就需要我们在备课时，提炼一两个可以贯穿全文的大问题让学生的语文思维得到更好的发展。

【思考与练习】

1. 阅读写人叙事类文本应抓住哪几个环节？

2. 任选小学、初中、高中教材中的记叙文本、说明文本、议论文本，仿照本章典型案例，撰写一个教案。

第三章　文学文本体式教学

　　文学文本主要有诗歌、散文、小说、戏剧文学等几种样式。语文教材依据课程标准和教材要求把文学文本作为教学重点选入其中，始终关注其在不同学段的不同要求。因此，在文学文本体式教学中，我们首先要深入理解和钻研课程标准中的阅读目标，从而充分领会文学文本编入教材的编写意图。具体分析不同文学文本在不同学段的不同要求，包括文学文本的知识结构体系和教学目的等。应根据教学目的优化处理文学文本内容并进行常规解读，同时，选择恰当的教学方法和教学手段，对文学文本进行个性化拓展解读。

第一节　诗　歌

一、概述

（一）诗歌的基本知识

　　诗是什么？这是一个众说纷纭的问题，古今中外不同的人对"诗"有不同的理解。

　　何其芳在其《关于写诗和读诗》中对诗的解释得到许多人的认同："诗是一种最集中地反映社会生活的文学样式，它饱含着丰富的想象和感情，常以直接抒情的方式来表现，并且在精练与和谐程度上，特别是节奏鲜明上，它的语言有别于散文的语言。"这个说法概括了诗歌的基本特点：抒情性、音乐性、凝练性和想象性。

　　1. 抒情性。

　　在各种文学样式中，诗歌是最重要的抒情文体，抒情也是诗歌最本质的美学特征。诗歌的抒情方式有两种：一是直接抒情，二是间接抒情。

　　2. 音乐性。

　　在各种文学样式中，诗歌最强调音乐性。诗歌的音乐性，集中表现在节奏和韵律上。

　　诗歌的节奏主要指诗歌文字声调的音节停顿或感情抑扬顿挫、轻重缓急的变化。

诗歌的韵律，也称押韵，就是指同韵母的字或同字母的字在诗行中有规律地重复出现。好的韵律，可以使诗歌产生一种回环往复的音韵美，形成一种行云流水的气势。押韵既能加强诗的节奏感，使诗歌具有优美和谐的形式，又能促进诗人情感的抒发，而读者也能更好地对它进行欣赏。

3. 凝练性。

诗歌的凝练性主要体现在两个方面：一是意象的集中性，二是语言的精练性。

诗歌高度的凝练性，使其具有很强的蕴含力，往往诗欲尽而意无穷，给人以充分的审美享受。

与此同时，为了达到言简意深、含蓄凝练的效果，诗歌也十分讲究语言的"炼意""炼句"。诗人必须对词语进行反复锤炼，力求准确、含蓄、生动地表现事物的特征，勾勒生活的场景。

典故是对历史故事、寓言、神话传说等的高度概括，使用得当，可以使诗歌显得典雅风趣又含蓄有致。

4. 想象性。

在各种文学样式中，诗歌最需要想象。想象能使作者创作出最有感染力的艺术形象，使感情达到炽热的高峰，使诗人的思想变得深刻。

（二）解读诗歌的常见方法

1. 常规方法。

（1）知人论世法。知人，就是研究、分析诗人；论世，就是研究、分析诗人及诗歌所处的时代和社会背景。

（2）披文入情法。披文，就是对文字障碍的扫除，对篇章结构和艺术技巧的理解；入情，就是对文本中思想情感的体会、领悟和理解。也就是读者从对诗歌文辞的分析进入对诗人思想感情的体会。

诗歌语言常常打破常规语言的束缚，以新鲜独特的"陌生化"面目出现，而成为独具情韵的诗家语。一些诗人在长期的创作中，逐步形成了自己独特的语言风格。从诗人精妙传神的语言可以体会到诗人深刻丰富的情思。

诗歌语言的运用、形象的塑造，总离不开一定的艺术手法。

常见的表达方式有：叙述、描写、议论、抒情四种。

常见的结构形式有：开门见山、先总后分、先景后情、卒章显志等。

常见的修辞手法有：对偶、比喻、夸张、通感、象征、用典、借代等。

常见的表现手法有：借景抒情、移情于物、情景交融、托物言志等。

重要的表达技巧有：借景抒情或情景交融、比喻、象征与隐喻。

（3）寻象入境法。"象"即"意象"，"境"即"意境"。"意象"是"表意的象"，是诗人的思想感情（意）与诗中所描绘的事物或画面（境）有机融合而形成的艺术境界。

鉴赏诗歌时，读者只有在领悟意象寓意的过程中，才能把握诗歌的内容，进入诗歌的意境，感知诗人的情感。"意象—意境—诗情"是鉴赏诗歌从局部到整体的合理流程。

（4）以意逆志法。"志"是诗人的主观思想感情，"意"是读者之意，"以意逆志"就是根据作品反映出来的东西，用"读者的意"去探索、追溯作者写作时所要表达的"志"，也就是解读诗歌时，调动自己已有的知识系统，去探究考察诗人的思想情感，揣摩诗歌主题。具体可以从看诗题、抓诗眼、析典故等角度入手。

（5）分析比较法。可以将不同作家作品进行比较，也可以将同一作家不同作品进行比较。

2. 拓展阅读。

诗歌语言的歧义性、多义性和诗歌结构的跳跃性、模糊性，会造成作品在主题、人物、内容上没有定论。因此，新课标"提倡多角度有创意的阅读"，要求学生学习诗歌"注意从不同角度和层面发现作品意蕴，不断获得新的阅读体验"。我们对诗歌进行多层面阅读、个性化阅读和多样性阅读，目的是探索作品的精髓，把握作品丰富的意蕴，以发展想象力、思辨力和批判力。

（1）个性化阅读。诗歌阅读是一种具有高度个性化特征的行为。因为诗歌文本总是存在着不确定性的空白，这些空白需要读者根据自己的体验、经历去发掘和填充。读者在与文本的对话中会以自己独特的视角来构建、创造文本的意义。

个性化阅读应注意三个方面：一是必须在尊重和理解诗人赋予诗歌的意义的基础上，才有其意义和价值；二是在对诗歌"个性化阅读"时，还必须懂得"诗家语"，切忌"执实"，也就是说不能把诗歌的世界和现实世界混同，不能用科学眼光来理解诗歌语言；三是要整体感知，全面把握，而不能断章取义。

（2）多元化解读。诗歌意蕴的无限性，为读者对诗歌的主题、人物、文辞等方面进行多元化解读提供了广阔的空间。①对诗歌主题的多样性解读。诗歌是用来表达志向、抱负、情操和抒发思想感情的。抓住了诗歌所表达的思想感情就抓住了诗歌的灵魂，就抓住了鉴赏诗歌的关键。②对人物形象的多重性解读。人物形象复杂、性格丰富矛盾，为多元化解读提供了可能。③对诗歌文辞的多义性解读。诗歌是语言的艺术。诗歌语言具有的多义性和模糊性使诗歌文本包含许多未定的意义和空白处，也使读者在接受活动中对诗歌作品的理解加入自己的主观因素。诗歌普遍存在语言文字多义性解读的现象。诗歌的修辞手法、表达方式也存在多义性解读的现象。

二、学段要求

（一）初级学段（1～6年级）

诵读儿歌、儿童诗和浅近的古诗，展开想象，获得初步的情感体验，感受语言的优美。

诵读优秀诗文，注意在诵读过程中体验情感，展开想象，领悟诗文大意。

阅读诗歌，大体把握诗意，想象诗歌描述的情境，体会作品的情感，能受到优秀作品的感染和激励，向往和追求美好的理想。

（二）中级学段（7～9年级）

能够区分写实作品与虚构作品，了解诗歌等文学样式。

欣赏文学作品，有自己的情感体验，初步领悟作品的内涵，从中获得对自然、社会、人生的有益启示。对作品中感人的情境和形象，能说出自己的体验；品味作品中富于表现力的语言。

诵读古代诗词，注重积累、感悟和运用，提高自己的欣赏品位。

（三）高级学段（高一至高三年级）

注重审美体验，陶冶性情，涵养心灵。能感受形象，品味语言，领悟作品的丰富内涵，体会其艺术表现力，有自己的情感体验和思考。努力探索作品中蕴含的民族心理和时代精神，了解人类丰富的社会生活和情感世界。

在阅读鉴赏中，了解诗歌等文学体裁的基本特征及主要表现手法。了解作品所涉及的背景材料，用于分析和理解作品。

学习中国古代优秀作品，体会其中蕴含的中华民族精神，为形成一定的传统文化底蕴奠定基础。学习从历史发展的角度理解古代作品的内容价值，从中汲取民族智慧；用现代观念审视作品，评价其积极意义与历史局限。

培养鉴赏诗歌的浓厚兴趣，丰富自己的情感世界，养成健康高尚的审美情趣，提高文学修养。

阅读古今中外优秀的诗歌，理解作品的思想内涵，探索作品的丰富意蕴，领悟作品的艺术魅力。用历史的眼光和现代的观念审视古代诗文的思想内容，并给予恰当的评价。

借助工具书和有关资料，读懂不太艰深的我国古代诗文，背诵一定数量的古代诗文名篇。学习古代诗词格律基础知识，了解相关的中国古代文化常识，丰富传统文化积累。

学习鉴赏诗歌的基本方法，初步把握中外诗歌各自的艺术特性，注意从不同角度和层面发现作品意蕴，不断获得新的阅读体验。

尝试进行诗歌的创作，组织文学社团，展示成果，交流体会。

在一定阅读量的基础上，精选重点，鉴赏研读。教师可通过多种途径帮助学生阅读和鉴赏，如加强诗歌的诵读，使学生在诵读中感受和体验作品的意境和形象，得到精神陶冶和审美愉悦；采用多媒体教学辅助手段，帮助学生感受和理解作品；提供必需的作家作品资料，或引导学生自行从书刊、互联网搜集有关资料，丰富对作品的理解。对有兴趣尝试诗歌创作的学生应给予鼓励。

应重视作品阅读欣赏的实践活动，注重对作品的个性化解读，充分激发学生的想象力和创造潜能，努力提高审美能力。教学中不要一味追求统一答案，也不必系统讲授鉴赏理论和文学史知识。

提倡举办诗歌朗诵会，组织文学社团，创办文学刊物，积极向校内外报刊投稿。

三、古代诗歌阅读鉴赏教学

夏丏尊说："在文艺中，中国最好最完全的要算诗了。"子曰："《诗》，可以兴，可以观，可以群，可以怨。"（《论语·阳货》）子又曰："不学《诗》，无以言。"（《论语·季氏篇第十六》）从古至今，人们早已普遍认识到诗歌教育在人生中的重大意义。

诗歌篇目在现行的中学语文教材中所占的分量和中学语文新课程标准对学习诗歌所提出的目标昭示了今后语文教学的一个角度和方向，那就是通过诗歌来提高学生的文学素质、人文素质和审美素质。

初中人教版义务教育课程标准实验教科书《语文》教材有 6 册 36 单元（每册 6 单元），共 169 课 207 篇文章。据统计，在所有选文中，所选诗歌 29 课 58 首（另外，在每册初中语文教材的后面均附录 10 首要求在课外背诵的古诗词，总计 60 首），其中包括古代诗歌 28 首（诗 19 首、词 7 首、曲 2 首），现代诗歌 12 首，当代诗歌 8 首，外国诗歌 10 首，课数与首（篇）数分别占全套书的 17.2% 和 28%。

人教版普通高中课程标准实验教科书《语文》（必修）（经全国中小学教材审定委员会 2004 年初审通过）有 5 册 20 单元（每册 4 单元），共 65 课 79 篇文章。据统计，在所有选文中，所选诗歌 15 课 26 首，课数与首（篇）数分别占全套书的 23.1% 和 32.9%。

（一）读诗如泡茶①

尽管从小学开始，教师、学生在诗词上投入的时间和精力很多，但是收效甚微。即使学生能背一些名句名篇，但更多的只是小和尚念经，有口无心，经典名

---

① 参王超平：《读诗如泡茶——浅谈古典诗词的教与学》，《中学语文》（上旬刊）2014 年第 12 期，第 49~50 页。

篇大多没有进入其心里。

在教学的过程中，就会遇到这样的经历。预习韩愈的《左迁至蓝关示侄孙湘》和刘禹锡的《西塞山怀古》，询问对诗歌的理解。有的学生说《西塞山怀古》表达的是一种羁旅漂泊之愁，依据是有"四海为家"。有的学生说《左迁至蓝关示侄孙湘》表达的是诗人想要舍身报国、战死沙场，理由是最后一句"好收吾骨瘴江边"。也许这些学生是想起以前提过战场上"白骨乱蓬蒿""青海头，古来白骨无人收"。

这是教学过程中很平常的一幕，但这也恰恰反映了学生在学习诗歌时的现状：过眼不过心。这也就不难解释有的学生会把背得很熟的杜甫《登高》中的"无边落木萧萧下"写成"无边落目萧萧下"，秋风萧瑟的伤感变成了眼珠滚滚的恐怖。

在引导学生鉴赏诗歌时，很多教师往往更注重讲授一些鉴赏的方法、答题的技巧，而忽略了一个最重要的事实：学生如果根本就没有读懂诗词，所谓的方法和技巧就像是空中楼阁，很难发挥实效。

作为老师，作为引路者，如何让学生距离诗歌近一点？

读诗如泡茶，泡开诗句，读懂诗句。古典诗歌由于时代的特点，在语言表达上与现代语言有着很大的不同。闻一多称中国诗的文字"紧凑到了最高限度"。诗要求用尽量少的语言表达尽量多的内涵，所谓"言约旨远"（李昉等《太平御览》），"语少意足，有无穷之味"（洪迈《容斋随笔》），"语少而意广"（陈师道《后山诗话》），等等。如此，诗歌语言就具有了高度的凝练性与跳跃性。同时诗歌又以表示具体事物或具体实景的语言象征深远的意境，从而意蕴含蓄。

要泡开诗歌就要紧紧把握住诗歌凝练含蓄、言简意丰的艺术语言。

具体方法是：

泡发意味词——对有意味的词进行泡发。所谓"泡发"，即对意蕴深厚的字词进行品读玩味，体悟解读其精妙的过程。如张九龄《望月怀远》中的"情人怨遥夜，竟夕起相思"。诗中"情人"即多情的人，"遥夜"即远隔天涯的夜晚，"竟夕"即通宵，整晚。然后把整句用比较抒情的话描述：多情的人啊生出了无边的愁怨，在这漫漫长夜，（月圆人缺）怀想远人，思绪绵绵，哪里能够入睡？这样泡发以后，学生对诗句所要表达的内容与情感也就能很轻易地读懂了。

还原元语序——解读时要作一些语序调整，学会还原。如："故国神游，多情应笑我，早生华发。"（苏轼《念奴娇·赤壁怀古》）正常语序应为：神游故国，应笑我多情，早生华发。这样的诗句很常见，如："竹喧归浣女，莲动下渔舟"（王维《山居秋暝》），"池上碧苔三四点，叶底黄鹂一两声"（晏殊《破阵子》），"七八个星天外，两三点雨山前"（辛弃疾《西江月·夜行黄沙道中》），等等。调整语序后，就比较容易用现代语言来表述，在语意理解上，诗歌与我们之间的距离也就大大缩短了。

想象元情境——展开合理的想象和联想，补充省略的内容。可以把泡开的词、句相连，一首小诗就可以组合成一段话或一篇短文。相对于现代文，古典诗词更加浓缩精练。在泡诗的过程中遇到不太连贯的地方，就要根据情境，展开合理的想象和联想，补充省略的内容。例如"鸡声茅店月，人迹板桥霜"，这一名句全是一个个意象组合在一起，完全不同于一般文法。要引导学生去体会这些意象是出现在何时、何处，具备何种特点，何人所见，见了之后会有怎样的感受。引导学生试着身临其境地去感受诗人当时的情境，然后适当作一些补充，理解这首诗也就不是一件难事了。

知人并论世——从诗人的生平事迹出发来理解作品。写作就是一个人内心的流露，可以从诗人的生平事迹出发来理解其作品。如张继的《枫桥夜泊》，杜甫的《旅夜书怀》等。同样，也可以通过阅读同一作者不同时期的作品来体会其心路历程。如李清照、李煜、苏轼等，他们的诗词跟他们的人生经历互为观照。引导学生熟悉作者的生平事迹，再理解其作品也就水到渠成了。在此基础上，教师还可以向学生推荐名人对诗人及其作品的经典解读文章，如梁衡的《读韩愈》《乱世中的美神》《把栏杆拍遍》等，余秋雨的《苏东坡突围》等。如此，诗人形象在学生印象中会变得丰满起来，学生对他们作品的理解也就有了依托。

感受诗之蕴——引导学生结合自己的生命体验，感受诗人之意蕴。每一个经典作品，自它诞生以后，它既属于作者，又不仅仅属于作者。正如"横看成岭侧成峰""一千个读者就有一千个哈姆雷特"。在阅读时，我们既是在读作者、作品，又是在读自己，所谓"阅读就是在作品中邂逅熟悉的自己"。有些诗词，一旦遇上，就会终生爱上。也许它大部分时间都在沉寂，但当我们人生走到某个阶段，它就会自然而然地从脑海里浮现。如辛弃疾《丑奴儿》："少年不识愁滋味，爱上层楼，爱上层楼，为赋新词强说愁。而今识尽愁滋味，欲说还休，欲说还休，却道天凉好个秋。"可以引导学生从知人论世的角度，体会诗人写作此词时的心境，更可以让学生回顾自己写作文时的"强说愁"，以及当心中有了不愿与他人分享的烦恼时的感受。有了这层体会以后，再来吟诵这首词时，就不再是被要求背诵的诗句了，而成为人生体验的一部分。当然，他们今天的愁仍是少年闲愁，但不用急，也许当他们走到人生中的某个阶段时，这首词又会冷不丁地冒出来，相信那时他们对这首词又会有新的感悟。此类诗句很多，如李清照的"此情无计可消除，才下眉头，却上心头"，李白的"天生我材必有用，千金散尽还复来"，蒋捷的"流光容易把人抛，红了樱桃，绿了芭蕉"，等等。当所品读的诗词与我们的人生体验有了某种关联以后，要爱上诗词就不再是一件勉为其难的事情了。

把诗泡开了，也仅是停留在把诗歌读懂这个层面上。真正爱上诗歌，喜欢诗词，却又是另一回事。很多时候，课堂上教师能带着学生把一首诗读懂读透，但换了另一首诗，学生脑海中又是一片茫然。教师要努力激发学生阅读诗词的兴趣，让学生在兴趣的指引下爱上古典诗词。

（二）"独具匠心"的诗歌比较教学①

林语堂说："中国是一个没有宗教的国家，但它是一个以诗歌为宗教的国家。"中国有着悠久的诗歌发展历史，古典诗词所具有的意境美、音韵美、语言美、形象美、哲理美等形成了它独特的艺术魅力。基于此，《普通高中语文课程标准》在"阅读与鉴赏"目标概述中把中国古代文学作品的阅读与鉴赏单列，突出了弘扬和培育民族精神的重要性。因此，古典诗歌的教学背负着传承民族文化、汲取民族智慧、延续民族精神的历史责任。

古典诗歌的时代和语言等各方面的局限性，使得学生对诗词的学习热情低迷、兴致索然，也使得教学变得举步维艰。现在古典诗词教学的现状，基本处于"授人以鱼"而不是"授人以渔"的状态，尽管如此，还是有一批优秀的教师敢于突破现状，发现新途径，创造诗词教学的新大陆——比较教学法。在诗词教学中，运用比较法把并无直接关系的诗词在主题、题材、体裁、情节、人物形象、风格特点等诸多方面实际存在的类同和差异作为研究重点，为学生学习诗词提供了一个具体可感的途径，调动了学生的思维能动性，打破了学生的依赖心理。古典诗词教学中比较教学法的运用，收到了很多意想不到的效果。

1. 拓宽文学视野，促进思维发散。

歌德说："我愈来愈深信，诗是人类共有的精神财富……民族文学在现在算不了什么，世界文学的时代已快来临了。现在每个人都应该发挥自己的作用，促使它早日来临。"民族文学史没有国界，在学习中国古典诗词时，应放眼世界文学作品，对不同时期或同一时期的同一流派，同一体裁的不同主题，同一主题的不同风格等有可比性的文学作品，进行联系、系统的分析，然后综合、归纳，由于文学作品具有形象性、联系性，通过多角度的比较辨析和多方面的思考，能促进学生发散思维，还可以拓宽学生的文学视野。意象是诗歌的基本审美单元，是诗歌的灵魂，它作为艺术家的主观情志的具象，把艺术家的主观世界和外部世界联系到一起，可以说，古今中外没有无意象的诗歌。那么，就可以把意象作为切入点，比较中国古典诗词和西方意象派诗歌。雷克斯罗思的《黎明前的寒冷》："黎明前的寒冷，散在茫茫之夜，凸圆的月亮之下，孔雀相互啼叫，仿佛痛苦万分。"还有他的《红枫叶》："我驾车沿河而下，看见一个男孩在桥上钓鱼，清水之中，落叶漂浮，然后我向西，驶入那茫茫落日。"在这两首诗中，诗人运用典

---

① 参马娟：《"独具匠心"的比较教学法——以中学古典诗词为例》，《中学语文》（上旬刊）2013年第9期，第32～33页。

型的中国式的意象——月亮、小桥、流水、落叶，借助自然之景抒发心中淡淡的哀伤，表现出中国式意境。庞德认为"抽象非诗"，抽象的思想应当通过具体的物象暗示出来。纵观中国古典诗词和西方意象派诗歌，它们的相同点是都具有直观性，用具象之景物表现抽象之情感，用意象的并置、叠加和复合等直射出主观情绪。但是，中国古典诗词比西方意象派诗歌的意象更密集，组合更自然流畅，因此使读者感受到的感情与画面更直接、强烈。张寿康教授曾说："在比较中阅读学习是行之有效的一种方法。"中国古典诗词与西方意象派诗歌虽然在意象运用、组合构建上有一些异曲同工之处，但因各自文化的差异，又表现出各自的艺术魅力，对中国古典诗词和西方意象派诗歌加以比较辨析，可以更深刻地理解和欣赏诗歌，也可以借助比较法这一桥梁更全面地了解世界文学，拓宽知识领域。

2. 提升审美情趣，感受人文情怀。

中国古典诗词因其特有的音韵美、意境美、语言美、形象美等艺术魅力可以陶冶人的品性，滋养人的心灵。在古典诗词教学中，运用比较教学法，分析品味古典诗词，同中求异，异中求同，感受其音乐美、格式美、情感美，可以提升审美情趣。古典诗词美丽抒情的文学形式背后有着真挚深刻的情感，可以把诗歌所蕴含的情感美作为审美内容，置身其意境，通过辨析理解不同的诗词，感受其人文情怀。《诗经·邶风·静女》："静女其姝，俟我于城隅。爱而不见，搔首踟蹰。静女其娈，贻我彤管。彤管有炜，说怿女美。自牧归荑，洵美且异。匪女之为美，美人之贻。"正如吴晓湖所说，这首以爱情为主题的诗"无一爱字，字字含情"，正可谓"不着一字，尽得风流"。这首《诗经·邶风·静女》以深情、浪漫、真挚的感情表达了美好的爱情，在含蓄的情感中处处透露出甜蜜幸福，虽未见面，却表现出了双方的深情。在学习《诗经·邶风·静女》时，可以与著名女词人李清照的同是爱情主题的名篇《一剪梅》作比较分析。"红藕香残玉簟秋。轻解罗裳，独上兰舟。云中谁寄锦书来？雁字回时，月满西楼。花自飘零水自流。一种相思，两处闲愁。此情无计可消除，才下眉头，却上心头。"在品读这首词时，首先感受到的是词人正处于美好的爱情中，表达的却是令人心疼的刻骨思念。在封建时代，女词人大胆地表达自己的情感，讴歌自己的爱情，不藏不掖、磊落大方，透露出婉约派词人的"豪放"。这两首爱情诗词，一首含蓄，一首直白，却都同样牵动着读者的心，为他们即将要约会而高兴，为他们思念不得见而着急。通过对《诗经·邶风·静女》和《一剪梅》的辨析，可以感受到作者遵从自己内心的感受，勇敢地追求属于自己的幸福，大胆地抒发情愫，活得自在，活得精彩。我们从诗歌情感中蕴含的至善至美和精神追求感受到了积极面世的人生态度。

3. 激发情感共鸣，透视生命价值。

中国古典诗词及诗词人的创作背景、生平经历等都为后人记录了其生命价值。纵观诗词人的作品及其一生，比较、理解他们相似的生命历程，可以激发我们心中沉睡的情感，与之一拍即合，可以为我们感悟透视生命价值提供很好的源头。南唐后主李煜的《虞美人》："春花秋月何时了，往事知多少。小楼昨夜又东风，故国不堪回首月明中。雕栏玉砌应犹在，只是朱颜改。问君能有几多愁，恰似一江春水向东流。"这是李煜的代表作，也是李后主的绝命词，词人竭力将美景与悲情、往昔与当今、景物与人事的对比融为一体，尤其是通过自然的永恒和人事的沧桑的强烈对比，把蕴含于胸中的悲愁悔恨曲折有致地倾泻出来，凝成最后的千古绝唱。后主与"国初第一词人"纳兰容若在创作风格上有很多相似之处，陈维崧在《词评》中说纳兰词："《饮水词》哀感顽艳，得南唐二主之遗。"纳兰的《浣溪沙·姜女祠》："海色残阳影断霓，寒涛日夜女郎祠。翠钿尘网上蛛丝。澄海楼高空极目，望夫石在且留题。六王如梦祖龙非。"这位公子用姜女祠作引子，对历史和现实进行沉敛敏感的反思和认知。战争和修建长城所造成的悲剧使这位贵公子一生郁结，忧国忧民意识显露无遗。李煜和纳兰一生凄婉愁苦且英年早逝，悲剧式的人生遭遇，文人共有的气质才情，成就了两人凄婉的词风。两人在三四十年短暂却不失光辉的人生中以赤子之心写赤子之情，以他们的爱恨情仇、诗书才情、血泪生命谱写了一曲曲哀感顽艳、婉丽凄清的绝唱，穿越千百年传递着他们生命的余晖。

在阅读教学中，古典诗词教学是重点也是难点，它一直是教师想突破取得成效的领域。在古典诗词教学中，正确合理运用比较教学法，可疏通古典诗词的长河，整合发现共同点，挖掘新理念、新视野，激发学生学习诗词的热情，提高学生的阅读分析和审美能力，扩大他们的文学视野，给他们以启迪，传承我国古典诗词的精髓。

（三）阅读欣赏路径①

中国的古典诗词，是中国传统文化中最优秀的遗产之一，也深深烙于当代人的精神血脉之中。在中小学基础教育阶段，加强对中国古典诗词的研习，对于引导学生培养审美意识、传承古典文化、提高对汉语的敏感度等，有着不可替代的价值。但是古典诗词毕竟距离当代人的日常生活较远，其特有的文字、内涵、风格等，都容易造成阅读和理解的障碍，因此在教学中历来都比较重视欣赏方法。诗词阅读鉴赏活动可分为辨体分类、断字识韵、文本细读、知人论世与不求甚解等五个阶段性层面。

---

① 参陶然：《古典文学作品的阅读欣赏路径——以中国古典诗词为例》，《语文教学通讯》（A 刊）2015 年第 5 期，第 12～15 页。

1. 辨体分类。

古典诗词体类的区分有三个层面：

一是诗词之别。古人说"诗庄词媚"，就是因为作诗时，一提起笔，脑子里顿时言志咏怀、兴观群怨等纷至沓来，所写出来的内容自然"高大上"一些、主流一些；而词在唐宋时期是通俗流行音乐的歌词，在南宋以前往往被视为难登大雅之堂，即席填词、代歌伎口吻填词最为常见，这种状态下填出来的词，自然就抛开了建功立业、批判时政等内容，而是沉浸在轻歌曼舞的享乐之中，表达了认识另一个层面的情感内蕴。庄和媚，都是真实的，都是文人的不同生活侧面，但后人在欣赏时绝不能采用相同的标准去衡量，否则难免固哉高叟之讥。

二是体式之别。不同的诗体也决定了阅读方式的差异性。以古典诗歌为例，在体式上区分为古体与近体，又可细分为五古、七古及五言、七言、律绝等，这些不同的诗体无论是从创作层面还是从欣赏层面，都有着不同的要求：读歌行体、乐府最看重气魄；读长篇古诗看重的却是章法中的波澜；读整齐的律诗看重对仗的工整；读精湛的绝句则讲究诗意的曲折等。而在词中，读小令讲究一针见血、一沾即走；而读长调慢词，则讲究叙事首尾、时空变幻等。

三是类型之别。诗词均有不同的类型，比较常见的是以主题来区分，如咏史怀古、离别相思、边塞军旅等，需要读者以不同的阅读期待和生活感受去介入到欣赏活动中。另外，从阅读对象的角度也可以区分不同的类型，有的诗是写给自己看的，有的是写给朋友看的，有的是写给长官甚至皇帝看的，预期阅读对象的不同，决定了作者在诗中有时讲的是内心的牢骚之辞，有时是应酬之语，有时更是颂圣阿谀的套话，这就更无法以同样的标准去衡量了。唐代宋之问的《夏日仙萼亭应制》一诗云："高岭逼星河，乘舆此日过。野含时雨润，山杂夏云多。睿藻光岩穴，宸襟洽薜萝。悠然小天下，归路满笙歌。"而其《渡汉江》云："岭外音书断，经冬复历春。近乡情更怯，不敢问来人。"这两首诗从技术上来说都非常好，但决定其高下和诗史地位的，正来源于预期阅读对象的差异。

2. 断字识韵。

诗歌是语言的艺术，其价值和审美不仅反映在诗歌内容上，同样体现于文字的声韵上。中国古典诗歌以声韵为基础，近体诗和词、曲都在历代民间艺人和文人的长期摸索中，发展出一套语音配合的规律，尤具民族特色和审美价值。所以，阅读欣赏古典诗歌也应对此有一些基本的了解。

四声是中古时期总结出的汉语语音现象，所有的汉字分属于平、上、去、入四种声调，每种声调的发音特点不同，从而产生了声调的抑扬高低之变和顿挫转折之感。南朝沈约、周颙、谢朓等人开始有意识地将这一特性运用到诗歌创作中，提出"四声八病"之说。初唐沈佺期、宋之问进一步总结出粘对的声韵规律，将平声与包括上、去、入三声的仄声区分开来，令其平仄交替配合成句，从而使得近体律诗的形式得以定型。此后诗人们在写作格律诗时，基本都遵循这一规则。这一系列规则实际上并不是给诗人们添加束缚的，其用意在于寻找一种最和谐、悦耳、优美的诗歌节奏。所以古人也常常用"声韵洪畅""音韵铿锵"这一类的话来评价诗歌，这里面是有韵律与节奏因素的。唐宋词作为当时流行音乐的歌词，与音乐的结合更为紧密，因此在字声上不仅须区分平仄，还要辨阴阳、清浊、轻重，其音韵的运用及其美感，比格律诗还要复杂。例如李清照的《声声慢》（寻寻觅觅）一词，夏承焘先生就曾指出该词不仅大量运用叠字，更关键的是大量运用了双声叠韵字和舌齿音字，这种字声上的特色和词的内容、词人情感的完美契合，才是成就这篇名作的重要因素。

3. 文本细读。

文本有很多种解读的方式与层次，针对中小学的基础教学实际，可以唐宋词中的作品为例，从"怎么说"的角度切入。

（1）言情。诗词中言情之作占很大比例，不同的情绪，在描写时自然有差异，即使是相同的情绪，在不同词人笔下也各有不同。但总体上可分为两类：一是深情婉转，二是放笔直说。前者以含蓄委婉见长，如小桥流水，蜿蜒曲折；后者以直白率真见长，如长江大河，一泻千里。试看下面两首词：

小山重叠金明灭，鬓云欲度香腮雪。懒起画蛾眉，弄妆梳洗迟。照花前后镜，花面交相映。新帖绣罗襦，双双金鹧鸪。（温庭筠《菩萨蛮》）

春日游，杏花吹满头。陌上谁家年少，足风流？妾拟将身嫁与，一生休。纵被无情弃，不能羞。（韦庄《思帝乡》）

前一首词没有一个字是直接表现心理的，通首写愁而不出"愁"字，是非常典型的以含蓄手法来言情。而后一首词的写法就截然不同，特别直白率真，把女主人公追求爱情的狂热和大胆表现得淋漓尽致。

（2）叙事。诗词中纯粹叙事的作品不多，常见的是把叙事作为要素之一，通过叙事来抒情，或追忆往事，或描写当前的事情，或设想将来等。叙事一是要讲究层次，二是要讲究虚实。

叙事要讲究层次，不能平铺直叙。有的词按照时间发展的自然顺序来写，如柳永的《雨霖铃》，从离别之前的时间、地点、环境写起，写到饯别的宴席，写到船夫催着出发，写到"执手相看泪眼"的离别时分，写到分手后送行人在岸边长久长久地伫立，再写到设想离别的当夜、第二天清晨以及离别后的整年等，显得层次井然，丝毫不乱。还有的词以今昔对照的方式来叙事，如蒋捷的《虞美人》（少年听雨歌楼上），以"少年听雨""壮年听雨"和"而今听雨"三事进行对比。还有的词人善于今、昔、未来的跳跃与转换，表面上看起来变幻莫测，实则层次仍然清晰，如周邦彦的《瑞龙吟》《兰陵王》等词。

（3）写景。几乎所有的诗词都离不开写景，它是言情、叙事等其他手法的重要媒介。词中写景，需要注意两点：一是角度的变化，二是景与情的结合。

作家往往善于通过角度的转换来描写景物。如柳永《迷神引》的上片："一叶扁舟轻帆卷，暂泊楚江南岸。孤城暮角，引胡笳怨。水茫茫，平沙雁，旋惊散。烟敛寒林簇，画屏展。天际遥山小，黛眉浅。"此词开篇写泊舟江岸，然后开始写景："孤城"两句是听觉感受，"水茫茫"三句是视觉感受；"烟敛"两句是近景，"天际"两句是远景。交叉错落，就不显得平淡了。

写景还要注意景与情的结合，情景交融，才能创造韵味深长的意境。秦观《踏莎行》上片结句："可堪孤馆闭春寒，杜鹃声里斜阳暮。"作者被贬官到湖南郴州，独宿空馆，心情黯淡，于是眼中一切之景，全都成为自己愁苦心境的催化剂。

（4）咏物。苏轼《水龙吟》起句咏杨花"似花还似非花"，就可以作为咏物的基本准则，既要像，又要不像，要让读者一看就知道所咏的是什么，但又不要写得太实在，甚至不必出现所咏之物的名称。要不即不离，若即若离，借人喻物，用人的心理情绪来写外物。如宋末张炎的《解连环·孤雁》："楚江空晚。怅离群万里，恍然惊散。自顾影、欲下寒塘，正沙净草枯，水平天远。写不成书，只寄得、相思一点。料因循误了，残毡拥雪，故人心眼。谁怜旅愁荏苒？谩长门夜悄，锦筝弹怨。想伴侣、犹宿芦花，也曾念春前，去程应转。暮雨相呼，怕蓦地、玉关重见。未羞他、双燕归来，画帘半卷。"张炎在南宋灭亡后，家道败落，到处漂泊，非常凄凉，这首词就是以孤雁写身世之感，以寓亡国后羁旅漂泊、沦落天涯的遭际和心情。作者组织了雁足传书等典故，也化用了不少唐宋人咏雁的诗句，题为咏雁，词中却意不在雁，而是写雁之"孤"，以空阔之境衬托雁之孤，继以雁足传书的故事来传其孤，再由雁之孤转入人之孤，末尾又以双燕来反衬其孤。曲折往复，情辞哀苦。

（5）比兴寄托。如辛弃疾《摸鱼儿》（更能消几番风雨），是辛弃疾由湖北转运副使调任湖南转运副使，临行前所作，把对国事的忧伤和心向北、人南行之恨，以及在政治上遭人嫉恨的孤危之感交融在一起。词借暮春起兴，以寄托自己政治上的忧愤，明显运用了《楚辞》以来的香草美人传统，但词中比兴的运用不局限于局部，更不是句譬字喻地作比喻，而是融贯全篇，构成了整体的象征意蕴。此词依靠比兴寄托手法，才形成了摧刚为柔、心危词苦的意境，显得意蕴深厚。

（6）章法转折。古典诗词多崇尚含蓄婉转，注重词意和结构的转折，强调一波三折，方能曲尽其妙。转折不是硬转，不能急刹车、急转弯，而要潜气内转，转得让人不觉，泯灭生硬痕迹，就如高明裁缝所制之衣，看不出针脚线头，这才是转折妙境。

唐无名氏《醉公子》词云："门外猧儿吠，知是萧郎至。划袜下香阶，冤家今夜醉。扶得入罗帏，不肯脱罗衣。醉则从他醉，还胜独睡时。"这首词写一个女子日日等待的情人终于到来，然而却是酩酊大醉，就着这件事描写她的心理活动。起句写她听见门外小狗的叫声，就知道是谁来了。这里隐含了一个情绪描写，即喜悦。随后写她在惊喜中只穿着袜子就跑出室外去迎接，可见其急不可待的心情。可一见之下，才知道他竟是大醉而来，说明他未必是专门来看自己，不禁心生怨意，但从"冤家"二字来看，在怨意之中，又有着爱怜。下片写好不容易将他扶入帐中，他却因醉而不肯脱衣，无奈只好让他和衣而睡了。这位女子日日期盼，却盼来这么个冤家，岂不令人烦恼？但不管如何，总比自己夜夜独宿要好得多吧！其痴情如在读者眼前。此词转折之多，在诗词中是比较少见的，但读起来并没有扞格不入之病，反而显得很流畅，这就是暗转的效果。

（7）典故。元代沈义父《乐府指迷》谓："如说桃，不可直说破桃，须用'红雨''刘郎'等字；如咏柳，不可直说破柳，须用'章台''灞岸'等字。"桃、柳这些日常景物，都要用典故来表达，就有些过头了。词中用典，并不是必须的，一首词中没用典故，绝不妨碍它成为千古流传的佳作。而且典故的运用，在于其精审恰当，而不在于多，有时用典太多，反而会产生烦琐冗沓的毛病。如辛弃疾的《永遇乐》（千古江山）词中先后用了孙权、刘裕、刘义隆、拓跋焘、廉颇五位历史人物的典故，多而密，且以人名为主。一般来说，用典不宜多用人名，那样会使词句显得呆板。辛弃疾才华极高，笔力雄壮，驱遣自如，尚能抵消一些典故过多的负面效果，而一般文人很难做到。

4. 知人论世。

文本细读近于"以意逆志"，而知人论世则要求欣赏者对于诗词作品产生的时代背景和人事关系有尽量透彻的了解，如此才能达到对作品本身的判断乃至深层感悟。如以李商隐《安定城楼》为例："迢递高城百尺楼，绿杨枝外尽汀洲。贾生年少虚垂涕，王粲春来更远游。永忆江湖归白发，欲回天地入扁舟。不知腐鼠成滋味，猜意鹓雏竟未休。"这是李商隐考取进士后游于泾原节度使王茂元幕府时所作，表达了其个人的胸襟抱负，而尾联正用了《庄子》中的典故："惠子相梁，庄子往见之。或谓惠子曰：'庄子来，欲代子相。'于是惠子恐，搜于国中三日三夜。庄子往见之，曰：'南方有鸟，其名为鹓雏，子知之乎？夫鹓雏发于南海，而飞于北海，非梧桐不止，非练实不食，非醴泉不饮。于是鸱得腐鼠，鹓雏过之，仰而视之曰："吓！"今子欲以子之梁国而吓我邪？'"用此典故，可以推测出李商隐当时的心境，或许是王茂元的幕僚中有对他颇有猜忌者，否则他不会有这种孤危又自傲的情感表达。再结合前面的"永忆江湖归白发，欲回天地入扁舟"两句,更让人觉得李商隐对人间官场的蝇营狗苟肯定是毫无兴趣的,他只想着归隐江湖、放浪扁舟的乐趣。然而这是李商隐真实的想法吗?从李商隐后来的人生经历来看,他不仅在此娶得了王茂元的女儿,后又卷入"牛李党争"的夹缝中,一生依人作幕,奔走风尘,虽漂泊孤苦,但也毕竟没有真的去归隐江湖。所以李商隐的这首诗中,有些是说说而已的话,有些是心理过于敏感的话,也许是当时心境的真实流露,但同样也许是表白之辞,这是需要结合李商隐的整个人生轨迹和时代环境来分析的。

5. 不求甚解。

陶渊明曾说:"好读书,不求甚解。"移用到诗词欣赏活动中,"不求甚解"包含三个方面的内涵。

一是避免过于穿凿附会地去解释诗词作品,以欣赏者主观的意图和观念去代替作品的原意。如清人张惠言在温庭筠《菩萨蛮》(小山重叠金明灭)中读出了"离骚初服之意",又谓其"篇法仿佛长门赋",就难免高叟论诗之讥。欣赏者可以有主观意图,所谓"作者未必然,读者何必不然",是有道理的。但这中间有个界限,就是要清醒地意识到自己所读出的内涵与古人原作的内涵可能是不同的,不能以自己的想法去替代原作,否则就易导致厚诬古人。

二是要认识到作品的解读是有多个层面的。有时候也得满足于某一层面的解读,不一定非得追求对作品所有层面的透彻分解。就诗词而言,其字声韵律、句法节奏、文辞语汇、对仗用典、写景抒情、内在心理、言外之意乃至说不清道不明的复杂思绪,每一个层面都未尝不可以构成对作品的欣赏与理解,有时欣赏者只能尽量接近,而无法透彻理解。

三是有的作品本身就是拒绝解读的,如唐诗中的李贺、李商隐,宋词中的吴文英等,对其作品的解读几乎就是言人人殊,往往没有定论。其实这恰好说明了其作品的多义性与朦胧感,这何尝不是一种解读呢?

总的来说,诗词阅读欣赏是经验性和主观性都比较强的审美活动,但作为一个系统,又有相对完整的路径与规律,在诗词教学中,以这种路径与规律为框架,对于提高阅读欣赏能力应该是有所裨益的。

(四)把握"三意"——现代诗歌教学①

《普通高中语文课程标准》对诗歌散文的教学建议为:"应在教学中加强诗文的朗读和诵读,在朗读和诵读中感受作品的意境和形象,得到情感的体验,心灵的共鸣,精神的陶冶。"

这说明,诗歌散文教学重在朗读诵读、鉴赏评析。在教学实践中,入选教材

---

① 参翁光明:《意义·意象·意境:现代诗教学实践探索——以舒婷〈致橡树〉为例》,《中学语文》(上旬刊)2015年第4期,第15~16页。

的现代诗大多文质兼美，历久弥新，其中有许多经典名篇，是学生学习语言、运用语言、锤炼语言的好材料。应尝试将语言运用列入教学目标，引导学生了解现代诗的语言风格，在语言实践中体会、提升语言应用能力，收到较好效果。

如舒婷《致橡树》的教学目标一般包括：①树立正确的爱情观；②了解朦胧诗的特点；③掌握《致橡树》的象征手法。

执教者可将语言运用列入教学目标，从意义、意象、意境的角度，探究如何基于语言运用进行现代诗教学实践。

1. 意义、意象、意境。

"意义"含义较丰富，此处取思想和道理。晋葛洪《神仙传·蓟子训》："性好清澹，常闲居读《易》，小小作文，皆有意义。"唐韩愈《答侯继书》："仆少好学问，自五经之外，百氏之书，未有闻而不求，得而不观者，然其所志，惟在其意义所归。"诗歌的主旨与思想统称为诗歌的"意义"。《致橡树》最后写道：

> 仿佛永远分离，
> 却又终生相依。
> 这才是伟大的爱情，
> 坚贞就在这里：
> 爱——
> 不仅爱你伟岸的身躯，
> 也爱你坚持的位置，
> 足下的土地！

"仿佛永远分离，却又终生相依。这才是伟大的爱情"是文章的意义所在。诗人托橡树与木棉之形表一种人格平等、个性独立、相互尊重的爱情观，进而表达一种爱情的理想和信念。在诗歌创作中，意义是魂，没有了意义，也就没有了诗歌，即使有诗歌，那也是魂飞魄散的诗歌。

"意象"一词是中国古代文论中的一个重要概念。古人以为意是内在的抽象的心意，象是外在的具体的物象，意源于内心并借助于象来表达，象其实是意的寄托物。舒婷是一个经营意象的高手。在诗中，从意象的表征意义分，可分为：极力攀附型的爱情意象，如凌霄花和鸟儿；单一奉献型的爱情意象，如泉源、险峰、日光、春雨；独立平等型的爱情意象，如橡树、木棉。从意象出现的组合分，可分为：单意象，如凌霄花、鸟儿、橡树、木棉、泉源、险峰、日光、春雨等；群意象，如铜枝铁干、红硕的花朵、寒潮、风雷、霹雳、雾霭、流岚、虹霓等，这组意象构成了外表相离、内心相依、共担考验、共享幸福的爱情意境。

意象的选择在于本义与他义、约定俗成性与象征比喻性的统一。橡树是一种高大常绿乔木，象征雄强刚健的男性，木棉是一种高大的有顽强生命力的乔木，象征温柔独立的女性。选择同是高大乔木作为意象，象征平等、独立、相依又分离的爱人与爱情。用"像刀，像剑，也像戟"比喻男性的雄健，用"像沉重的叹息，又像英勇的火炬"比喻女性的深沉和热烈。诗中的"寒潮、风雷、霹雳"和"雾霭、流岚、虹霓"这两组意象交相辉映，比喻同甘共苦。

　　"意境"是诗人通过种种意象的创造和连缀所构成的一种充满诗意的艺术境界。意境是意象的升华。诗中有这样一段：

> 我必须是你近旁的一株木棉，
> 作为树的形象和你站在一起。
> 根，紧握在地下，
> 叶，相触在云里。
> 每一阵风过，
> 我们都互相致意，
> 但没有人
> 听懂我们的言语。

　　诗人描绘了一幅画面：湛蓝的天空下，广袤的大地上，站立着两棵树，一棵是橡树，一棵是木棉，枝繁叶茂，郁郁葱葱，卓然独立，又"相看两不厌"，微风过处，枝叶沙沙，似相互倾诉，情意绵绵。这是诗人创设的纯净、优美、真挚的爱情意境，也是诗人隐喻的爱情宣言。

　　2. 解析诗歌语言的密码。

　　（1）围绕中心句展开。"仿佛永远分离，却又终生相依。这才是伟大的爱情"是全诗的中心句，也是诗人所要表达的意义所在。"分离"和"相依"是全诗的中心词。"相依"的情形很多，有"攀援"的，有"送来慰藉"的，也有"根紧握""叶相触""互相致意""分担""共享"的，显然，诗人倾向于后一种。"分离"是诗人追求的一种境界，"我……作为树的形象和你站在一起"，"你有你的铜枝铁干"，"我有我红硕的花朵"，这种"分离"是一种独立、自立的独特表达。围绕中心句、中心词展开是诗歌创作的密码之一。

　　（2）意象的语言组合。首先看第一句：

> 我如果爱你——
> 绝不像攀援的凌霄花，
> 借你的高枝炫耀自己；

如果转换成叙述语句，是"凌霄花攀援在你（橡树）的高枝上，炫耀自己"，显然，"攀援高枝"是凌霄花的本来姿态，"炫耀"则是作者赋予凌霄花的倾向性情态，运用了拟人手法，与"攀援"的本意所指一脉相承，相得益彰。同样，"绝不学痴情的鸟儿，为绿荫重复单调的歌曲"，"（鸟儿）重复歌曲"是自然形态，但是，加上"痴情""单调"等具有个体主观色彩的词句，"（鸟儿）重复歌曲"就凸显了另外的含义。此类例子还有很多，如"送来慰藉的泉源"，"衬托威仪的险峰"，这种由本体出发生长出的语言新鲜而富于活力，是诗歌常用的炼词造句的手法。

（3）意境的创设。苏轼在阅读和欣赏王维的作品时说："味摩诘之诗，诗中有画；观摩诘之画，画中有诗。"严羽主张诗歌必须"言有尽而意无穷"，全诗以"橡树""木棉"为意象，围绕"相依""分离"创设情境，讲述两棵树的故事。铜枝铁干，像刀，像剑，也像戟，红硕的花朵，像沉重的叹息，又像英勇的火炬，构成了对比鲜明的分离图。而"根，紧握在地下，叶，相触在云里。每一阵风过，我们都互相致意，但没有人听懂我们的言语"，诗中有画，画中有诗，相互尊重，相互独立，仿佛永远分离，却又终生相依，情动辞发，感人至深。

3. 基于语言运用的教学设计及评析。

语言运用设计应该成为现代诗教学的目标之一，句子、段落或文章仿写是常用的形式。如，"甚至日光""甚至春雨"之后，可安排仿写，有些同学能写出不错的诗句，"甚至不像日光，成天照耀着你高大的身躯"，"甚至不像春雨，为你献上久旱后的甘霖"，把本义与象征义交融在一起，虚实相间，表里统一，为今后创作诗歌打下了基础。

例如，全诗学习结束后，安排《致木棉》的仿写，想象橡树会对木棉说些什么，这种仿写的要求较高，如果没有关于意义、意象、意境以及诗歌语言密码的解读，要完成任务非常困难。

入选教材的现代诗大多语言精美，意境隽永，将语言运用引入现代诗教学，可以让学生在语言实践中加深对诗歌的理解，锤炼习作语言，提升语文能力，是一项有意义、有作为的实践探索工作。

四、典型案例

《旅夜书怀》教学设计与教后反思[①]

周 嫒

一、课标解读

《旅夜书怀》是选修课本《中国古代诗歌散文欣赏》第二单元"推荐作品"

① 周嫒：《〈旅夜书怀〉教学设计与教后反思》，《中学语文》（上旬刊）2014年第12期，第56～58页。

中的第二首诗歌。新课程标准对诗歌教学的基本要求是"对鉴赏诗歌作品有浓厚的兴趣，乐于拓宽文学欣赏的眼界，丰富自己的内心情感世界，培养健康高尚的审美情趣，提高文学素养"。还要求通过阅读，能"理解作品的思想内涵，探索作品的意蕴，领悟作品的艺术魅力"。为了"丰富文化积累"，还必须"背诵一定数量的我国古代诗文名篇"。在阅读和鉴赏的过程中，我们还要"学习鉴赏诗歌的基本方法，注意从多个角度和层面发现作品底蕴，不断获得新的阅读体验"。可见，为了达到这些目标要求，在教学中"涵泳朗读"是不可少的。

第二单元"置身诗境，源景明情"的专题已经明确了主要教学目标和教学方法。本单元的教学目标有两个：一是引导学生置身诗境，发挥想象，品味诗歌的意境；二是引导学生根据诗歌中的意象的特点以及情景之间的关系，选取相应的欣赏方法，体会诗歌意境。

二、学情分析

拟任教年级为高二，相对高一学生而言，他们已经阅读学习了相当数量的诗歌作品，学生对鉴赏诗歌的一些基本方法有所了解，但还不能熟练运用。杜甫的诗作，中学课本上出现的有 8 首，因而学生对作者并不陌生，对相关文学常识也有所了解。通过学习积累，诗人给学生留下一个贫穷多病、落魄愤懑、爱国忧民的印象，但对杜诗沉郁顿挫的诗风，学生可能是知其然而不知其所以然，而了解一个诗人的风格对提高学生的鉴赏诗歌能力是很有帮助的，所以这将成为本诗学习的难点。

三、学习目标

根据课程标准的总体要求，结合本单元的两个教学目标，结合学生实际，我将本课的学习目标确定为：

1. 在反复诵读中感受诗人在孤寂漂泊中对人生志趣的坚守。
2. 品析诗句，体悟意境，理解情与景的关系，熟悉以乐景衬哀情的手法。
3. 比较赏析，进一步感知杜诗沉郁顿挫的风格。
4. 发挥想象，改写诗句。

四、教法与评价

检测法、诵读法、讨论法、比较法。

补充资料：鉴赏诗歌的一些最常用的基本方法和角度等资料。

1. 简单提问，检测学生预习内容。
2. 小组互查，抽查演板，检测学生背诵默写。
3. 分组展示合作探究成果，学生互评，检测学生对诗歌鉴赏方法的运用情况，及对诗歌内容和情感的把握。
4. 设置检测题，检测学生的诗歌鉴赏能力。

5. 展示互评，改写诗句为散文，检验学生的合理想象能力和对本诗沉郁顿挫特点的把握。

五、重难点

1. 教学重点：通过反复的诵读、鉴赏品析，理解诗歌基本内容和情感，重点了解情景交融的手法。

2. 教学难点：感悟杜诗沉郁顿挫的诗风。

六、教学过程

教学安排：一课时

（一）出示本节课的学习目标

1. 背诵：背诵全诗，默写名句。

2. 鉴赏：鉴赏诗句，学会置身诗境、源景明情。

3. 比较：补充诗作，感受沉郁顿挫的诗风。

4. 改写：改写诗句，体会情景交融的手法。

（二）检查预习效果

提问：思考一下杜甫晚年的生活状况如何？杜甫所处的时代经历了怎样的重大变革？杜甫在其晚期诗作中是怎样的形象？杜甫在其晚期的诗作中大致体现出怎样的情感？（要求学生用词语概括）

（三）了解写作背景，自由诵读诗歌

感知诗中深沉悲凉的情感和宏阔苍凉的意境。掌握一些基本的朗诵技巧。

（四）自主鉴赏，诵出感情

对诗歌内容的理解，有助于深层次把握诗歌的情感，朗读是将诗歌情感外化的一种方式。从多个角度和层面进行鉴赏，发现作品的底蕴，不断获得新的阅读体验。

过程：

1. 引导学生梳理鉴赏诗歌的基本方法和角度。

一般方法：分析诗题、结合注释来理解、知人论世、联系已学的类似的诗歌、联系诗人的写作风格等。

鉴赏角度：语言、形象、表现技巧等。

2. 引导学生分组，任选一个角度，运用恰当的方法赏析诗歌，体悟诗境，明确情景关系，掌握以景衬情、寓情于景的写法。

3. 以小组为单位展示赏析内容，其他小组补充评点相关内容。

小结补充：提醒学生要关注诗题。题目是"旅夜书怀"，这就告诉我们它是一首写景抒情、情景交融的诗。

过程：

1. 提问：诗人看到的景是什么样的景？抒发的又是什么样的情？请各用一个词语概括。

明确：雄浑宏阔的景，深沉悲凉的情。

板书：雄浑宏阔　深沉悲凉

2. 提问：用雄浑宏阔的景来写深沉悲凉的情，有没有强烈的反差？这叫什么手法？

明确：反衬。

3. 提问：请回忆一下，已学的课文中有这种以乐衬哀的写法吗？

明确：《诗经·小雅·采薇》中"昔我往矣，杨柳依依"用春天生机勃勃、春光无限的美景来反衬出征时的悲壮心情。

4. 提问：最后一联，在表达自己的情感时，诗人有没有直接抒情？那他是怎么做的？

明确：诗人在上联直抒胸臆后，转而选择了天地间的一只沙鸥这样一个形象来委婉含蓄地表达情感。

板书：委婉含蓄

（五）补充诗作，感知沉郁顿挫的诗风

通过鉴赏、改写诗歌，进一步理解诗歌中的内容和情感。本诗是杜甫的代表作之一，杜甫有很多诗都是用这种雄浑宏阔的景来表达深沉悲凉的情感的，而且情感的表达低回曲折。针对这种写作风格，评论家们就用"沉郁顿挫"这个词语来形容。

强化感知，完成《登岳阳楼》诗后的题目。

登岳阳楼

昔闻洞庭水，今上岳阳楼。

吴楚东南坼，乾坤日夜浮。

亲朋无一字，老病有孤舟。

戎马关山北，凭轩涕泗流。

阅读《登岳阳楼》和《旅夜书怀》两首诗，完成下列问题：

1. 请具体分析两首诗在写景和抒情方式上的相同点。

2. "亲朋无一字"和"天地一沙鸥"两句中的"一"字异曲同工，形象地描绘了诗人的身世处境，请分析其好处。

（六）背诵全诗，默写名句

（七）改写诗句，把握情景关系

1. 明确改写与翻译的不同。

2. 引导学生发挥想象，带着自己的情感，用优美的语言改写本诗。建议以小组为单位，组内的同学每个人承担一两句的改写任务，然后交由组长汇总，全班交流展示。

3. 选派小组代表发言，其他小组点评。

可以指导学生从主要意象的抓取、是否置身诗境、描写的景是否雄浑宏阔、情感是否深沉悲凉、语言是否优美得体等方面进行点评。

（八）师生小结课堂

通过预习，进一步了解了杜甫的身世和创作风格；通过诵读、鉴赏、讨论探究，熟悉各种诗歌鉴赏的方法和掌握诗歌鉴赏的一般角度，提高了诗歌鉴赏的能力；通过改写，体悟了杜诗景的雄浑宏阔和情感的深沉悲凉。

（九）作业布置

完成《登岳阳楼》的改写，准备全班交流展示。

七、教学反思

1. 语文课程应该抓住语文教学的实质。

语文教学的实质应该在紧扣文本的基础上，加强学生概括、组织和表达等语言能力的训练，只有这样，课才上得扎实有效。本节课设计的拓展环节——将自己喜欢的一句或两句诗改写成优美的散文，有效地训练了学生抓取画面、融注情感、组织语言、恰当表达等多方面的能力。课堂上佳段频现，学生乐于动手写作，敢于展示自己的习作。学习过程扎实、朴素、真实。

2. 解放学生，引导学生。

学习小组是学习的基本单位，每个小组都有一名语文的学科长和发言人，可以一人兼任，但是提倡学科长固定，发言人随机。学科长在每次的学习中，负责组织小组成员展开课前的自主预习；课堂上组织讨论，收集问题，形成观点，参与全班交流；课后督促检查语文作业的完成。小组合作学习中，学生就是学习的主人，学生在学习中会尽可能地发挥主观能动性，学有所乐，学有所获。为了充分调动学生学习本诗的积极性，参与到课堂讨论交流中来，在教学设计时，我设计了"选择自己喜欢的一两句诗，自选角度进行赏析"的环节。由学生根据自己的喜好，自主选择，自由赏析，在小组或全班交流展示自己的赏析心得，其他小组评价补充。通过本环节的学习，学生可以从读者和听者两个角度去赏析文本，更容易加深对文本的理解和把握，而且还可能生成很多个性化的理解。比如，有小组在赏析"天地一沙鸥"的"一"字时，认为"一"字除了有一种孤单、孤苦、渺小的感觉外，更能够表现出诗人对自己志趣的一种坚守。

3. 突出重点。

本节课学习目标严格依据新课程的宗旨来设定。①依据课程标准，关注学生学情，确定的学习重点有针对性。②从局部到整体，从品悟到实践，梯度呈现，适应不同水平的学生。③每一个环节中进行及时有效的评价，让学生感受阶段性学习的学习效果，为后面学习的推进作铺垫。

4. 语文课程要凸显语文味。

语文味的首要体现即读。课标要求"涵泳"，本节课在教学中根据不同的环节，设计了齐读初步感知、听范读跟读赏析、个性化诵读、小组合作诵读等诵读形式。学生在读的过程中，既加深了对诗歌内容的理解，同时也对诗歌情感有了更深的把握。在反复的朗读中，兴趣浓厚，自然而然完成了背诵这个学习目标。

5. 课件的恰当使用。

课件的使用，其定位在辅助教学的层面上，不能将其变成一个图片资料的堆积。

6. 遗憾与不足。

环节设计过多。一节课40分钟，时间有限，在设计教学时，总是想着面面俱到。一节课高效的关键在于本节课学生对学习重点的掌握和难点的有效突破，以及学生的积极参与，不需要多而杂。这节课中，如果学生能充分地从语言、情感、表现手法等方面自主鉴赏评价诗歌，通过这个环节领会诗歌鉴赏的一般方法，有所感有所悟，时间充裕，学生就能分析鉴赏得深刻。但是，在设计时，我加入了在理解、鉴赏之后的改写环节，时间非常紧张，功底好的同学也是勉强完成，更别提评价点拨。这就显得效果不好。如果能够大胆地调整课时，将本环节留作下一节课的学习目标，并适时加以改写指导，留足时间让学生写作，并充分在小组内交流，将小组的精品在全班交流，师生及时评价，学习效果肯定会大不同。

教师点评过多，学生点评略少。因为教学设计环节过多，在教学时总是担心时间不够，有好多地方都是由我代替学生点评，如此似乎节约了几分钟时间，但是与新课改的要求不符。新课改要求学生自主学习、合作探究。学生是主体，教师是主导。教师应该大胆地解放学生。学生的点评、补充、质疑也许不一定准确，但是他们在交流的过程中培养了合作探究的精神，主体地位也得到了巩固。

第二节 散 文

一、概述

(一) 散文的定义

关于散文的定义，有广义和狭义两个概念。

广义的散文，指的是一切不押韵不排偶的散体文章。在现代，广义的散文包括除去诗歌、小说、戏剧、影视文学之外的一切叙事性、议论性、抒情性的文体。

狭义的散文则专指文艺性的叙事散文和抒情散文。当前普遍的观点是，散文是指与诗歌、小说、戏剧文学等并列的一种文学体裁。

(二) 散文的特点

散文的最大特征就在于"形散神聚"。"形散"，主要是说散文取材十分广泛自由、表现手法不拘一格。"神聚"即散文所要表达的主题必须明确而集中。

散文的形式特点：一是以个人抒情为主，把抒情、叙述、议论熔为一炉；二是从细笔描述，小中见大；三是从侧面暗示，要求读者发挥想象力；四是行文自由，结构灵活。

(三) 散文的分类

根据表达方式的不同，一般把散文分为三类：叙事散文、抒情散文、议论散文。

(四) 散文解读的基本内容

(1) 品性情。情感的表达是散文的生命与灵魂。

(2) 理结构。巧妙的结构是散文的重要特点。

(3) 析手法。以小见大、选材琐碎是散文常见的手法。

(4) 赏语言。优美的语言是优秀散文的立足点，语言美是优秀散文的一大特色。

(五) 散文解读的基本方法

1. 提纲挈领法。

"形散神聚"是散文的突出特点。理清文章脉络、把握写作顺序是分析散文的一个重点。

2. 文眼突破法 (穿针引线法)。

"文眼"，是透露作者感情、思想或者写作主旨的特别精练警策的词语或句子，是散文主题的凝聚点。"文眼突破法"即抓住散文中的重点词句或段落，以此作为阅读的突破点，层层深入，条分缕析。

3．咬文嚼字法。

散文是最单纯的语言艺术，因此，散文解读首先要求掌握词汇意义，正确运用语法规律，恰当利用修辞技巧。

4．见微知著法。

以小见大、见微知著是散文的创作手法，因此对散文形象的分析和体会不能依靠照实阅读，而要借助解释、扩散、想象等手段来完成，从而提升作品意义。

5．特色归纳法。

归纳文章特色是深入学习散文的过程，多表现为对表现手法的归纳分析。

（六）拓展阅读

拓展阅读有助于我们更好地发现散文作品的意蕴。

（1）从词语阐释的角度分析词语意思，探讨多重意蕴。

（2）从求异思维的角度发挥联想与想象，形成多重意蕴。

（3）用多元化视角解读主题思想，挖掘多重意蕴。

二、学段要求

（一）中级学段（7~9年级）

能够区分写实作品与虚构作品，了解散文文学样式。

欣赏文学作品，有自己的情感体验，初步领悟作品的内涵，从中获得对自然、社会、人生的有益启示。对作品中感人的情境和形象，能说出自己的体验；品味作品中富于表现力的语言。

散文是集诸美于一身的一种文学样式，在中学语文课本中占有极大的比重。初中人教版义务教育课程标准实验教科书《语文》教材有6册36单元（每册6单元），共169课207篇文章。其散文68课76篇，课数与篇数分别占全套书的40.2%和36.7%。散文的解读是中学语文教学的重点，也是难点。从某种程度上说，散文教学的成败直接决定着语文教学效果的好坏。

（二）高级学段（高一至高三年级）

培养鉴赏散文作品的浓厚兴趣，丰富自己的情感世界，养成健康高尚的审美情趣，提高文学修养。

阅读古今中外优秀的散文作品，理解作品的思想内涵，探索作品的丰富意蕴，领悟作品的艺术魅力。用历史的眼光和现代的观念审视古代散文的思想内容，并给予恰当的评价。

借助工具书和有关资料，读懂不太艰深的我国古代散文，背诵一定数量的古代散文名篇。

学习鉴赏散文的基本方法，初步把握中外散文各自的艺术特性，注意从不同角度和层面发现作品意蕴，不断获得新的阅读体验。

尝试进行散文的创作，组织文学社团，展示成果，交流体会。

三、典型案例

基于避开"共性知识圈"的教学设计①
——《一个消逝了的山村》说课稿
赵　洁

《一个消逝了的山村》编排在人教版高中语文第三册。文章借助自然景物跨越时空，怀想一个消逝了的山村，表现了大自然给人的心灵带来的文化、审美和艺术启迪，表达了作者对自然的珍爱、对生命的珍爱。

本课的学习方式，以采用文本研习的方式最佳。根据单元要求和《一个消逝了的山村》的特点以及高中生的主观认识特征，最终确定本课的教学目标、教学重难点、教学课时数和教学过程设计。

一、教学目标

1. 知识与能力目标。

了解作者，培养学生结合语境理解语句的能力。

2. 过程与方法目标。

运用文本研习的学习方式，能够使学生根据教师设计的问题品读文章，涵泳主旨，理解冯至先生在文中体现的富有现代意味、带有生命色彩的感性认识。

3. 情感态度与价值观目标。

领会作者对自然万物不事喧哗、静默守恒和执着朴实的生命价值意义的抒写，珍爱自然，珍爱生命。

二、教学重难点

1. 理解作者是怎样通过"草木之间"这种平凡的自然景物，去怀想一个消逝了的山村的。

2. 领悟文章中所描写意象的丰富内涵（即具体的"介质"）。

三、教学课时数

两课时。这是一篇散文，冯至作为写内心世界和自然风景的"中国最杰出的抒情诗人"，他的这篇文章也充满了诗性的风采，对生命和自然的认识充满哲理，

---

① 赵洁：《基于避开"共性知识圈"的教学设计——〈一个消逝了的山村〉（人教版高中语文第三册）说课稿》，《中学语文》（上旬刊）2012年第7期，第90～91页。

对学生的生命教育具有重要的启发意义，故安排两课时为佳。

四、教学过程设计

（一）预习：了解冯至及其文学创作特征

预设目的：让学生对冯至作为一个独特的文化生命体有一个整体感知。这一设计涵盖了"共性知识"——作者介绍（掌握文学常识：知人论世），但指向性更明确，且隐含归纳思维的训练。（给予学生的资料：《冯至与里尔克》，冯至的诗歌《有加利树》《鼠曲草》）

（二）课堂教学过程

1. 速读全文，解决两个小问题：

（1）说说作者是通过什么途径来怀想消逝了的山村的？结合文本，找出一句具体话语。

预设目的：将关键句作为理解文本的钥匙，化难为易；引导学生从文本中探寻作者的写作思路，找出第4段中"只有在草木之间感到一些它们的余韵"一句。

（2）课文的1~3段在文章中起到了什么样的作用？

预设目的：回顾前文，培养学生对文章的整体把握；引导学生从整体上感受文气、文脉、文意，进一步深入理解文本，从而深入理解冯至的行文之美。

2. 精读文段（5~10段），说说作者具体通过哪些介质来怀想消逝了的山村？

预设目的：这一环节，是针对本课的重难点——对文章中意象的解读来设计的。

（1）引导学生从文本中探寻作者的心灵密码，通过触摸具体的语言文字，接近作者的心灵。

（2）溪水（水源）、鼠曲草、菌子、有加利树、风夜中的嗥声、消失了的鹿群，都是作者借以怀想消逝了的山村的具体介质，在对每一个意象的解读中，引导学生感受自然的纯洁、坚强、美好、崇高、威严、温情，以及对自然的感恩和敬畏，从而整体地理解文本、理解作家。

为提升学生对文中具有丰富内涵的意象的理解能力，在第5段，可以进行示范性的解读。因时间原因，仅举一例："这清冽的泉水，养育我们，同时也养育过往日那村里的人们。人和人，只要是共同吃过一棵树上的果实，共同饮过一条河里的水，或是共同担受过一个地方的风雨，不管是时间或空间把他们隔离得有多么远，彼此都会感到几分亲切，彼此的生命都有些声息相通的地方。"通过对眼前泉水的描写，想象逝去的山村也曾被同样的泉水养育，巧妙地将过去与现在联系起来。另外，古典诗词的引用，也进一步深化了文章的文化内涵。这一环节更有可能激发学生的个性阅读，通过学生的个性解读，跳出"共性知识圈"，培养学生的文化表现力。

（3）思考归纳（朗读第11段）：在风雨如晦的时刻，我踏着那村里的人们也踏过的土地，觉得彼此相隔虽然将及一世纪，但在生命的深处，却和他们有着意味不尽的关联。

这到底是怎样的一种"关联"呢？

这"关联"是多方面、多重意味的，如小溪的水源："我们感谢它，若是没有它，我们就不能在这里居住，那山村也不会曾经在这里滋长。这清冽的泉水，养育我们，同时也养育过往日那村里的人们。人和人，只要是共同吃过一棵树上的果实，共同饮过一条河里的水，或是共同担受过一个地方的风雨，不管是时间或空间把他们隔离得有多么远，彼此都会感到几分亲切，彼此的生命都有些声息相通的地方。"正是这种存在主义的"关联"观，使得这篇散文具有特别的思想深度、厚度，一些看似无"关联"实则有紧密内在"关联"的自然和人事、动物、植物，都构成了给人以许多启示的有机的艺术品。

（4）若时间允许，可补充介绍"风雨如晦"：文章写于1942年，在战火纷飞的年代里，更需要这种恒久的平静和美丽来支撑人们活下去，珍爱生命，珍爱自然。

预设目的：通过学生对文章的总体感悟，深入探讨，结合冯至"同时使我'看'植物不亢不卑，忍受风雪，享受日光，春天开它的花，秋天结它的果，本固枝荣，既无所夸张，也无所惭恧……那真是我们的好榜样"这句话，再次领悟作者运用多种意象表达出的丰富情感。

（三）课外延伸

1. 将预习材料中冯至的两首诗歌和文章进行对照阅读，进一步了解冯至善于在"平淡的日常生活里发现了诗"（朱自清语）的风格。

2. 平常的事物一旦成为冯至笔下的对象，便具有了灵动的生命韵味与鲜活的生命气息。比如，第1~2段中几次出现的"路"该作何解？

第三节　小　说

一、概述

（一）小说的内涵

"小说"一词，最早出于《庄子·外物》篇："饰小说以干县令，其于大达亦远矣！"其原意为"琐屑的言谈""无关政教的小道理"。现代的小说概念则可以表述为：用散文的形式来表现叙事性的内容，以人物塑造为中心，通过虚构的故事来反映社会生活的一种文学样式。

（二）小说的特点

小说可以多方面地刻画人物性格，描摹人物心理，再现人物之间的矛盾冲突，还可以具体生动地再现人物生活的环境，在反映复杂的社会生活方面具有独特的优势。其突出的特点是通过一定的故事情节和具体独特的环境，塑造典型的人物形象，广泛深入而又细致地反映社会生活。

（三）小说的分类

小说的分类比较复杂。可以按题材分、按体制分、按表现手法分、按语言形式分、按篇幅分。

（四）小说的基本要素

由于小说侧重人物形象描写，常通过典型的环境及故事情节来反映社会生活，因此，人们通常把人物、环境、情节称为小说的三要素。

小说最本质的特征就是以故事情节为依托的散文体叙事虚构。因此，也有人把语言、人物、结构、环境、叙事虚构称为小说五要素。

阅读小说，应该以人物鉴赏为中心，在此基础上全面分析小说的情节、环境和主题，最终达到对小说思想和艺术倾向的把握。

1．深入细致的人物刻画。

小说的中心与灵魂，是人物的性格与命运。一篇小说成功与否，关键在其是否成功刻画了人物形象。人物形象分两种：扁平化人物形象（类型化人物形象）和圆形人物形象。

2．扣人心弦的故事情节。

情节是刻画人物性格的重要手段，也是增强艺术感染力的重要手段。

3．具体细致的环境描写。

环境包括时代背景、生活场景和人际关系。环境有给全篇定调、营造意境与渲染气氛、推动故事情节发展与为后文作铺垫、揭示人物性格与揭示主题等作用。

（五）小说的常规解读

小说常规解读的层次有了解、理解、欣赏、探究。其解读方法有：

1．梳理故事情节，辨析矛盾冲突。

解读小说，首先要从整体上把握故事情节，看它是否合理、是否曲折生动。而梳理故事情节又要首先找出故事情节的发展线索。抓住情节线索，把握其来龙去脉，将有助于在分析作品时统观全局，全面地把握作者的意图，从而更好地领会作品的思想和主题。

小说线索有主线、副线和明线、暗线之分，可以是人物、事物、时间、地点、情节要素、情感变化等。

2．分析人物形象、人物与环境的关系。

分析小说人物，要把握人物的性格、人物与环境的关系、人物的命运等，从中理解作品的思想意蕴。

分析小说首先要抓住人物形象，把握小说的构成体系，了解复杂的人物关系及其相互作用，进而探索人物身上所负载的历史潮流和时代精神，透视那些塑造卓越形象的作家所关注的人生问题和社会实际，发现人物形象创造和构建的艺术规律。可以从身份、地位、经历、教养、气质等要素来把握人物；可以从人物语言、行动、外貌和心理描写等方面来把握人物；也可以多侧面、多层次地把握人物；还可以结合环境来把握人物。

注意作者对人物的介绍和评价。

3．分析环境描写，关注环境描写的作用。

环境是人物活动的依据，是事件发生的场所。环境描写是衬托人物性格、展示故事情节的重要手段。小说情节的发生发展，离不开一定时代的、社会的、自然的背景。

分析小说环境的作用，注意以下几个方面：故事发生的时间、地点、季节、气候等因素；人物身份及人物心境；对氛围的渲染。

（六）小说的多元解读

多元解读包括文化视角、形式视角、心理视角、人类学视角、精神分析学视角、民俗学视角、伦理学视角。

以主题为中心的多元解读：人物的命运、人物关系、人物性格、人与物的关系、情节与细节、意象、作者。

以人物为中心的多元解读：场景角度、言行角度、情节安排、作者的角度。

以情节为中心的多元解读：从次要人物的情节功能探究、从叙述视角探究、从文化角度解读、从心理学角度探究。

以意象为中心的多元解读。

二、学段要求

（一）中级学段（7~9年级）

能够区分写实作品与虚构作品，了解小说等文学样式。

欣赏文学作品，有自己的情感体验，初步领悟作品的内涵，从中获得对自然、社会、人生的有益启示。对作品中感人的情境和形象，能说出自己的体验；

品味作品中富于表现力的语言。

小说对于提高学生语文的阅读、理解、分析、概括能力，提高学生认知、感知、领悟生活的能力，有着十分重要的意义，因而是中学语文教材选文的重要体裁之一，是中学语文教学的重要任务和内容。

初中人教版义务教育课程标准实验教科书《语文》教材有 6 册 36 单元（每册 6 单元），共 169 课 207 篇文章。据统计，在所有选文中，小说 22 课 23 篇，课数与篇数分别占全套书的 13% 和 11%。

（二）高级学段（高一至高三年级）

培养阅读古今中外各类小说作品（包括影视剧本）的兴趣，从优秀的小说作品中吸取思想、感情和艺术的营养，丰富、深化对历史、社会和人生的认识，提高文学修养。

形成良好的文化心态，学会尊重、理解作品所体现的不同时代、不同民族、不同流派风格的文化，理解作品所表现出来的价值判断和审美取向，作出恰当的评价。

学习鉴赏小说的基本方法，初步把握中外小说各自的艺术特性。注意从不同的角度和层面解读小说作品，提高阅读能力和鉴赏水平。学写小说评论，力求表达出自己的独特感受和新颖见解。

朗诵小说的精彩片段，品味语言，深入领会作品内涵，体验人物的命运遭遇和内心世界，把握人物的性格特征。

尝试对感兴趣的古今中外小说进行比较研究或专题研究。

留心观察社会生活，丰富人生体验，有意识地积累创作素材，尝试创作小说，相互交流。

人教版普通高中课程标准实验教科书《语文》（必修）（经全国中小学教材审定委员会 2004 年初审通过）有 5 册 20 单元（每册 4 单元），共 65 课 79 篇文章。据统计，在所有选文中，小说 6 课 6 篇，课数与篇数分别占全套书的 9.2% 和 7.6%。

另外，在人教版普通高中课程标准实验教科书《语文》选修系列 2《小说与戏剧》中有 2 本选修教材，其中"中国小说欣赏"中有《三国演义》《红高粱》等 18 篇选文，"外国小说欣赏"中有《桥边的老人》《墙上的斑点》等 16 篇选文。

应重视作品阅读欣赏的实践活动，不必系统讲授鉴赏理论和文学史知识；提供必需的作家作品资料，引导学生自行从书刊、互联网搜集有关资料，或采用多媒体教学辅助手段，丰富对作品的理解；组织小说阅读欣赏的报告会、讨论会，交流阅读欣赏的心得。此外，可观看根据小说改编的戏剧影视作品，以帮助对小说的感悟和理解；鼓励学生组织文学社团，创办文学刊物，积极向校内外报刊投稿。

三、小说的阅读路径

节选小说的阅读路径选择
——以 2014 年江苏卷《安娜之死》为例①

饶满林

近年来，有些省份以长篇小说的节选文段作为高考现代文阅读文本，如 2011 年江苏卷《这是你的战争！》节选自宗璞的长篇小说《西征记》，2013 年山东卷《活着》节选自余华的长篇小说《活着》，2014 年江苏卷《安娜之死》节选自列夫·托尔斯泰的长篇名作《安娜·卡列尼娜》，等等。

节选小说由于只是截取长篇小说的一部分，从而加大了阅读理解的难度，有些没读过原著的考生更是觉得云山雾罩，读不明白相关内容，理解偏了甚至理解反了的情况非常普遍。我试以江苏卷《安娜之死》为例，提出如下三个方面的阅读路径选择。

（一）联系全篇，整体把握

从长篇中节选出来的文段往往是小说的精华所在，无论是小说的语言，还是小说的重要情节，抑或是某个典型的场景，都有其独到的精妙之处。但是，这些"独到的精妙之处"，必然依赖于"整本"小说。如果说整本小说是一棵大树，那么，节选部分就是一茎枝、一片叶，或是一朵花，所有的枝叶都离不开这棵大树的庞大根系。也就是说，"节选"只是长篇小说的某一个"点"，尽管其内容可能具有一定的独立性和完整性，但它毕竟只是从长篇中截取的一个"片段"，它的思想内容离不开整篇小说的背景和主题，因此，阅读节选小说要联系全篇整体把握。

《安娜之死》是小说的高潮部分，写的是安娜在对爱情绝望后卧轨自杀的情节。从整部小说来看，安娜·卡列尼娜是一个贵族妇女，她是彼得堡大官僚卡列宁的妻子，但与青年军官沃伦斯基热烈相爱。被卡列宁发现后，两人私奔到国外，三个月后又不得不回到俄国，但此时的上流社会对他们冷眼相加，安娜更是处处遭受冷遇。沃伦斯基被社会舆论和重新踏进社交界的欲望压倒，经常为社交事宜与安娜发生口角，被冷落的安娜也非常担心沃伦斯基爱上别的女人。一次争吵之后，沃伦斯基愤然出走，绝望的安娜终于明白了自己只是一个被侮辱和被唾

---

① 饶满林：《节选小说的阅读路径选择——以 2014 年江苏卷〈安娜之死〉为例》，《语文教学通讯》（A 刊）2015 年第 5 期，第 70～72 页。

弃的人。她想起了第一次与沃伦斯基见面的情景，生存意志霎时消失，她向正在驶来的火车扑了过去。

如果没有看过原著或者对原著一无所知的话，要准确理解安娜卧轨前复杂的心理活动，是有相当大的困难的。试卷第 12 题要求考生分析使安娜绝望的具体内容，但安娜与沃伦斯基激烈争吵的背景内容一点都没有提及，如果考生能适当联系托尔斯泰的平民情怀，适当联系托尔斯泰晚年抛弃他的贵族庄园去过平民生活，就可以推断出托尔斯泰对俄罗斯封建贵族的批判态度。安娜恰恰是一个封建贵族的叛逆者，她不愿意忍受僵尸般的官僚丈夫，她要追求自由的爱情，她不顾一切地爱上了英俊的青年军官沃伦斯基，甚至丢下了自己的孩子。但随之而来的是整个上流社会对她的嘲讽、蔑视、侮辱与唾弃，这些她也忍了，因为她还有沃伦斯基的爱情，而当她意识到抛弃一切与沃伦斯基相爱最终却无法得到爱情的时候，她只剩绝望了。

如果能联想到这些内容，节选段落中那些让人摸不着头脑的句子就可以理解了。比如，选文第 4 节中安娜"含着恶意的微笑自言自语"，第 8 节中安娜说"我要惩罚他"，这些正是安娜绝望到极点时的激愤表现。请看前面文段中的相关描写：

> 死，作为使他对她的爱情死灰复燃，作为惩罚他，作为使她心中的恶魔在同他战斗中出奇制胜的唯一的手段，鲜明而生动地呈现在她的心头。
> ……
> 当她倒出平常服用的一剂鸦片，想到要寻死只要把一瓶药水一饮而尽就行了，这在她看起来是那么轻而易举，以致她又愉快地揣摩着他会如何痛苦，懊悔，热爱她的遗容，可是那时就来不及了。她睁着眼睛躺在床上，借着一支烛泪将尽的蜡烛的光辉凝视着天花板下的雕花檐板，凝视着投在上面的帏幔的阴影，她历历在目地想象着当她不复存在，当她对他不过是一场梦的时候他会有些什么感触。"我怎么能够对她说这些残酷的话呢？"他会这么说。"我怎么能不辞而别呢？但是现在她死了！她永远离开了我们。她在哪里……"

上文中的"恶意"和"惩罚"在这里都找到了答案，正是疯狂的爱让她产生了疯狂的念头以及疯狂的举动，所以不可思议的言行举止都在表达着安娜对沃伦斯基的不可自拔的深情。

当然，要联系全篇，首先得了解全篇，至少要有所了解，哪怕是零星的了解。这就告诉我们，要尽量多涉猎经典名著，要早早养成阅读经典的习惯。这种命题导向是很好的，在碎片化阅读、浅阅读、图片阅读盛行的年代里，我们更需要静下心来阅读整本书，尤其是中外经典。

（二）合理推想，填补完善相关情节

长篇小说的情节往往是个复杂的系统，情节与情节之间往往有千丝万缕的牵连。作家马原在《阅读大师》中说："小说家需要将整部小说中的每一个细节都安排妥当，都纳入核心事件的轨迹，最后所有这些细节积聚到一个临爆点，于是每一个细节都变成牵动最后爆炸的导索。"

安娜卧轨自杀就是这样的临爆点，在这之前，还有无数的细节作为原因成为导索，合理推想，补充相关联的情节，可以帮助考生更准确地理解文意。

选文第 1 节，写安娜"想着，如果没有回信，就准备再乘车往前走"，由此可以推想出：第一，安娜与沃伦斯基之间的感情交流出了问题，有些话面对面已经无法说清了，只好采用写信的方式，这说明他们之间可能有过激烈的争吵；第二，安娜仍然热烈地爱着沃伦斯基，否则她不会主动给沃伦斯基写信，不会迫不及待地"拦住一个挑夫"打听消息；第三，那封信的内容应该是道歉，如果是告别，或是责骂，她就没必要如此强烈地渴望回信，她对回信的渴望其实就是对沃伦斯基回心转意的爱的渴望；第四，如果她收到了回信，如果沃伦斯基在信中表达了对她的歉意和爱意，她是一定会回去的；第五，沃伦斯基的回信是她的全部希望，她主动写信，说明沃伦斯基对她的爱非常重要，所以她要拯救，要挽回，而沃伦斯基潦草的字迹和十几个字词彻底毁灭了她的希望。下面是原文的内容：

> "是我的过错。回家来吧，让我解释。看在上帝面上回来吧，我害怕得很！"
> 她封好了，递给那仆人。
> 她现在害怕剩下一个人，她跟在那个人后面走出屋子，到育儿室去了。

选文第 5 节，"'不，我不让你折磨我了，'她想，既不是威胁他，也不是威胁自己，而是威胁什么迫使她受苦的人"，对这句话需要在情节上作合理推想，否则很难理解。"迫使她受苦的人"是些什么人？他们为什么迫使她受苦？她又为什么要"威胁"他们？我们不妨试着分析一下：安娜如此渴望沃伦斯基的爱情，希望他回信，希望他不变心、不动摇，而沃伦斯基只是潦草地写了几行字，说明他们的爱情遇到了障碍，障碍是什么呢？是安娜不爱沃伦斯基？显然不是。是沃伦斯基不爱安娜？显然也不是。那障碍究竟是什么呢？不是内因，那肯定是外因了。安娜是个贵妇人，却与近卫军军官沃伦斯基热烈相爱，而且还生下了他的孩子，在上流社会看来，她就是荡妇，是灵魂堕落的人。于是，整个上流社会对他们冷眼相加，百般嘲讽，此时的安娜被沃伦斯基和周围的人折磨得几近疯狂，沃伦斯基的回信更使她完全绝望，所以她要摆脱这一切，她要采取报复性行动，她要用自我的毁灭来达到"威胁"的目的。"迫使她受苦的人"就是指上流

社会的贵族们，当然也包括沃伦斯基，安娜的"威胁"其实就是反抗，她要追求爱情的自由，必然要同整个上流社会对抗，只是反抗的方式太过惨烈和悲剧化了。

通过推想，我们可以知道，安娜与沃伦斯基有过怎样疯狂的恋爱，贵族社会对他们有过怎样的冷遇和打击，安娜追求自由爱情之路有着怎样的艰难。一而再、再而三的精神打击终于使她走上了绝路。

除了第5节的这句话，第8节还写到了安娜投向铁轨前的心理活动："到那里去，投到正中间，我要惩罚他，摆脱所有的人，摆脱我自己！"很显然，安娜的心理活动前后相承，卧轨的想法越来越强烈了。

这里要对安娜卧轨自杀的方式作一点补充分析，安娜为什么要选择如此惨烈的方式来结束自己的生命呢？我们必须明白一点，安娜的自杀是报复性自杀，她的目的是通过自杀来"威胁"迫使她受苦的人，来"惩罚"沃伦斯基，来"摆脱"所有的人，包括她自己。也就是说，安娜的自杀其实是一种逃离式的反抗，因此，方式越惨烈，效果越好。在安娜看来，自杀很容易，一瓶药水就够了，但那样就"便宜"了那些人，因此，惨烈的卧轨更容易达到强烈的"惩罚"效果。她曾经揣摩着她死后"他会如何痛苦，懊悔，热爱她的遗容"即为明证。

（三）贴着语言行走，挖掘言外之意

文学是语言的艺术，人们常说文学性首先存在于语言之中。"文学语言描写的对象是不实存的，而是再造的或虚拟的，它造就了文学语言充满变异和无限延伸的含蓄意指方式。"（汪正龙《文学理论研究导引》）因此，鉴赏文学作品，一条行之有效的途径就是贴着语言行走，读到文字背后去，读出"含蓄意指"，挖掘丰富的"言外之意"。

选文第6节，写安娜沿着月台走过去，所有的人都"盯着"她看，客观上，这些人确实在看着她，觉得这个女人很奇怪，但"盯着"也带上了安娜当时的主观感觉。在对爱情绝望之后，她看不到生活的希望，再加上长时间受到人们的冷落，她对周围的人异常敏感，似乎每个人都在嘲笑她，都在幸灾乐祸，"紧盯"的眼神似乎还表示要打击她、伤害她。

站长问她要不要乘车，言外之意是，站长觉得这个女人的举动太不正常了，弄不清她要干什么，是来接人的吗？显然不是。是来乘车的吗？也不像。于是，站长就问了她，她也没回答。小男孩本来是要卖汽水赚钱的，现在也顾不得做生意了，而是目不转睛地看着她，言下之意是：这个女人的举动和神情太奇怪、太不正常了。几个太太和孩子原本在高声谈笑，之所以在安娜走过来时沉默下来并紧盯着她，一定是因为她们看到了一个不正常的、样子可怕的、有点疯狂的女人。这些都是从侧面表现出安娜的举动异常，神情恍惚。

在第 9 节中，写到安娜"不得不等待下一节车厢。一种仿佛她准备入浴时所体会到的心情袭上了她的心头"，人在入浴时会是什么心情？肯定是期待干净轻松的愉快心情，洗掉了污垢，洗掉了疲惫，换来的是新的自己，甚至是脱胎换骨的自己，这显然与上一节的"摆脱"一脉相承。这样的语言，蕴藏着丰富的思想情感，需要读者精心挖掘。

第 9 节还写到安娜投到铁轨上后，在一刹那想到自己在干什么，吓得毛骨悚然，这说明她的内心是恐惧害怕的。"我这是在哪里？我这是在做什么？为了什么呀？"这说明她在那一刹那完全迷惑了。"她想站起来，闪开身子"，说明她并不是义无反顾地去死，她后悔了，她忽然又不想死了。然而，她终究还是被火车碾压而死，一个并不真正想死的人却以如此惨烈的方式死去了，这说明了她的死有必然性，也有偶然性。如果她动作快一点，说不定就闪开了身子呢!？如果火车的速度再慢一点，说不定就可以爬起来了呢!？透过这样的语言描写，我们感受到的是更加浓厚的悲剧意味。

选文的最后，还写到了一支蜡烛"比以往更加明亮地闪烁起来，为她照亮了以前笼罩在黑暗中的一切，哔剥响起来，开始昏暗下去，永远熄灭了"，这显然是一个比喻，以蜡烛喻人，蜡烛由明亮地闪烁，到开始昏暗，再到永远熄灭的过程，其实就是安娜的意识由清醒到逐渐模糊再到完全消失的过程，也就是安娜的死亡过程，这是作者对安娜之死的生动形象的总结。至于为什么是蜡烛，是因为前文多次写到安娜与蜡烛，况且，人如烛是文学上的常见比喻，中文也有"蜡炬成灰泪始干"之句，可见，以蜡烛的熄灭过程来表现安娜的死亡过程，是非常生动形象的写法，很有艺术感染力，暗含着对安娜的喟叹与同情，创造了一种浓郁悲凉的艺术氛围。正如众多现代语言学家所认为的，文学语言不同于具有准确指向的科学语言，文学语言具有模糊性、体验性和直觉性，需要读者透过语言的表象看到背后去，才能挖掘出丰富的思想情感内涵来。而节选的长篇小说，往往没有前因后果，或者来龙去脉不清晰，更需要读者细心品鉴语言，贴着语言行走，读出小说的妙处来。

四、典型案例

案例一：

以《泥人张》为例谈"教学设计"的创新写法①

余映潮

教学设计，或者说"教案"，从教学科研的角度来讲，有两个方面堪称"弱

---

① 余映潮：《以〈泥人张〉为例谈"教学设计"的创新写法》，《中学语文》（上旬刊）2013 年第 3 期，第 20 ~ 21 页。

点"：一是"教学设计"的创新写法，二是"一课多案"的教学设计。

"教学设计（教案）"理应有多种多样的写法，只是由于我们平常忙于教学，无暇顾及，少有研究，才将这最扎实灵动的一环弄得千篇一律、套话成堆。

我在教师培训的活动中，尝试了"教学设计"的一种创新写法，并且用来训练青年教师深入钻研教材、精心设计教学的能力，收到了很好的效果。

这种创新的写法，有两个重要的要求：第一，必须写千字以上的"课文品读"短文；第二，必须写出教学活动中教师与学生对话时可能要讲析的细节性内容。

由于这两"写"，"教学设计"便非常有难度。

由于有难度，我们便能静下心来研读课文，提取教学资源，细细思考教学。

这种创新的写法表现于文面，大致上是两块内容的整合：一是"课文品读"，二是"教学设计"。

下面就是《泥人张》教学设计的创新写法。

《泥人张》教学设计

【课文品读】

《泥人张》构思技巧欣赏

冯骥才的作品以写知识分子的生活和天津近代历史故事见长，《泥人张》就选自他的小说集《俗世奇人》。这是一篇很有欣赏价值的微型小说。

首先，我们用"数字"来概说它的构思技巧：

一个故事：截取泥人张的生活片段——咸丰年间一次吃饭饮酒的经历，在一个特定的场景——天庆馆里展开情节、表现人物。

两个人物：泥人张与海张五。一个是手艺道上有绝活的"泥人张"，一个是靠着贩盐赚下金山的有一定背景的"海张五"。

三线交织：课文描写泥人张、表现海张五，然后用众人的观察来进行侧面烘托，让故事进行得有声有色，波澜起伏。

四种手法：主要有正面描写的手法，侧面烘托的手法，巧妙穿插的手法和生动照应的手法。

然后，我们再细说它的几个特点。

整篇文章的表达特点可以用八个字来概括：交织、穿插、对比、伏应。

所谓"交织"，就是把人物放在一起写。

小说中把三种人放在一起写，而且是交叉写：写泥人张，写海张五，写众宾客。三线交织比较有规律。第二段写的是泥人张，第三段海张五出现，第四段写众人的表情并顺势引出对海张五的介绍；第五段又写泥人张，第六段又写海张五，第七段又写众宾客；第八段写泥人张，第九段变一下节奏，写众宾客，第十段写海张五；第十一段写泥人张，第十二段写海张五，第十三段写估衣街上来来往往的人，第十四段写海张五。后面六个段落连续变化节奏，使全文看起来在"交织"上有一定的规律但又不单调呆板。

所谓"穿插"，就是有时候中断一下故事的主线，插进其他的内容。

《泥人张》的文体是小说，从写作的角度来看它是一篇有着节奏之美的好文章。它不像《苏州园林》，常常由中心句领起各个段落；也不像《春》，一个画面一个画面地展现景物，它的穿插手法运用娴熟，在谋篇布局上显得既有规律又有变化，而这种变化主要用"穿插"的手法来进行调节。

我们来看故事情节发展中"看客"的穿插：

第一次穿插：一听这喊话，吃饭的人都停住嘴巴，甚至放下筷子瞧瞧这位大名鼎鼎的张五爷。

第二次穿插：这些话天庆馆里的人全都听见了。人们等着瞧艺高胆大的泥人张怎么"回报"海张五。

第三次穿插：吃饭的人伸脖一瞧……

第四次穿插：估衣街上来来往往的人，谁看谁乐。乐完找熟人来看，再一块乐。

这样的穿插，形成了故事的氛围，推动了故事的波澜，丰富了故事的节奏，同时让故事显得灵动多姿。

对比的内容，在文中也很丰富。

如人物出场的对比。泥人张的出场是安安静静的一个人，"他一个人坐在天庆馆里饮酒"；海张五的出场是大大咧咧的一帮人，"打外边进来三个人。中间一位穿得阔绰，大脑袋，中溜个子，挺着肚子，架势挺牛，横冲直撞往里走"。

如人物言行的对比。海张五们是喧闹的、仗势欺人的。他们取笑泥人张，拿泥人张找乐子。而泥人张是无言的、沉静的。直到海张五朝着正走出门的泥人张的背影叫道"这破手艺也想赚钱，贱卖都没人要"，泥人张也是"头都没回，撑开伞走了"。

所以，从人物描写的角度看，在"泥人张"身上表现出来的是无形无声的艺术。"无形"，是说他的外貌、形态，在课文中一个字的描写都没有。"无声"，是说他一个字的话语都没有。恰恰相反，海张五是有形有声的，人物塑造的手法差别很大，对比非常鲜明。

"伏应"的技巧在课文中也表现得非常出色。

最为高妙的"伏笔"是"那天下雨"，由此而有泥人张"左手伸到桌子下边，打鞋底抠下一块泥巴"之应接。再如对海张五出场时的外貌描写"大脑袋，中溜个子，挺着肚子"，与泥人张捏出的泥人"瓢似的脑袋，小鼓眼，一脸狂气，比海张五还像海张五"遥相呼应。最有意思的是海张五朝着正走出门的泥人张的背影叫道"这破手艺也想赚钱，贱卖都没人要"，而"三天后，海张五派人花了大价钱，才把这些泥人全买走，据说连泥模子也买走了"。

甚至可以说，将故事的场景安排在天庆馆里，就已经为故事的展开埋下了伏笔。

如果我们细细地阅读揣摩，课文中还有不少地方值得品味。如人物介绍的艺术，细节的描写，场景与背景的设置，人物的"巧遇"，故事中的"道具"，特别的心理描写手法，简笔勾勒的手法，等等，特别是文中的语言。慢慢地品味，慢慢地欣赏，就会觉得它韵味无穷。

【教学设计】

关于《泥人张》的教学设想：

课型：自读课。

课时：一节。

教学创意：说"奇"论"妙"。

创意说明：说"奇"，扣住课文的标题"俗世奇人"，引导学生说说人物"泥人张"之奇，这是把学生引向课文深处的方法之一；论"妙"，是根据课文的表达特点，引导学生品析课文《泥人张》之妙，这是锻炼学生品析欣赏能力的方法之一。这两个问题，一个着眼于人物理解，一个着眼于课文分析，能够比较全面地覆盖本课的教学内容，同时形成比较雅致的以学生为主的课堂研读活动。

活动之一：朗读。

1. 同学们听读课文。

2. 教师教读：

本文在语言上有着浓郁的"天津"风味，有着浓郁的讲故事的味道，请同学们：

（1）读出故事味。

（2）读好重要的场景描写与细节描写。如海张五出场的那一段，如泥人张捏泥人的那一段。

（3）读出故事的余味。如课文的收束部分。

活动之二：说"奇"。

话题：请同学们根据课文内容，说说泥人张之奇。

同学们研读，交流。

教师结合学生的交流进行课中"小结"：

奇在手艺：手艺道上的人，捏泥人的"泥人张"排第一。而且，有第一，没第二，第三差着十万八千里。

奇在不畏权贵：手艺人靠手吃饭，求谁？怵谁？故此，泥人张只管饮酒，吃菜，西瞧东看，全然没有把海张五当个人物。

奇在冷静：这些话天庆馆里的人全都听见了。人们等着瞧艺高胆大的泥人张怎么"回报"海张五。一个泥团儿砍过去？只见人家泥人张听赛没听……

奇在用左手现场捏出海张五的泥像：左手伸到桌子下边，打鞋底抠下一块泥巴。右手依然端杯饮酒，眼睛也只瞅着桌上的酒菜，这左手便摆弄起这团泥巴来，几个手指飞快捏弄，比变戏法的刘秃子还灵巧。这泥人张真捏绝了！就赛把海张五的脑袋割下来放在桌上一般。瓢似的脑袋，小鼓眼，一脸狂气，比海张五还像海张五。只是只有核桃大小。

奇在用动作表现自己心里的话：随后手一停，他把这泥团往桌上"叭"地一戳，起身去柜台结账。泥人张头都没回，撑开伞走了。但天津卫的事没有这样完的——

奇在后发制人，奇在智慧：第二天，北门外估衣街的几个小杂货摊上，摆出来一排排海张五这个泥像，还加了个身子，大模大样坐在那里。而且是翻模子扣的，成批生产，足有一二百个。摊上还都贴着个白纸条，上边用墨笔写着：贱卖海张五。

奇在泥人张用特别的方法维护了自己的尊严：三天后，海张五派人花了大价钱，才把这些泥人全买走，据说连泥模子也买走了。泥人是没了，可"戏卖海张五"这事却传了一百多年，直到今儿个。

活动之三：论"妙"。

话题：请同学们根据课文内容，说说《泥人张》的构思、表达之妙。

同学们研读，交流。

教师与学生对话，从"小说"知识的角度进行点拨：

妙在故事的选材：作者只选择一件小事来写，借一件极富戏剧性的小事窥见人物的大本领、大智慧。

妙在文章开头的夸张的表达：它突出"泥人张"的技艺超凡绝伦。

妙在场景的设置：人物在天庆馆里相遇，矛盾在这里展开，性格在这里展现。

妙在"一个雨天"的背景：这是一处重要的伏笔。

妙在人物介绍的艺术：用夸张的语言介绍泥人张，用漫画的笔法介绍海张五。

妙在对海张五的肖像描写：简笔勾勒，反复进行，遥相呼应。

妙在对泥人张捏泥像的细节的描写：微小，快速，神似。

妙在动词的运用：一个"戳"字写出了泥人张内心的愤怒、鄙夷与不屑，是无可更易的一个字眼。

妙在侧面的烘托：众人的表现多次烘托出故事的气氛。

妙在故事的结局出人意料：泥人张想出了贱卖海张五的妙招。

还有：

妙在文中的伏笔和悬念，妙在文中的对比，妙在对不同人物不同出场的描写，妙在泥人张所捏海张五泥像的"小"，妙在对人物的心理描写，妙在故事的一波三折。

还有：

妙在文章语言的特点：本文的语言朴素，具有浓郁的"天津"风味，并且幽默传神，极富表现力。无论是人物语言，还是叙述语言，均情趣盎然，简洁传神。

……

教师课堂小结：

趣读课文，说"奇"论"妙"。

案例二：

流连在一片纯美的天地
——汪曾祺小说《鉴赏家》的深层解读①
金云 陶晓跃

苏教版选修教材《短篇小说选读》选入了汪曾祺的小说《鉴赏家》，小说塑造了叶三这一独特的"鉴赏家"形象，十分耐人寻味。

叶三只是一个"卖果子"的小贩，可这个小贩明显地异于同类，他不"开铺子"，不"摆摊"，也"不挑着担子走街串巷"，他专门"给大宅门送果子"。也许正因为如此，叶三才有缘结识了画家季匋民。叶三"从心里喜欢"季匋民的画，年岁大了之后，他只为季匋民一人送果子。这样他就有了机会，零距离地看季匋民作画。时间长了，对季匋民的画也能说上一二，由此被季匋民视为知己。季匋民常常送一些画给叶三，叶三将其视为家珍收藏着。季匋民死后，他的画价格飙升。有个日本人听说叶三收藏了许多季匋民的画，便远道而来，试图用重金购画，叶三拒绝了。叶三死后，他儿子遵照他的遗嘱，把季匋民的画和叶三都装进了棺材，埋了。

小说的情节并没有什么大的波澜，人物也没有什么大喜大悲。汪曾祺在《小说的散文化》中曾经谈及他的老师沈从文的小说《长河》："它没有大起大落，大开大阖，没有强烈的戏剧性，没有高峰，没有悬念，只是平平静静，慢慢地向

① 金云、陶晓跃：《流连在一片纯美的天地——汪曾祺小说〈鉴赏家〉的深层解读》，《中学语文》（上旬刊）2013 年第 3 期，第 45～46 页。

前流着，就像这部小说所写的流水一样。"这样的表述，也完全适合汪曾祺自己的小说。"清水出芙蓉，天然去雕饰"，《鉴赏家》所显示出来的正是这样一种自然淳朴的特质。

可苏教版的"教参"却简单地将小说的主旨概括为"对美的鉴赏"，这种理解只是停留在小说表面，并没有真正意会到小说深层次的意蕴。它缺乏对小说中"美"的内涵的挖掘，显得极为空洞。仔细研读小说，就不难发现小说中所展现出来的美是多彩的、丰富的。

一、风俗美

汪曾祺在《谈谈风俗画》一文中说："我对风俗有兴趣，是因为我觉得它很美。"他认为风俗"反映了一个民族对生活的挚爱"，"保留一个民族的常绿的童心，并对这种童心加以圣化"。他还在《〈大淖记事〉是怎样写出来的》一文中说："我以为风俗是一个民族集体创作的抒情诗。"作者对风俗情有独钟，这势必会在他的作品中借各种不同的方式表现出来。

小说《鉴赏家》开篇之后大段的内容，写叶三一年四季卖果子，从"立春"前后"摔在地下就裂开了"的青萝卜写起，到"白得像一团雪"的香白杏、"嘴儿以下有一根红线"的"一线红"蜜桃，到"红的像珊瑚，白的像玛瑙"的樱桃，再到"端午""夏天""重阳"各个节令的不同果子，最后是"入冬"后的"碧绿生鲜"的檀香橄榄。作者不厌其烦，如数家珍，或绘其形或描其色或写其味，将不同时令的果子展示在读者的面前，铺展开来的是小城风物的长长画卷，令人流连忘返。

这样的风俗美还表现在小说的一些细节描写上，比如，作者写叶三到季匋民家送果子，一去就是半天。季匋民作画，叶三先是"磨墨、漂朱膘、研石青石绿、抻纸"，然后就"站在旁边很入神地看，专心致志，连大气都不出"。年逾五十的叶三，之所以如此，除了他内心深处喜欢季匋民的画，对季匋民十分恭敬之外，还有就是小城崇文的古风熏染了他，致使他在不知不觉中，向季匋民执弟子之礼。再如，季匋民作画送叶三，时常题款为"画与叶三"，以排行称呼，传承的也是古代之风。还有，季匋民死后，叶三虽然不再卖果子了，但是"他四季八节，还四处寻觅鲜果，到季匋民坟上供一供"。而写日本人到叶三家看画，也是入乡随俗，"要了清水洗了手，焚了一炷香，还先对画轴拜了三拜，然后才展开"，这一切无不染上浓浓的世风民俗的气息，让人深深感受到一种远去的久违的美丽。

二、生活美

风俗是一种积淀，是人物生活的一个背景。《鉴赏家》中的人物生活在这样的风俗中，他们也就烙上了鲜明的地方色彩。虽然小城人的生活不能称为富有，但他们按照自己的生存方式，生活得自在有味。比如叶三，他卖果子的"三不"方式，他"风里雨里，水路旱路"行走四乡，他与园主"熟得像是亲家一样"，无不透露出他生活中的自由与惬意。他能从紫藤的乱花中看出风，他能懂得一只小老鼠的顽皮，无不显示出他对生活的热爱。唯有生活的美，才让人倍加关注生活的细小之处。即使是在他五十岁以后，只为季匋民一个人卖果子时，他也乐此不疲。又如叶三的两个儿子，"都是学布店的"，老大是"店里的头一把算盘"，老二的量布、撕布成了"布店的招牌"，他们各自顺着自己的特长发展，成人、成家。

还有画家季匋民，他不愿与那些假名士高谈阔论，便很少应酬，即使是实在不得不去的亲戚宴请，"也是到一到，喝半盏茶就道别"；他画画时，习惯于"画两笔，凑着壶嘴喝一大口，左手拈一片水果，右手执笔接着画"，率性而为，颇有晋代士人的风采。小说中有一个情节，写叶三给季匋民送来一大把莲蓬，季匋民很高兴，便画了一幅墨荷，还有好些莲蓬。画完之后他兴致勃勃地问叶三，画得怎么样。叶三却说画得不对，看上去是白莲花，可画的莲蓬却很大，莲子饱满，墨色也深，这又是红莲花的莲子。季匋民听后连忙又展开"一张八尺生宣"，画了一幅红莲花，还题了一首诗："红花莲子白花藕，果贩叶三是我师。惭愧画家少见识，为君破例著胭脂。"没有伪饰没有谄媚，更没有心机和盘算，一切出自肺腑，自自然然。

小说中的人物活得真诚而又实在，而这样的真实闪耀出的是"美"的光彩。

三、人情美

风土连着人情，生活显出人情。淳朴的风俗与自然的生活也就弥散出浓浓的人情味儿，这样的人情味儿，让人感受到一种别样的温暖。

比如，"叶三卖果子从不说价。买果子的人家也总不会亏待他"，尽管叶三卖的果子"得四时之先"，个个"都很大，都均匀，很香，很甜，很好看"，但他"从不说价"，写尽了他为人的厚道；而买家的"总不会亏待他"，则是对叶三的绝对信任。卖与买的背后，是沉沉的真和善。

再如，叶三五十岁了，他的两个儿子便商量着养他，不让他再走宅门卖果子。叶三"生气了"："嫌我给你们丢人？两位大布店的'先生'有一个卖果子的老爹，不好看？"叶三非但没有领儿子的这份好意，还恶语相向，可儿子却毫不介意，"连忙解释"："不是的，你老人家岁数大了，老在外面跑，……做儿子的心里不安。"最终儿子"依了"叶三，为父亲裱了季匋民送他的画，还按照当地的风俗，"讨个吉利：添福添寿"，为父亲打了一口寿材。父与子之间的冲突从起因到结果，传达出的都是厚重而温暖的亲情。后来叶三死了，儿子遵照他的遗嘱，将季匋民的画装在父亲的棺材里一起埋了。儿子并没有因为季匋民的画价格飙升而动一丝其他的念头，他们只是恪守着做儿子的准则行事。父亲生前视画如命，死后让那画与之相伴，唯有如此才能告慰父亲的在天之灵。儿子对父亲的情感显示出来的大美可捧可掬。

还有，叶三知道季匋民画画离不开水果，就将"最好的水果""首先给季匋民送去"；叶三知道季匋民最佩服李复堂，便用"苏州片"与人换了四开的李复堂的册页，给季匋民送去。而季匋民知道叶三喜欢自己的画，便破了自己"从不当众作画"的规约，特许叶三在他旁边看着；季匋民知道叶三生活不易，便"送了叶三很多画"，有时还体己地不题上款，"你可以拿去卖钱，——有上款不好卖"。叶三自然不会卖季匋民的画，即使是在日本人重金诱惑面前，也是断然拒绝，他真正践行了生前对季匋民的诺言："一张也不卖！"叶三只是一个果贩，没有什么学识，但他对季匋民的画的挚爱，对友人本真的情，更让人感受到一种纯粹的美。

四、艺术美

风俗美、生活美、人情美构成了小说别样的韵味，这韵味散淡而极富有诗意，给人以一种艺术美的享受。这种艺术美一方面体现在小说特有的语言上。"除了语言，小说就不存在"，汪曾祺这一散文化小说的理念，在《鉴赏家》中也表现得淋漓尽致。比如写叶三家老二卖布："撕布不用剪子开口，两手的两个指头夹着，借一点巧劲，嗤——的一声，布就撕到头了。"人物的动作干净利落，表述的语言也极为精确，没有一丝的泥水，于平常中显出不平常。再如，写叶三卖果子之余还卖佛手、香橼，"人家买去，配架装盘，书斋清供，闻香观赏"。寥寥数语，趣味盎然。

另一方面还体现在小说意味深长的"留白"之处。美国著名作家海明威就小说的创作提出了冰川理论：冰山的八分之一露在水面，八分之七是在水下，作家所要做到的就是通过描写那可见的冰山的八分之一，来反映冰山的全部形貌和特质。汪曾祺也曾说："中国画讲究'留白'，'计白当黑'。小说也要'留白'，不能写得太满。"比如小说中描写季匋民的画风："他的画是大写意，但总是笔意俱到，收拾得很干净，而且笔致疏朗。""他画的荷叶不勾筋，荷梗不点刺。"恰到好处的"空白"不但勾勒出季匋民画的风格，还给读者留下许多回味的天地。再如小说的结尾："叶三死了。他的儿子遵照父亲的遗嘱，把季匋民的画和父亲一起装在棺材里，埋了。"平淡到了极点，也自然到了极点。埋了的是叶三和季匋民的画，留下的却是无尽的想象空间。

小说展示给读者的是一片纯美的天地，流连在这样的一片天地中，让人感知到一个个曾经的鲜活生命的存在，他们的存在充满着人性的美丽。也许这才是作者写《鉴赏家》的真正用意。

第四节 戏 剧

一、概述

（一）戏剧的基本知识

1. 概念。

戏剧是通过文学、音乐、舞蹈、绘画等艺术要素来塑造人物形象，揭示社会矛盾，反映社会生活，传递人物精神的综合艺术。文学上的戏剧则是指为戏剧表演所创作的脚本，即剧本。作为再现生活的叙事性文艺作品，戏剧是人类把握世界、认识社会、反映生活并对自己的生存状态进行文化反思的特殊形式，古今中外的戏剧作品因而具有十分复杂的文化内涵和非常丰富的思想艺术营养。

2. 分类。

可以根据不同标准分类，诸如：艺术形式和表现手法；剧情的繁简和结构；题材反映的时代；矛盾冲突的性质和表现手法；演出的方式等。

3. 特点。

戏剧文学是为戏剧演出服务的，它必然受到戏剧演出的制约，因而形成了自己独有的特点，主要表现在以下四个方面：①空间和时间要高度集中；②矛盾冲突要尖锐；③语言要表现人物性格；④具备舞台说明部分。

（二）戏剧解读的基本方法

1. 常规解读。

对于戏剧的常规解读，教师应围绕戏剧的文体特点，指导学生了解故事情节，品味戏剧语言，揭示戏剧冲突，分析人物形象，感悟戏剧意象。

（1）了解故事梗概，梳理线索结构，领会选文价值。

（2）戏剧冲突是戏剧文学鉴赏的核心。戏剧冲突主要有：人物之间的冲突、人物自身的冲突、人物与环境的冲突。

（3）深入品味戏剧语言的美。戏剧语言是构建剧本的基础，是戏剧文学的灵魂，它包括人物语言和舞台说明。分析人物语言应该从个性化、动作化和潜台词三方面入手，甚至还应关注舞台提示性话语。中国古典戏曲的语言特点主要有三：宾白、曲词、曲白相生。

（4）典型人物的塑造。注意分析人物的性格、语言、心理。

（5）分析戏剧意象、把握戏剧主题。

2. 探究性解读。

探究性解读是指学生在教师的指导下，以研究探索的方式来自主阅读、获取和探究，要求学生用研究的方法去阅读戏剧文本，去收集、分析和处理与课文有关的信息和生活信息，在发展自己个性的同时，提高阅读能力和戏剧鉴赏水平。

二、学段要求

（一）中级学段（7~9 年级）

能够区分写实作品与虚构作品，了解戏剧等文学样式。

欣赏文学作品，有自己的情感体验，初步领悟作品的内涵，从中获得对自然、社会、人生的有益启示。对作品中感人的情境和形象，能说出自己的体验；品味作品中富于表现力的语言。

初中人教版义务教育课程标准实验教科书《语文》教材共有 5 篇戏剧选文。

（二）高级学段（高一至高三年级）

学习鉴赏中外文学作品，具有积极的鉴赏态度。

注重审美体验，陶冶性情，涵养心灵。能感受形象，品味语言，领悟作品的丰富内涵，体会其艺术表现力，有自己的情感体验和思考。努力探索作品中蕴含的民族心理和时代精神，了解人类丰富的社会生活和情感世界。

在阅读鉴赏中，了解戏剧等文学体裁的基本特征及主要表现手法。了解作品所涉及的背景材料，用于分析和理解作品。

学习中国古代优秀作品，体会其中蕴含的中华民族精神，为形成一定的传统文化底蕴奠定基础。学习从历史发展的角度理解古代文学的内容价值，从中汲取民族智慧；用现代观念审视作品，评价其积极意义与历史局限。

培养阅读古今中外各类戏剧作品（包括影视剧本）的兴趣，从优秀的戏剧作品中吸取思想、感情和艺术的营养，丰富、深化对历史、社会和人生的认识，提高文学修养。

形成良好的文化心态，学会尊重、理解作品所体现的不同时代、不同民族、不同流派风格的文化，理解作品所表现出来的价值判断和审美取向，作出恰当的评价。

学习鉴赏戏剧的基本方法，初步把握中外戏剧各自的艺术特性。注意从不同的角度和层面解读戏剧作品，提高阅读能力和鉴赏水平。学写戏剧评论，力求表达出自己的独特感受和新颖见解。

表演剧本的精彩片段，品味语言，深入领会作品内涵，体验人物的命运遭遇和内心世界，把握人物的性格特征。

尝试对感兴趣的古今中外戏剧进行比较研究或专题研究。

留心观察社会生活，丰富人生体验，有意识地积累创作素材，尝试创作剧本，相互交流。

人教版普通高中课程标准实验教科书《语文》（必修）（经全国中小学教材审定委员会 2004 年初审通过）共有 3 篇选文，在高中语文选修系列《中外戏剧名作欣赏》中，还有 9 篇文章的介绍与赏析。

应重视作品阅读欣赏的实践活动，不必系统讲授鉴赏理论和文学史知识；提供必需的作家作品资料，引导学生自行从书刊、互联网搜集有关资料，或采用多媒体教学辅助手段，丰富对作品的理解；组织剧本阅读欣赏的报告会、讨论会，交流阅读欣赏的心得。鼓励学生组织文学社团，创办文学刊物，积极向校内外报刊投稿；通过观摩戏剧演出，尝试戏剧表演，加深对戏剧作品的体验。

三、典型案例

有效对话型模："深度汇谈"模式的教学实录
——以《雷雨》为例①
苑青松

"深度汇谈"是由美国物理学家鲍姆提出、由美国麻省理工史隆管理学院的彼得·圣吉博士完善发展的一种对话理论。"它是指通过对话探讨某项议题时，旨在探寻和反思自己和他人的思维模式，使个人思维达到共通共融的同时，汇集成一种强大的集体思维，进而体现主动创造的、过程本质的对话方式。"②"深度汇谈的机制由议题呈现、摊出假设、经验浮现、超越自我四个部分组成，它们按照自身特定的逻辑规律次第展开。"③ 这里以《雷雨》的教学片段为例来展示"深度汇谈"的课堂应用。

周朴园是《雷雨》中的主要人物，也是一个复合型的人物，能否通过剧情了解周朴园，再通过周朴园引发对人性的思考与探索，是本文的重点也是难点，下面运用深度汇谈的模式来展开对问题的探询。为了展示对该理论的应用，本实录以辅导者与三名学生为一个团体来具体实施。

第一板块：深度汇谈——议题显现。

教师（辅导者）：周朴园和鲁侍萍是《雷雨》矛盾的积聚者，二人的感情纠葛造就了暴风雨，二人的矛盾冲突使剧情达到了高潮。认真分析二人感情的具体情况就成为解开矛盾的关键，大家已预习了剧本，那么，二人感情的具体情况是怎样的呢？

---

① 苑青松：《有效对话型模："深度汇谈"模式的教学实录——以〈雷雨〉为例》，《中学语文》（上旬刊）2013 年第 2 期，第 48~50 页。

② 苑青松：《"深度汇谈"对话模式的理论机制及课堂策略构建》，《教育学术月刊》2011 年第 2 期，第 104~106 页。

③ ［美］彼得·圣吉著，郭进隆译：《第五项修炼》，上海：上海三联书店 1997 年版，第 270 页。

生1：周鲁二人的感情开始是好的，后来恶化了。

生2：周对鲁的感情从根本上就是恶的。

生3：周对鲁的感情有好的一面，也有恶的一面。

汇集智慧1——讨论。

教师（辅导者）：大家经过对周朴园与鲁侍萍感情的探索，出现了以上三种看法，我们能否汇成一个问题，这更有利于我们有针对性地探讨。

生1：周朴园与鲁侍萍的感情问题。

生2：周朴园与鲁侍萍感情好坏的问题。

生3：周朴园与鲁侍萍感情真假的问题。

生2：生1的概括太笼统，又太平常，不能显示矛盾的特殊性，也没有探讨的挑战性。

生3：我同意生2的看法，如果二者只是普通的感情问题，那么，该剧也不可能成为经典。

生3：生2的概括注意到了感情问题的具体内容，但不准确。因为他只注意到了二人感情的前后两端变化，而没有进一步思考变化的原因与责任在谁。我认为概括成感情真假的问题，才能揭示周朴园的性格特征。

汇集智慧2——认真倾听。

生1听到的：生2的"好坏"，生3的"真假"。

对己的评述：不具体。

对生3的评述：观点能揭示性格。但生2与生3的观点仍须修正，因为"好坏""真假"不是鲁侍萍所决定的。（须进一步思考的疑问点）

生2听到的：生1的"感情"，生3的"真假"。

对己的评述：不深入。

对生3的评述：观点能揭示性格。

汇集智慧3——悬挂假设。

生1的观点：周朴园与鲁侍萍的感情问题。

假设的得来：自己在阅读中遇到很多以男女感情为线索展开的故事。所以遇到《雷雨》中提到周鲁二人的关系时，就认为是感情问题。

悬挂假设：观点的得来是由阅读其他作品形成思维定式的结果，并不是从剧本的台词中研读而来的。

生2的观点：周朴园与鲁侍萍感情好坏的问题。

假设的得来：阅读定式与剧本台词相结合的产物，是从二人的感情在整个剧中的表现得出的，所以认为是感情好坏的问题。

悬挂假设：这一假设的得来有一定阅读定式的干扰，不充分。

汇集智慧4——左手栏。

生1：

我所想的	我所说的
很多作品谈的都是男女感情问题	周朴园与鲁侍萍的感情问题
没必要说得那样具体	感情问题囊括了所有的可能
你们的说法不一定有我的全面	我再考虑一下你们的观点
周鲁二人感情的好坏与真假决定权不在鲁侍萍	周鲁二人的感情是好坏、真假中的"是"应改为周"对"鲁的感情

生2：

我所想的	我所说的
剧本的前半部分暗示周鲁感情的好，后半部分反映了周鲁感情的坏	周朴园与鲁侍萍感情好坏的问题
不具体不深入，生1的观点太肤浅	具体一点对理解应该是好的
我认为我是在经验与研读台词的基础上得出的	我再考虑一下我的观点

生3：

我所想的	我所说的
前面两种说法，一个笼统一个无效	周朴园与鲁侍萍感情真假的问题
只有找到人物冲突的主要矛盾才能揭示人物性格	二人感情的真假是理解剧本矛盾的关键
你们的观点都有片面性，没有好好研读台词	你们再试着读读台词，看是不是这样

　　教师（辅导者）：从大家的左手栏可以看出，我们所想的与所说的存在着明显的不一致，所说是所想的反映，所想更明显地表现出自己的主观意识。

　　智慧汇集——议题显现。

　　教师（辅导者）：我们运用讨论、认真倾听、悬挂假设、左手栏等汇集智慧手段，促使智慧汇集并排除了主观干扰，使所汇谈之议题得以准确地显现——周朴园对鲁侍萍的感情是真还是假？这既是上一阶段大家思维的暂时性终点，又是进一步分析问题的汇谈之起点。

　　第二板块：深度汇谈——议题分析。

　　学生：咱们该分析"周朴园对鲁侍萍的感情是真还是假"的问题了吧！

　　教师（辅导者）：对！我们继续运用深度汇谈的有关策略来探讨这一问题。

　　汇集智慧1——讨论。

生1：我认为周朴园对鲁侍萍的感情是真的。以下的台词是我的理由：

"（看她不走）你不知道这间房子底下人不准随便进来么？""嗯，——我们想把她的坟墓修一修。""你看这些家具都是你从前顶喜欢的东西，多少年我总是留着，为着纪念你。""你的生日——四月十八——每年我总记得。一切都照着你是正式嫁过周家的人看，甚至于你因为生萍儿，受了病，总要关窗户，这些习惯我都保留着，为的是不忘你，弥补我的罪过。"

生2：我认为周朴园对鲁侍萍的感情是假的。以下的台词是我的理由：

"（忽然严厉地）你来干什么？""谁指使你来的？""（冷冷的）三十年的工夫你还是找到这儿来了！""（忽然）好！痛痛快快的！你现在要多少钱吧！""好得很，那么一切路费，用费，都归我负担。""那么，我们就这样解决了。我叫他下来，你看一看他，以后鲁家的人永远不许再到周家来。"

生3：我认为周朴园对鲁侍萍的感情有真也有假。理由：

三十多年了周朴园还保留着关窗子的习惯、还清楚地记得鲁侍萍的生日、三十年来搬了几次家但有一间屋子里面的家具仍然按原样摆放等，这是不可能装出来的，它显示了周朴园对鲁侍萍的感情真的一面；周朴园弄清鲁侍萍的身份后所表现出来的冷漠、无情、恐惧、恶毒等情感，分明显示出他对她的感情是假的。从台词上看，周朴园表现出了两面性，所以我认为周朴园对鲁侍萍的感情有真也有假。

汇集智慧2——认真倾听。

生1听到的：生2的观点"假"以及所选取的表现"假"的台词。生3的既有"真"也有"假"的观点，是一种折中也可能是一种具体分析。

生2听到的：生1的观点"真"以及所选取的表现"真"的台词（但我个人认为生1只注意了"真"及表达"真"的台词）。生3的观点是一种折中主义，既有"真"，也有"假"，二者要具体分析。

生3听到的：生1的观点"真"以及所选取的表现"真"的台词。尤其是"三十年来周朴园保持着鲁侍萍的生活习惯"很值得关注。生2的观点"假"以及所选取的表现"假"的台词，都充分暴露了周朴园"假"的本性。

汇集智慧3——悬挂假设。

生1的观点："真"。

假设："真"的由来是"三十年来周朴园保持着鲁侍萍的生活习惯"，这是根本装不出来的，要装只能装一时不可能装几十年。

生2的观点："假"。

假设：从大量的台词上可以得到证明，关于"真"的台词，是为了反衬和强调周朴园的"假"。

生3的观点：有"真"也有"假"。

假设：台词中既有反映"真"的，也有反映"假"的，所以周朴园对鲁侍萍的感情有"真"也有"假"。

悬挂假设：

生1：我只着力于"三十年来周朴园保持着鲁侍萍的生活习惯"这一点上，这一点是否能充分说明"真"？

生2：从周朴园弄清鲁侍萍的身份后的表现看是"假"的，但这能说明是感情上的"假"吗？是否有其他的原因？

生3：我的观点是建立在有表现"真""假"两方面的台词的基础上的，但是什么样的台词并没有认真分析，为什么一会儿"真"一会儿"假"，也没有具体分析。

汇集智慧4——左手栏。

生1：

我所想的	我所说的
铁证——三十年不变的习惯，能装出来吗？太明显了	应该是"真"的。至少有部分是"真"的
资本家也有好的，不要一概而论。资本家也是人	我们还是应再分析分析
周朴园霸道的口气，是掺杂了利益、身份方面的东西	是"真"是"假"恐怕还要具体分析

生2：

我所想的	我所说的
很明显，一个资本家不可能真正喜欢一个佣人	应该是"假"的
台词中是有"真"的成分，但那是为了衬托"假"	只是作者的技巧而已
二人互相认出后，从周的口气看没有一点"真"的成分	我想应该是"假"的

生3：

我所想的	我所说的
台词很明显，能单纯说是"真"还是"假"吗	二人的感情有"真"有"假"
哪些台词是表现"真"的或表现"假"的，你们并没有认真分析	"真""假"应具体分析
人是很复杂的，你们把人简单化了	人恐怕不是"真"或"假"那么简单

教师（辅导者）：通过左手栏，我们可以看出各自意见的不同以及思考分歧的原因，这为以后议题的解决提供了正确的方向。

智慧汇集——议题解决。

教师（辅导者）：现在，大家都感觉到我们的思考方向基本一致，各自的障碍及片面也基本得以清除，我和大家一样认为到了解决问题的时候了。

生1、生2、生3：事实是周朴园对鲁侍萍的感情有真也有假，问题是哪些是真的，哪些是假的？为什么这方面是真的，而那方面是假的？

生1：对，感情真假应具体分析，两人年轻的时候可能是真的，从周三十年习惯的保持及以后的感情史可以看出这一点。

生2：假的，也是客观存在的，仍须具体分析。当周朴园的利益、身份及在子女中的名望受到威胁时，就显示了人性恶的一面。

生3：我赞成大家的看法，人是复杂的也是简单的，一个人有时善有时恶，是一个矛盾的统一体，所以，我们只有对问题具体分析才能较为准确地把握人，人是人类永恒的话题。

第三板块：深度汇谈——议题反照。

教师（辅导者）：问题看似解决了，但我感觉大家仍显得意犹未尽，我们是不是反过来对照一下，我们在解决问题的过程中，我们的心智在哪些地方对我们形成了阻碍？

生1：我认为我之所以出现片面，主要是我心里先存在一个东西，它左右了我的判断。所以，认真倾听很重要，它能使你怀疑你自己的东西。

生2：我同意生1的看法，我也存在类似的问题，以后看问题要尽量全面一些，要想做到全面：一要认真倾听，二要对文本作整体把握。

生3：对！我们看问题要尽量全面些。我认为重要的是大家思考的方向要正确，当然，自己的见解也不要轻易丢掉。更重要的是我们要敢于打破某些固有的东西。

教师（辅导者）：本节课大家的收获非常大，基本上理解了深度汇谈的要义，以后我们运用起来会越来越得心应手。

（说明：在第一板块的操作中，因为议题的显现较为简单，所以着力点放在大家思维的统一上；在第二板块的操作中，着重放在问题的解决上；第三板块着重对照人在解决问题时的心智病理诊断）

【思考与练习】

1. 解读诗歌有哪些常见的方法？
2. 诗歌的多元化解读有哪些切入点？
3. 诗歌的阅读与欣赏有哪些路径？

4. 现代诗歌教学应把握哪"三意"？试举例说明。

5. 你认为散文应从哪些方面进行解读？

6. 小说的常规解读与多元解读有何不同？试作简要对比分析。

7. 你认为小说的阅读应遵循哪些路径？

8. 戏剧解读的基本方法有哪些？

9. 任选一学段诗歌、散文、小说、戏剧文本，仿照本章典型案例撰写教学设计。

第四章　口语交际与写作体式教学

　　语文课程兼具工具性和人文性，是工具性和人文性的统一。全面提高学生的语文素养是语文学科的一个基本理念，语文素养包括了写作和口语交际能力，写作和口语交际都是交流表达的方式，前者是书面语言的表达，后者是口头语言的表达。

　　在一定的语言环境中，为了完成特定的交际任务，用口头语言表达观点、情感，并与他人交流信息、沟通思想情感的过程就是口语交际。口语交际与以往的听说教学最大的差别在于：听说教学培养的是学生单项的、独立的、静态的"听""说"能力；而口语交际教学侧重的则是培养学生在真实交际环境中的倾听、表达、应对能力以及文明得体的态度。口语交际是交际主体互动的动态过程。认真倾听是前提，清楚表达是基础，机敏应对是核心，文明得体是关键。研究语文教科书中的口语交际教材，首先要挖掘教材所负载的和潜在的课程内容，解决"教什么"的问题；其次要研究教材本身所提供的材料，以充分利用和开发课程资源，解决"用什么教"的问题；最后要研究怎样使用教材，即"怎样教学"，以选择恰当的教学策略，促使学生把静态的口语交际知识运用到真实的交际环境中，充分注意口语交际动态技能的形成和能力的培养。

　　写作是一项以书面形式表达自己思想情感的语言表达活动。它是生活交际的重要手段，也是语文教学的重要组成部分。写作能力是一种综合能力，它是学生的语文能力、思维能力、生活体验、知识积累与文化修养以及写作习惯的综合体现。写作能力的形成需要长期培养、综合训练。但学校的写作教学因受时间、应试观念以及写作教材等因素的影响，教学效果不彰，学生写作能力难以有效形成与发展。为此，加强对写作教材的研究，努力把写作知识、技能与学生的写作实践密切地联系起来，使写作教学更贴近学生的生活实际，为学生自主写作创设更广阔的空间，提高写作教学的质量，是十分必要和迫切的。

第一节 口语交际与写话教学（第一学段：1~2年级）

一、口语交际教学目标

1. 学说普通话，逐步养成讲普通话的习惯。
2. 能认真听别人讲话，努力了解讲话的主要内容。
3. 听故事、看音像作品，能复述大意和自己感兴趣的情节。
4. 能较完整地讲述小故事，能简要讲述自己感兴趣的见闻。
5. 与别人交谈，态度自然大方、有礼貌。
6. 有表达的自信心。积极参加讨论，敢于发表自己的意见。

二、写话教学目标

1. 对写话有兴趣，留心周围事物，写自己想说的话，写想象中的事物。
2. 在写话中乐于运用阅读和生活中学到的词语。
3. 根据表达的需要，学习使用逗号、句号、问号、感叹号。

第二节 口语交际与习作教学（第二至三学段：3~6年级）

一、口语交际教学目标

（一）第二学段（3~4年级）

1. 能用普通话交谈。学会认真倾听，能就不理解的地方向人请教，就不同的意见与人商讨。
2. 听人说话能把握主要内容，并能简要转述。
3. 能清楚明白地讲述见闻，说出自己的感受和想法。讲述故事力求具体生动。

（二）第三学段（5~6年级）

1. 与人交流能尊重和理解对方。
2. 乐于参与讨论，敢于发表自己的意见。
3. 听人说话认真、耐心，能抓住要点，并能简要转述。
4. 表达有条理，语气、语调适当。
5. 能根据对象和场合，稍作准备，作简单的发言。
6. 注意语言美，抵制不文明的语言。

二、习作教学目标

（一）第二学段（3~4年级）

1. 乐于书面表达，增强习作的自信心。愿意与他人分享习作的快乐。
2. 观察周围世界，能不拘形式地写下自己的见闻、感受和想象，注意把自己觉得新奇有趣或印象最深、最受感动的内容写清楚。
3. 能用简短的书信、便条进行交流。
4. 尝试在习作中运用自己平时积累的语言材料，特别是有新鲜感的词句。
5. 学习修改习作中有明显错误的词句。根据表达的需要，正确使用冒号、引号等标点符号。
6. 课内习作每学年16次左右。

（二）第三学段（5~6年级）

1. 懂得写作是为了自我表达和与人交流。
2. 养成留心观察周围事物的习惯，有意识地丰富自己的见闻，珍视个人的独特感受，积累习作素材。
3. 能写简单的纪实作文和想象作文，内容具体，感情真实。能根据内容表达的需要，分段表述。学写读书笔记，学写常见应用文。
4. 修改自己的习作，并主动与他人交换修改，做到语句通顺，行款正确，书写规范、整洁。根据表达需要，正确使用常用的标点符号。
5. 习作要有一定速度。课内习作每学年16次左右。

第三节　口语交际与写作教学（第四学段：7~9年级）

一、口语交际教学

口语交际教学注重的是培养学生在真实交际环境中的倾听、表达、应对能力以及文明得体的态度。口语交际是交际主体互动的动态过程。

1. 注意对象和场合，学习文明得体地交流。
2. 耐心专注地倾听，能根据对方的话语、表情、手势等，理解对方的观点和意图。
3. 自信、负责地表达自己的观点，做到清楚、连贯、不偏离话题。
4. 注意表情和语气，根据需要调整自己的表达内容和方式，不断提高应对能力，增强感染力和说服力。
5. 讲述见闻，内容具体、语言生动。复述转述，完整准确、突出要点。能就适当的话题作即席讲话和有准备的主题演讲，有自己的观点，有一定说服力。
6. 讨论问题，能积极发表自己的看法，有中心、有根据、有条理。能听出讨论的焦点，并能有针对性地发表意见。

二、写作教学

（一）写作内容

人教版教材写作系统有三个特点。其一，人教版的这套初中教材最鲜明的特点是将写作与口语交际、综合性学习整合在一起。这样编排，既体现了语文学习的综合性和整体性，又符合写作先要展开活动，激发学生的写作热情，积累好写作材料，然后才能顺畅写作的特点。而这种写作模式也就是李白坚所谓的"前作文教学法"，与杜威的"做中学"活动课程同出一脉。也就是说，这种编排能让学生在一次次的综合性实践活动中讨论调查与研究的结果，激发出情绪、情感，碰撞出思维的火花，并在此基础上写出文章。

其二，以话题为核心训练点。36 次作文，36 个话题，展现了"语文即生活的外延"这一思想。古人云："世事洞明皆学问，人情练达即文章。"只有对生活进行观察、挖掘、理解和体验，才会得到学问，才能写成文章。写作关键在于成为生活的有心人，在看似平淡的生活中发掘出情趣和意义，在看似单调的生活中体验出波澜与启示。人教版从学生的现实需求出发，用学生感兴趣的活动来开

137

展作文训练，写作的内容不限于学校、课堂，把大自然和社会列入其中，尊重了学生的亲身实践、主动参与、主动体验、主动探究。

其三，兼顾文体训练。七年级基本上都是记叙文的训练，以写人、叙事、绘景、抒情为主，比如"成长的烦恼"这一单元，去采访妈妈、爸爸、老师、朋友等人少年时期所遇到的烦恼，怎么对待那些烦恼，如何评价当年的那些烦恼等，然后就这个问题与他们进行交流写成一篇作文。八年级就引入了说明文训练，比如"说不尽的桥"这一单元，让同学们去了解、搜集"步石桥"、独木桥、钢筋混凝土桥等修建情况资料，写一篇 500 字左右的介绍性文章。"莲文化的魅力"这一单元，要求以"莲"为话题写一篇说明性的文章，说明莲的历史、品种、用途等。九年级就开始往议论文训练方向靠拢，"金钱，共同面对的话题"这一单元，要求学生写调查报告，分析消费状况所潜伏的深层原因，以及对待金钱应该持有怎样的态度，学生们通过发表议论、感慨提升写作思辨能力。可见，人教版的写作训练不仅关注写作主体，而且还从学生实际出发，注重写作文体训练的先后顺序。

（二）写作教学核心任务分析

在 7~9 年级语文写作教学中，教师应引导学生完成以下任务：

1. 写作时考虑不同的目的和对象。

2. 写作要感情真挚，力求表达自己对自然、社会、人生的独特感受和真切体验。

3. 学会观察生活，发现生活的丰富多彩，捕捉事物的特征，力求有创意地表达。

4. 根据表达的中心，选择恰当的表达方式。

5. 能合理安排内容的先后和详略。

6. 能运用联想和想象，借助多种方法，丰富表达的内容。

7. 学会在写作过程中搜集素材、构思立意、列纲起草、修改加工。

具体目标为：

1. 写作要有真情实感，力求表达自己对自然、社会、人生的感受、体验和思考。

2. 多角度观察生活，发现生活的丰富多彩，能抓住事物的特征，有自己的感受和认识，表达力求有创意。

3. 注重写作过程中搜集素材、构思立意、列纲起草、修改加工等环节，提高独立写作的能力。

4. 写作时考虑不同的目的和对象。根据表达的需要，围绕表达中心，选择恰当的表达方式。合理安排内容的先后和详略，条理清楚地表达自己的意思。运用联想和想象，丰富表达的内容。正确使用常用的标点符号。

5. 写记叙性文章，表达意图明确，内容具体充实；写简单的说明性文章，做到明白清楚；写简单的议论性文章，做到观点明确，有理有据；根据生活需要，写常见应用文。

6. 能从文章中提取主要信息，进行缩写；能根据文章的基本内容和自己的合理想象，进行扩写；能变换文章的文体或表达方式等，进行改写。

7. 根据表达的需要，借助语感和语文常识，修改自己的作文，做到文从字顺。能与他人交流写作心得，互相评改作文，以分享感受，沟通见解。

8. 作文每学年一般不少于14次，其他练笔不少于1万字，45分钟能完成不少于500字的习作。

第四节　表达与交流教学（第五学段：高一至高三年级）

一、学段要求

结合《普通高中语文课程标准》中的"表达要求"的最后一条，人教社课标版高中语文（必修）在五本书中分别设置了五个专题，语文1是朗诵，语文2是演讲，语文3是讨论，语文4是辩论，语文5是访谈。前两者属于独白口语范畴，而后三者则为交际口语范畴。后三者培养的是交际过程中的临场应变能力。

1. 学会多角度地观察生活，丰富生活经历和情感体验，对自然、社会和人生有自己的感受和思考。

2. 能考虑不同的目的要求，以负责的态度陈述自己的看法，表达真情实感，培育科学理性精神。

3. 书面表达要观点明确，内容充实，感情真实健康；思路清晰连贯，能围绕中心选取材料，合理安排结构。在表达实践中发展形象思维和逻辑思维，发展创造性思维。

4. 力求有个性、有创意的表达，根据个人特长和兴趣自主写作。在生活和学习中多方面地积累素材，多想多写，做到有感而发。

5. 进一步提高记叙、说明、描写、议论、抒情等基本表达能力，并努力学习运用多种表达方式。能调动自己的语言积累，推敲、锤炼语言，表达力求准确、鲜明、生动。

6. 能独立修改自己的文章，结合所学语文知识，多写多改，养成切磋交流的习惯。乐于相互展示和评价写作成果。45分钟能写600字左右的文章。课外练笔不少于2万字。

7. 增强人际交往能力，在口语交际中树立自信，尊重他人，说话文明，仪态大方，善于倾听，敏捷应对。

8. 注意口语的特点，能根据不同的交际场合和交际目的，恰当地进行表达。借助语调、语气、表情和手势，增强口语交际的效果。

9. 学会演讲，做到观点鲜明，材料充分、生动，有说服力和感染力，力求有个性和风度。在讨论或辩论中积极主动地发言，恰当地应对和辩驳。朗诵文学作品，能准确把握作品内容，传达作品的思想内涵和感情倾向，具有一定的感染力。

二、注意事项

写作是运用语言文字进行书面表达和交流的重要方式，是认识世界、认识自我、进行创造性表述的过程。写作教学应着重培养学生的观察能力、想象能力和表达能力，重视发展学生的思维能力，发展创造性思维。鼓励学生自由地表达、有个性地表达、有创意地表达，尽可能减少对写作的束缚，为学生提供广阔的写作空间。

在写作教学中，教师应鼓励学生积极参与生活，体验人生，关注社会热点，激发写作欲望。引导学生表达真情实感，不说假话、空话、套话，避免为文造情。指导学生根据写作需要搜集素材，可以采用走访、考察、座谈、问卷等方式进行社会调查，通过图书、报刊、文件、网络、音像等途径获得有用信息。应鼓励学生将自己或同学的文章加以整理，按照要求进行加工，汇编成册，回顾和交流学习成果。还可采用现代信息技术演示自己的文稿，学习用计算机进行文稿编辑、版面设计，用电子邮件进行交流。

良好的口语交际能力是现代公民的重要素养。口语交际是在一定的语言情境中相互传递信息、分享信息的过程，是人与人之间交流和沟通的基本手段。口语交际教学应注重培养人际交往的文明态度和语言修养，如有自信心、有独立见解、相互尊重和理解、谈吐文雅等。应重视指导学生在各种交际实践中提高口语交际能力，选择他们感兴趣的、贴近生活的交际话题，采用灵活的形式组织口语交际教学，而不是单纯传授口语交际知识。还应鼓励学生在各科教学活动以及日常生活中锻炼口语交际能力。

第五节　典型案例

案例一：

从写作的角度来教

——《荷塘月色》教学设计①

蒋芸云

【设计说明】

授课时间为两课时。第一课时主要内容是指导阅读，包括了解作者与写作背景，回顾与课文相似的情感，在阅读原文的基础上，确定课文学习目标，并引导学生尝试口头描绘。第二课时主要内容是从写作的角度来阅读理解，思考与讨论六道根据教学目标设置的问题，达到既掌握课文的内容与特点，又学习写作方法之目的。最后的"写作实战"，则属于课外作业，其讲评可利用每周一节的作文课完成。

【第一课时】

一、阅读准备

（一）课前"热身"

1. 如果你曾有过登临山巅、听潮海岸、驻足月光下、漫步细雨中的经历，你就会知道享受自然美景是多么让人惬意。试着把你某次亲身体验自然魅力的感觉告诉你的同桌。

2. 我们总想在生活中不受束缚得到更多的自由，有时候，受到生活琐事与思想感情的束缚可能和受到监狱束缚没什么两样。试想一下你身心自由（如放假没作业）时的感受与平时有何不同，是不是摆脱了烦累，身心解放了，平淡的一切也就显得有些诗意了？

（设计思路：此环节在本节课的最初 5 分钟完成，要求学生根据问题重温感受，并让一两位学生口头表述自己的体验，目的是让学生联系自己的经历，带着一定的"感觉"进入阅读。现实中总有教师感叹：作品内容离学生生活太远。而实际上，经典作品所反映的思想与情感，多为人性的本质，从古至今都是相通的。问题的关键就在于我们如何调动学生类似的经历与感受，拉近作品与生活的距离）

---

① 蒋芸云：《从写作的角度来教——〈荷塘月色〉教学设计》，《语文建设》2012 年第 3 期，第 14 ~ 17 页。

（二）"还原"作者

介绍作为现代著名散文家、诗人和学者的朱自清。（略）此外，告诉学生朱自清也和我们一样是个普通人，在现实生活中承担着作为儿子、丈夫、父亲（有五个孩子）、教师的责任。北大毕业后，他到杭州一师教书，工薪的一半寄往家里。从《背影》中可知，当时朱自清的家境已非常惨淡。由于贫困与庶母的原因，他与父亲失和。1922 年，朱自清带妻儿回扬州，打算与父亲和解，结果不仅没有解决矛盾，反而加深了精神上的痛苦。此后，父子的关系一直没有缓和。所以，朱自清在荷塘漫步感受到的自由，也可能是暂时摆脱了生活中的烦累与负担所获得的精神自由。对此，研究者们还有不少的说法，有兴趣大家可以去查阅资料。

（设计思路：此处侧重于把作者"还原"为生活中有血有肉、有个性特点的人）

二、明确学习重点，阅读课文并尝试口头写作

（一）聚焦文本的写作特点

当朱自清写道"微风过处，送来缕缕清香，仿佛远处高楼上渺茫的歌声似的"的时候，他就是通过嗅觉来生动地描绘那一时刻荷香的特点：清新、幽微、若有若无、时断时续。作者通过描绘，使读者看到一幅富有动感的画面，让读者有身临其境之感。描绘，即调动你的眼耳鼻舌口等感官，捕捉视觉、听觉、嗅觉、味觉以及身体的感受（包括联想与想象），并对我们所感知到的事物进行描写。

（设计思路：此环节在于让学生明确本文学习的重点为描绘，并且让学生了解描绘的特点。然后要求学生从"读者如何描绘"的角度来阅读全文，阅读时要求将精彩的语句勾画出来，并看看它们是通过哪种感觉来进行描绘的。"教材无非是个例子"，对于教材的处理可以有多种方式，但尽可能不要为讲课文而讲课文。我在这里的定位是，利用文本的写作特点，让学生在理解文章内容的同时，学习并掌握如何描绘）

（二）练习口头描绘

请学生就学校的某处园林，进行口头描绘，要求用有感染力的语言表现出看到、听到、摸到、闻到和联想到的。在学习全文并掌握了描绘的方法之后，再让大家用文字记录下来。

（设计思路：此环节的目的一方面在于让学生初步借鉴作品中描绘的方法，并进一步理解作品；另一方面又在于创设"不愤不启，不悱不发"的教学情境。大多数学生会在此环节表达受阻，这就激发了学生的学习兴趣，刺激了他们的学

习需要，即在表达时，通过主动阅读来寻求参照，从而为下一节课的精读细读作准备）

【第二课时】

一、阅读理解

1. 有诗人说"我是我看到的一切的统治者，我在那里的权利无人可以质疑"，这句话正讲出了我们平时的体验：当我们心情抑郁时，所见的景物往往是灰暗的；而心情愉快时，眼中的一切都是亮丽的。所以说，作者描写时往往把所写之景染上自己的感情色彩。请从课文前三段，找出作者描写时的心境，看看他是以怎样的感情色彩来描写荷塘月色的。（请在文中找到依据）

明确："这几天心里颇不宁静"→"今晚却很好"→"什么都可以想，什么都可以不想，便觉是个自由的人"→作者暂时摆脱了生活的负累与束缚，有着什么都可以不理的自由，享受独处的妙处，以宁静的心情来欣赏这荷塘与月色。

（设计思路：让学生意识到"我的景物我做主"→所写的景物往往是作者内心世界的一种投射→浸透着作者的主观寄托）

2. 在那个满月的晚上，在清华园的荷塘边，朱自清欣赏到了哪些美景？请分别概括第四段到第六段描写的主要对象。

明确：第四段主要写荷塘的里（上）面。第五段主要写荷塘的月色。第六段主要写月光下荷塘周围的树。

（设计思路：我们知道，在这样写景抒情的散文里，每一个段落之所以成为段落，原则上是因为这个段落的句子都是围绕着某一个方面来写的。所以这一问题，既帮助学生从总体上把握文章的意思，又训练了其概括能力，同时也为下一个问题作准备）

3. 以第四段为例，看看朱自清是如何把自己所享受到的一切告诉我们的。请你在阅读第四段时，使用如下所示的图表记录每种感觉的内容。

视觉（静态）	视觉（动态）	嗅觉
①	②	③

明确：

①曲曲折折的荷塘上面，弥望的是田田的叶子。叶子出水很高，像亭亭的舞女的裙。层层的叶子中间，零星地点缀着些白花，有袅娜地开着的，有羞涩地打着朵儿的；正如一粒粒的明珠，又如碧天里的星星，又如刚出浴的美人。

②这时候叶子与花也有一丝的颤动，像闪电般，霎时传过荷塘的那边去了。叶子本是肩并肩密密地挨着，这便宛然有了一道凝碧的波痕。

③微风过处，送来缕缕清香，仿佛远处高楼上渺茫的歌声似的。

（设计思路：这一环节主要是希望学生关注文中描绘的细节及这些细节的来源，感受所描绘的景物都是由具体的细节组成的，而这些又是通过调动身体的器官捕捉到的。这就比"平时要多注意观察"之类空泛的要求有效，同时，又让学生掌握到了文章的具体内容）

4. 那么，这些细节又是如何连缀起来的呢？换种说法，即朱自清又是怎样把自己丰富的感受构成画面，让读者也一同分享的呢？再以写"荷塘的里（上）面"的第四段为例，请在本段找出作者描绘景物时用来连接不同细节的过渡性词句。

明确："曲曲折折的荷塘上面"……"层层的叶子中间"……"微风过处"（转静为动）……"这时候"……"叶子底下"。通过这些过渡性词句，本段先后写了荷叶、荷花、荷香、动态的叶子和花、流水。

（设计思路：学生进行描绘时会遇到两个问题：一是难以有内容，这已利用上一环节来学习；二是忽视对内容的有序组织，本环节主要帮助学生解决后一问题。连缀的方式有多种，第四段主要让学生认识过渡词语的作用，提醒学生：平时行文，可以使用下面这些词语，它们会使你的读者保持方向感，如"挨着""在前面""在上方""在左边""在北方""在里面""附近""在……之间"等。

而在学习写"荷塘月色"的第五段细节间的连缀方式时，则先从分析句子的主语着手，得出写月色的前两个细节，使用的分别是正面与侧面描写；接下来的三个细节，由"天上"的满月到"隔了树照过来"的月光再到"塘中的月色"，是由高到低、自远而近来组织的。这里的连缀没有上一段的过渡性词句，它靠的是一种内在的逻辑与顺序。

通过第六段的分析，让学生了解连缀细节的另一种方式：由整体到局部，由普遍到特殊。普遍："荷塘周围""都是树"；特殊："只在小路一旁，漏着几段空隙"。普遍："树色一律是阴阴的"，像烟雾；特殊："杨柳的风姿""在烟雾里也辨得出"）

5. "忽然想起来采莲的事情来了"一段中的大部分内容以及第八段和第九段，在以前的高中课本中是被删除的，你对此是否赞同？为什么？

学生自己能做到的分析：①照应前文的自由："什么都可以想"。②对比：六朝时（老师要简介六朝在中国文化中繁华、社会风气开放等特点）热闹、风流的"嬉游"与作者现实生活中的精神压力形成对比，更显当晚自由的可贵。

（设计思路：在此，还可让学生意识到它的另一个作用——丰富作品的内涵——由对纯自然的描写过渡到写相关的文化。在写作上，拓展了现实的空间，让读者产生更多的联想，从而使读文章的感受更为丰富）

6. 至此，我们对作者感受与描写的细节、细节间的连缀方式以及文章的整体内容都有了了解。现在我们来探讨写作的另一个重要方面，即如何写出所写之物的特点，使描写的细节就像画在读者眼前一般。同学们不难看出，课文采用最多的方法就是比喻。请举几例说明，使用"用什么比喻什么，写出了它什么特点"之句式。

示例："零星地点缀着些白花……正如一粒粒的明珠，又如碧天里的星星，又如刚出浴的美人"，用明珠、星星和美人比喻零星的白花，写出了荷花的珍稀、鲜艳与美丽。

另外，让学生通过与比喻的比较，了解通感："微风过处，送来缕缕清香，仿佛远处高楼上渺茫的歌声似的。""塘中的月色并不均匀；但光与影有着和谐的旋律，如梵婀玲上奏着的名曲。"

（设计思路：在这里，让学生学习作者对于词语的准确选用，可采用不同的方法让学生来感知，如想象与联想、换词比较或词语的"缺失"——去掉需品味的词语）

二、写作实战

构思：想象你要描绘的自然景物（学校园林），记下用来描绘它的细节——形状、色彩、声音、气味、引发的联想等的词语。

写稿：先确定每一段所要描绘的主要内容，然后由此出发按逻辑关系或空间关系继续下去。注意描写时设法突出事物的特点。

修改：重读文章，看它是否准确地表现出了你要描绘的对象。注意用词的准确。添加或修改细节，使你的描绘更加清楚。同时找出一些地方，添加过渡性词语使空间关系更加容易被理解。

【教学反思】

以前教学《荷塘月色》，我总是注重让学生学习作者在文中所用的贴切的词语、比喻的修辞、排比的句法，体会文章所营造的宁静而富有诗意的意境。自这届高一开始，我尝试从写作的角度来理解分析文章，实施教学。我的教学思路是：从学习描绘入手理解文章内容，掌握描绘方法，再用写作实践来加深对描绘的认识。

为现代作文教学理论奠定基础的梁任公先生，在晚年时对"中学以上作文教学法"所作的总结里，认为"教人作文当以结构为主"，但"思想清不清"和"理法对不对"，都是内容问题，内容决定结构。基于此，我把教学的重点放在两点上：一是让学生关注描写的内容（具体细节），二是让学生了解内容的组织（细节的连缀方式）。其他则是为此"蓄势"或对此进行"拓展"。再一个问题就是如何使自己确定的教学目标让学生有兴趣参与和完成。这得在很多细节上下功夫，比如，为让学生体会到所写之景往往折射出人物的思想感情，我在设计写作日志时，就增加了"我们学校即将搬迁，希望大家用文字将学校的园林记录下来"这一要求，即考虑到让学生在描绘时浸透自己的情感。

案例二：

让学子的情思在美丽的诗行里飞翔

——指导学生创作现代诗一得①

庄庆娟

诗歌是一种用丰富新奇的想象和富有节奏、韵律的语言，高度概括地歌唱生活、抒发感情的文学体裁。引导学生进行诗歌创作，可以开启诗语，怡情懿德，锻炼学生的形象思维能力，有效地提高学生的写作水平。这里结合多年来指导中学生写诗的体会，谈一下自己的几点做法：

一、诵读品味，培养学生创作诗歌的兴趣

在诗歌教学中，我注重引导学生进行多种形式的诵读。通过诵读，让学生品出诗歌的意，悟出诗歌的情，读出诗歌的韵，并适当渗透诗歌基础知识和创作技巧。针对现行的语文课本中所选的现代诗数量较少的现状，我为学生精选了上百首现当代优秀诗歌，包括冰心的《致词》、徐志摩的《再别康桥》、戴望舒的《我用残损的手掌》、臧克家的《有的人》、舒婷的《祖国啊，我亲爱的祖国》、食指的《相信未来》、汪国真的《热爱生命》、叶浪的《我有一个强大的祖国》等。我利用每周两节早自习设立了"诗歌诵读课"，还利用周五的语文大阅读时间开辟了诗歌赏读大课堂，将教学与学生自主阅读有机结合，通过小组合作等形式让学生阅读和交流补充的诗歌。

大量的诗歌阅读，营造了浓厚的学习诗歌的氛围，让学生更亲近诗歌，激发了学生阅读、创作诗歌的兴趣，增进了对诗歌语言的感受能力、鉴别能力和审美能力。很多学生通过日诵数篇诗歌，并对诗歌蕴藉的内涵细心品味，对诗歌精练的语言仔细推敲，与诗人对话，获得了对人生和生活的深刻感悟。在慢慢地积累中，诗歌丰富的情感润泽滋养了学生的诗心，从而产生创作的冲动。当学生有生活感受时，自然就会触动敏感的诗心，由引用名诗到灵感迸发，再加上老师适时加以引导，学生勤写勤练，有意韵有灵气的妙词佳句，自会在学生的笔下如汪洋般恣肆地流淌出来。

---

① 庄庆娟：《让学子的情思在美丽的诗行里飞翔——指导学生创作现代诗一得》，《中学语文》（上旬刊）2013年第2期，第33~35页。

例如，学习了何其芳的《秋天》后，我让学生以"秋"为主题写一首小诗。庄智同学创作的诗歌《秋韵》诗句清新雅致："闲适的白云/寥廓了高远的天空/清冽的溪水/宽阔了蜿蜒的河床/丰硕的稻谷/壮美了秋天的田野/最是红叶激情似火/渲染出座座群山浓烈的诗行/只有蟋蟀了然无趣/躲进草丛里浅吟低唱"……

二、观察积累，培植学生丰富的创作情感

诗是一种"情动于中而形于言"的艺术形式，人一旦有了强烈的内心感情，就会产生不吐不快的感觉，也就有了创作的激情。如果没有丰富的情感，那就写不出足以"动之以情"的诗歌来。白居易曾说："感人心者，莫先乎情。……诗者，根情，苗言，华声，实义。"他把"情"置于诗歌创作的首位。所以要写出好诗，教师应该在教学过程中培植学生的情感，丰富学生的精神世界，激发学生对生活的热爱，调动学生的创作热情，并引导学生主动观察和发现生活之美。学生只有有了一定的情感体验，才能细致地表达自己的感悟。"登山则情满于山，观海则情溢于海"，学生要善于发现捕捉生活中的感人之处，深切体味，并积累情感。有了丰富的创作素材和情感积淀，学生就会诗心荡漾，可以借助诗歌语言透过字里行间，表达内心感情世界。

在一次诗歌鉴赏课上，我和学生一起赏读了几首惜时的诗篇，同学们纷纷畅所欲言，感慨时光易逝。孟丽娟同学被大家的情绪感染，激情洋溢，以"明天"为诗题，写出了自己独特的审美体验："明天是一扇小小的窗/怅茫的时候/可以望望/偶尔飘过一片白云/是天使梦的衣裳/明天是那眼中的点点泪光/虽柔弱却写满倔强/明天是待开的朝阳/将爱和温暖穿透黑夜的凄凉/让每一个日子/都不再寻常。"

三、激发灵感，培养学生捕捉诗歌意象的能力

艾青说："所谓'灵感'，无非是诗人对事物发生新的激动，突然感到的兴奋，瞬即消逝的心灵的闪耀。"（《诗论》）创作的灵感是诗人对情感能够具象化、主观情志能够文字化的一种突然顿悟和把握。诗歌的创作过程，就是从诗人对生活中的某种现象引起了特别动人的感觉，出现了异样的情思而获得第一个意象开始的。而所谓意象就是意中之象，是客观物象经过诗人的感情活动而创造出来的独特形象，是一种富有更多的主观色彩、迥异于生活原态而能为人所感知的具体艺术形象。意象是诗歌写作的焦点，是诗歌艺术的精灵。有意象就有诗味，无意象就无诗味。所以说，指导学生写诗，重要的是激发灵感，培养其捕捉鲜美而易逝的意象的能力。

在引导学生诗歌创作时，我尝试运用了借物联想、争论触发、设问引发等方法激发学生灵感。而学生一旦有灵感的到来，就会产生激动昂奋的情感喷涌和思维异常活跃的心理态势，大脑中的记忆被迅速唤起，想象变得丰富而又大胆，如

天马行空，鲲鹏展翅，于是表象沓来，意象丛生，佳句迭出。

前不久，在指导学生进行"情系一中"诗歌创作时，我先带领学生参观了校史馆，对图文并茂的校史资料作了详细的讲解，然后组织学生选读了《百年校志》。在写作课上，我动情地说："同学们，当你徜徉在一中幽静的林荫小路上，欣赏着校园里的一草一木的时候，你年少的心胸是否曾激荡起对百年一中的强烈爱恋？捧读厚厚的校志，凝视校史馆里闪光的奖杯和发黄的老照片，睿智善思的你是否品读出一中百余年来的日月经纬和沧桑巨变？"我的设问引发学生无限的情思，于是一个个生动新颖的意象被学生捕捉进诗行。王海音同学深情道白："我是一棵小草，美美地依偎在您的怀抱/我是一朵小花，甜甜地绽放着您的微笑/我是一中学子，一中是我的骄傲！"刘燕同学热烈赞美："长清一中，你是生动的音符/每一寸土地，都散发着美妙的味道。"在对母校真挚热烈情感的驱使下，同学们灵思倍涌，编织出绚烂的诗歌彩锦。

四、锤炼语言，用新奇精美的语言传达诗歌意象

语言是诗表现的最重要因素，在构思过程中极为重要。诗歌写作中用于传达诗歌意象的不是人们日常生活中熟悉的语言，而是一种新奇的精美的变形语言。学生初学诗歌写作最大的障碍就在于这种诗歌语言能力的贫弱。我运用了下面几条途径来锤炼学生的诗歌语言：

1. 精选动词。

诗语在传达诗美意象时，首先可做的工作是精心锤炼表现意象动态的动词。动态的意象较之静态的意象，更能凝聚读者的审美注意。一个诗歌意象往往因一个优美、确切的动词而熠熠生辉。如宋文哲同学的《雪趣》中："银铃般的笑声/被片片雪花串起来/挂在天地间/叮铃铃，叮铃铃地响……"把笑声"挂"在天地间，一个"挂"字生动传神，把笑声写得动感十足，又活泼新颖。借助大胆的想象，宋文哲创作出响彻天宇的超级笑声，这个意象愉悦了读者的审美享受，也紧扣了诗题。

2. 嫁接词语。

汉语和其他语言比较起来，它的词法最自由，词性最不固定。诗歌作者可以利用汉语的这个特点，改变某些诗句中词语的性质，使诗歌意象出现新奇、陌生的形态。如《秋韵》中"清冽的溪水/宽阔了蜿蜒的河床"，"宽阔"一词，庄智同学运用得十分巧妙，她把这个形容词嫁接为动词，"溪水"这个意象便生动活泼起来，丰富了它的审美内涵。

3. 一词多义。

小说、散文的语言一般为了避免歧义，往往只显示一种意义，而在诗歌语言里，诗歌作者为了制造意象的多义和内涵的丰富，却有意创造一词多义的诗句。

如《秋韵》里"最是红叶激情似火/渲染出座座群山浓烈的诗行"一句中的"诗行"，最初庄智同学写的是"色彩"。我启发她"色彩"一词太单调、太直白，她反复修改推敲后，用"诗行"代替了"色彩"，创作出一词多义的佳句。

当然，写诗不仅要重视词句锤炼，还要重视修辞，引导学生通过修辞来增强语言的表达效果。无论是炼字炼句还是巧用修辞，都要通过阅读、研究和多写才能掌握。

五、描摹仿写，鼓励学生大胆创作

对初学诗歌尝试写作的学生来说，描摹仿写是最好的方法。朱熹说过："古人作诗多是模仿之作。盖学之既久，自然纯熟。"通过仿写诗歌的结构、立意、语言、表现手法等，能让学生"有章可循，有文可写"，从而尽快掌握诗歌创作的技巧，做到快速入门。

每当学习完课本上的一首诗歌，我都指导学生进行仿写训练。提出具体要求：第一，能使用含蓄凝练的语言，借助想象和联想来表达自己的真情实感。第二，要分行写，还可以分成几个小节。反复修改并朗读习作，看看读起来是否押韵，是否有节奏感。仿写时要引导学生根据已有的材料与个人的感受，充分发挥想象力，不可过多地受原诗的束缚，尽量避免生搬硬套。"诗不改不工"，写好之后，要拿习作与原诗对比评价，找出不足，反复修改推敲，使仿写更趋完美。仿写过程是张扬思维、催发心智的精神创作过程，通过仿写训练，学生可以逐步体味到创作的奥妙，从而培养起创作诗歌的自信心。随着创作水平的提高，学生可以逐步摆脱思维模式的束缚，增加创新的成分，从而写出诗语清丽、意境优美、富有诗味的诗作来。

如赏析了食指的《相信未来》之后，学生进行第一、二节的仿写练习，习作精彩纷呈。文清同学对第一节进行了诗意地仿写："当无情的暴雨凋残了所有的花瓣/当肆虐的寒风吹落了最后一片黄叶/我们依然固执地用坚毅的笔体写下：相信未来。""当梦想折断飞翔的翅膀/当完美的杰作被窃取篡改/我们依然固执地抚平失意的怅惘/我们依然固执地用坚毅的笔体书写未来。"嘉豪同学的第二节仿写也耐人寻味。

尽管有时学生的诗歌作品比较稚嫩，但我总是尽力从中捕捉闪光的诗句，给予热情的鼓励。"我从丰富奇特的意象里读出了你飞扬的诗情"，"你潇洒自如的行板里，闪烁着经过锤炼的语言美的光彩"，"清新的语言，委婉的节奏，犹如一曲悦耳的轻音乐，拨动了我的心弦"……亲切的话语，适当的表扬，点燃了学生创作的激情。很多同学把创作诗歌作为每周的常规写作训练。对于学生优秀的作品，我及时举办诗歌比赛、诗歌专题黑板报、诗歌朗诵课等多种活动，让学生收获成功，体验创作快乐。另外，我发动学生把上乘佳作精心编辑整理打印成诗集，请善画的同学加上花边和插图，学生看到自己的作品被印制成书，在班里被同学传阅，创作诗歌的热情空前高涨。经过反复仿写训练和诗歌创作活动，许多学生成为学校小有名气的诗人，优秀诗作刊登在校报和校刊上。学生勤苦的播种，换来了丰硕的收获。

诗是情感特别强烈的文体。自由表现了个体生命心灵深处的超越性追求。学生情感丰富、思想活跃，诗正是他们最感兴趣的创作形式。作为语文教育工作者，应该为学生营造良好的写诗氛围，让琅琅的吟诗声响彻课堂，让诗意的心灵徜徉在诗歌的殿堂，让学生的情思在美丽的诗行里飞翔，让美丽的诗行生长出郁郁葱葱，生长出山花烂漫。

【思考与练习】

1. 根据不同文体的写作要求，任意选择一种体式，撰写一个作文辅导教学设计。

2. 试撰写一个作文讲评教案。

第五章 综合性学习体式教学

第一节 初级学段（1～6年级）

一、第一学段（1～2年级）

1. 对周围事物有好奇心，能就感兴趣的内容提出问题，结合课内外阅读共同讨论。
2. 结合语文学习，观察大自然，用口头或图文等方式表达自己的观察所得。
3. 热心参加校园、社区活动。结合活动，用口头或图文等方式表达自己的见闻和想法。

二、第二学段（3～4年级）

1. 能提出学习和生活中的问题，有目的地搜集资料，共同讨论。
2. 结合语文学习，观察大自然，观察社会，用书面或口头方式表达自己的观察所得。
3. 能在教师的指导下组织有趣味的语文活动，在活动中学习语文，学会合作。
4. 在家庭生活、学校生活中，尝试运用语文知识和能力解决简单问题。

三、第三学段（5～6年级）

1. 为解决与学习和生活相关的问题，利用图书馆、网络等信息渠道获取资料，尝试写简单的研究报告。
2. 策划简单的校园活动和社会活动，对所策划的主题进行讨论和分析，学写活动计划和活动总结。

3. 对自己身边的、大家共同关注的问题，或电视、电影中的故事和形象，组织讨论、专题演讲，学习辨别是非、善恶、美丑。

4. 初步了解查找资料、运用资料的基本方法。

第二节　中级学段（7～9年级）

1. 自主组织文学活动，在办刊、演出、讨论等活动过程中，体验合作与成功的喜悦。

2. 能提出学习和生活中感兴趣的问题，共同讨论，选出研究主题，制订简单的研究计划。能从书刊或其他媒体中获取有关资料，讨论分析问题，独立或合作写出简单的研究报告。

3. 关心学校、本地区和国内外大事，就共同关注的热点问题，搜集资料，调查访问，相互讨论，能用文字、图表、图画、照片等展示学习成果。

4. 掌握查找资料、引用资料的基本方法，分清原始资料与间接资料的主要差别，学会注明所援引资料的出处。

第三节　高级学段（高一至高三年级）
——积极倡导自主、合作、探究的学习方式

语文教学应为学生创设良好的自主学习情境，帮助他们树立主体意识，根据各自的特点和需要，调整学习心态和策略，探寻适合自己的学习方法和途径。为改变过于强调接受学习、死记硬背、机械训练的状况，特别要重视探究的学习方式，教师应努力提高组织教学和引导学生学习的质量。

合作学习有利于在互动中提高学习效率，有利于培养合作意识和团队精神。应鼓励学生在个人钻研的基础上，积极参与讨论及其他学习活动，善于倾听、吸纳他人的意见，学会宽容和沟通，学会协作和分享。

第四节　典型案例

案例一：

体验式教学法在中学古诗鉴赏中的应用①

张灿军

古诗鉴赏教学为什么要倡导体验式教学法？这是由二者之间的先天联系决定的。

从基本特点看，诗歌是高度集中地概括反映社会生活的一种文学体裁，它的内在特点是抒发感情。这就是"诗言志"的主张。这里所说的"志"就是"情"或"情意"。因此，鉴赏诗歌，首先要体会诗人抒发的是什么样的情。而体验指的就是由身体性活动与直接经验而产生的感情和意识，是人们通过观察、实践感知客观世界的认识过程。强调体验，重视的是学生的情绪和情感。任何教学法只有触及学生的精神需要，充分调动他们学习的内部诱因，才能取得理想的效果。

新的课程标准对体验式教学课标的要求就包括："学习鉴赏诗歌、散文的基本方法，初步把握中外诗歌、散文各自的艺术特性，注意从不同角度和层面发现作品意蕴，不断获得新的阅读体验。""加强诗文的朗诵，在朗诵中感受和体验作品的意境和形象，得到精神陶冶和审美愉悦。""重在发挥想象和联想，注重情感和审美体验。"

由此可见，用体验式教学法来指导中学生进行古代诗歌鉴赏有契合的理论基础。

具体说来，诗歌的以下特点，更加决定了体验式教学的必要性和紧迫性。

1. 诗歌的含蓄性需要读者透过意象、意境，体验诗歌情感。

含蓄，就是不把意思直接完全说出来，而是委婉地借助于意象、意境道出真意，从而收到良好的表达效果。

诗歌的构成要素是意象。意象是情感的载体，是作家为了传达某种朦胧模糊、隐晦微妙、可意会不可言传的情思意绪而创造出来的艺术符号。因此，阅读、鉴赏诗歌时就应该从体验意象的含义入手，充分体会意象的种种内涵和审美意味，这是真正读懂一篇作品的关键。

所谓意境，是指艺术创造特别是诗歌创造所达到的一种能令人感受领悟、玩味无穷却又难以明确言传、具体把握的艺术境界，它是形神情理的统一，虚实有无的协调，既生于象外，又蕴蓄于象内。王国维则指出："文章之妙，亦一言以

---

①　张灿军：《体验式教学法在中学古诗鉴赏中的应用》，《中学语文》（上旬刊）2013 年第 1 期，第 24 ~ 26 页。

蔽之，曰：有境界而已。"意象的借助和意境的营造，使得古代诗歌具有强烈的含蓄美，而这种特点恰好给体验式教学提供了极大的运用空间。

2. 诗歌的语言精练、跳跃的特点要求读者运用体验来补充诗歌的空白。

与其他文体不同，古典诗词注意形象思维，多采用融情于景的写法，有意无意地追求含蓄之美，其双关性、象征性、模糊性、暗示性、多义性、深刻性都非常突出，是一种典型的纲要性、图式化或轮廓化的结构，其中所包含的"空白"及各种未定之点比其他任何文学体裁都多，逻辑上并不十分完整，诗歌的语言常常"语不接而意接"，很多内容往往都略去了，解读时自然要通过鉴赏者的体验补出来，并对那些"留白处"进行补充和创造，使作品的脉络和情感发展变得连贯、清晰起来，使作品的形象和意境变得具体、丰满起来，最后能体味到作品的言外之意、"味外之旨"。

3. 联想、想象等手法的应用需要读者运用体验来勾连组合，以实驭虚。

诗歌不仅要有丰富的思想感情，而且还要通过生动优美的形象感染读者。这就需用丰富的想象、大胆的联想，突破物我之间、时空之间、古今之间、实虚之间的界限，最大限度地将人的心灵感受和丰富情感表现出来。

朱光潜在《谈美》中指出："联想就是见到甲而想到乙。甲唤起乙的联想通常不外起于两种原因：或是甲和乙在性质上相类似，例如看到春光想起少年，看到菊花想到节士；或是甲和乙在经验上曾相接近，例如看到扇子想到萤火虫，走到赤壁想到曹孟德或苏东坡。"而想象是人们在已有材料和观念的基础上，经过联想、推断、分析、综合，创造出新的观念的思维过程。

体验式教学法恰好要求我们运用想象和联想的方法，体验作品的情感。新的课程标准也谈到体验式教学"重在发挥想象和联想，注重情感和审美体验"。可见诗歌和体验式教学法有相通之处。

4. 用体验式教学法来指导中学生进行古代诗歌鉴赏有着现实紧迫性。

古代诗歌是我国文化宝库当中的精粹，可现实是学生学习被动，兴趣与主动性很低，他们宁可琢磨欣赏流行歌词的妙处，也不愿触摸李白、杜甫等诗人创作的离他们遥远的、看似面目可憎、缺乏亲切感的古代诗歌；而教这方面，常常是教师照本宣科，照搬流传千年的名家赏析结论，填给学生消化、背诵，教与学不能协调，阻碍学生诗歌鉴赏能力的发展。

要想改变这种局面，体验式教学是一个积极的尝试，它有利于引导学生通过体验学习、体验生活、体验生命，让学生感觉到学习古诗和他的现实生活、未来工作、个体生命息息相关，能够自由地发表独到的见解，尝试到学习古诗的乐趣和成功的快感，从而拉近古今的距离，触摸古人与今人其实很接近的情怀，甚至生发出鲜活的新的体验，让古代诗歌中优美的意境、经典的情怀、深刻的哲理在现代社会找到新的生长点，也让学生自己成为一个学习愉快、勇于实践、素质全面、人格健全的生命个体，老师从一成不变的权威结论中解放出来，使教与学成为一种和谐的过程，在教学中师生共同成长。

体验式教学在中学古诗鉴赏中的应用非常广泛，具有可操作性的方法如下：

（1）情感体验法。通过激发个人情感，引发学生对学习内容的感悟。这是诗歌鉴赏最重要的体验方法。

比如，元稹《离思五首（其四）》："曾经沧海难为水，除却巫山不是云。取次花丛懒回顾，半缘修道半缘君。"此为悼念亡妻韦丛之作。诗人运用"索物以托情"的比兴手法，以精警的词句，赞美了夫妻之间的恩爱，表达了对韦丛的忠贞与怀念之情。"难为水""不是云"，情语也。我们鉴赏时一定要通过诗歌当中的景语看到情语，感悟到诗人对亡妻的情感，为诗人的深情而感叹、赞赏、深思，这才有可能读懂诗歌。

（2）合作体验法。通过师生、生生合作探讨问题，完成学习任务。

例如，唐代诗人杜牧的《赤壁》："折戟沉沙铁未销，自将磨洗认前朝。东风不与周郎便，铜雀春深锁二乔。"诗以地名为题，实则是怀古咏史之作。但是作者到底怀有怎样的感情？后来的诗论家对于杜牧在这首诗中所发表的议论，总会有一番议论。学生鉴赏时肯定也会有一番争论：有的注意到了此诗过分强调东风的作用，又不从正面歌颂周瑜的胜利，却从反面假想其失败，十分困惑；有的会认为，杜牧有经邦济世之才，通晓政治军事，对当时中央与藩镇、汉族与吐蕃的斗争形势，有相当清楚的了解，并曾经向朝廷提出过一些有益的建议，恐怕他的用意在于自负知兵，借史事以吐其胸中抑郁不平之气；还有人会认为其中也暗含有阮籍登广武战场时所发出的"时无英雄，使竖子成名"那种慨叹在内，不过出语非常隐约，不容易看出来罢了，等等。这时候就需要老师、学生合作探讨问题，交流彼此的立论点，在互动当中丰富自己的立论依据，从而完成客观、充分的鉴赏任务。

（3）背景体验法。通过对诗歌的写作背景调查、分析、研究，解决学习问题。比如结合相关素材，了解作家的生平、思想、创作风格，了解某个时代的风貌，有助于准确把握这个作品的全貌。

例如，朱熹的《春日》："胜日寻芳泗水滨，无边光景一时新。等闲识得东风面，万紫千红总是春。"人们一般都认为这是一首游春诗。从诗表面所写的景物来看，很像是这样，似乎就是写游春观感，但细究寻芳的地点是泗水之滨，而此地在宋南渡时早被金人侵占。朱熹未曾北上，当然不可能在泗水之滨游春吟赏。其实诗中的"泗水"暗指孔门，因为春秋时孔子曾在洙、泗之间弦歌讲学，教授弟子。因此所谓"寻芳"即指求圣人之道。"万紫千红"喻孔学的丰富多彩。诗人将圣人之道比作催发生机、点染万物的春风，这其实是一首寓理趣于形象之中的哲理诗。不了解这些知识，不进行背景体验，读者就很难悟到诗歌的主旨。

（4）模拟体验法。通过课堂（或实验室）模拟情境，再现学习内容和过程。比如一些叙事诗，我们可以进行角色体验，排演出情景，这样有利于设身处地地体验诗歌情感。

比如，白居易《新乐府》组诗中的第三十二首《卖炭翁》，诗人以个别表现一般，通过卖炭翁的遭遇，深刻地揭露了"宫市"的本质，对统治者掠夺人民的罪行给予了有力鞭挞。由于时代的差异，现代的学生很难深刻体会卖炭翁的苦楚，如果我们进行模拟体验，让"手把文书口称敕"的"宫使""伐薪""烧炭""愿天寒""驾炭车""辗冰辙"直到"泥中歇"的卖炭翁"复活"，进行对照式的课本剧表演，学生对诗歌"苦宫市也"的主题会理解更深。

（5）勾连体验法。通过学习内容的前后勾连，帮助学习新知。

比如，虞世南的《蝉》："垂緌饮清露，流响出疏桐。居高声自远，非是藉秋风。"这首托物寓意的小诗，古人认为蝉生性高洁，栖高饮露，故说"饮清露"。这一句表面上是写蝉的形状与食性，实际上处处含比兴象征。读者从中却可想见人格化了的蝉那种清华隽朗的高标逸韵，突出强调的是人格的美、人格的力量。立身品格高洁的人，并不需要某种外在的凭借（例如权势地位、有力者的帮助），自能声名远播。

同是咏蝉，虞世南"居高声自远，非是藉秋风"，是清华人语；骆宾王"露重飞难进，风多响易沉"，是患难人语；李商隐"本以高难饱，徒劳恨费声"，是牢骚人语。比兴不同如此。这三首诗都是唐代托咏蝉以寄意的名作，由于作者地位、遭际、气质的不同，虽同样工于比兴寄托，却呈现出殊异的面貌，构成富有个性特征的艺术形象。勾连体验容易求同存异，丰富体验个性。

（6）想象体验法。在已有材料和观念的基础上，经过联想、推断、分析、综合，创造出新的观念、思维，从而感知诗歌的具体内容。

例如，李白的《山中问答》："问余何意栖碧山，笑而不答心自闲。桃花流水窅然去，别有天地非人间。"诗的第一联前句起得突兀，后句接得迷离。诗以提问的形式领起，突出题旨，唤起读者的注意，当人们正要倾听答案时，诗人笔锋却故意一晃，"笑而不答"。"笑"字值得玩味，带有几分神秘的色彩，造成悬念，以诱发人们思索的兴味。学生鉴赏时容易陷于困惑之中，李白到底想表达什么样的情怀呢？是悲还是喜？这就需要我们在原诗寥寥数语的基础上，联想、推断、分析、综合。比如分析到——桃花、流水是美的，它们都是依照自然的法则，在荣盛和消逝之中显示出不同的美，这不同的美却具有共同点——天然。这种美学观点不正可以反映李白酷爱自由、天真开朗的性格吗？另外，只要稍稍了解一下当时黑暗的现实和李白的不幸遭遇，诗人"栖碧山"、爱"碧山"便不难理解了。"碧山"之中这种不汲汲于荣、不寂寂于逝，充满着天然、宁静之美的

"天地"，实非"人间"所能比！可见，这"别有天地非人间"，还隐含了诗人心中不少伤和恨！所以，诗中用一"闲"字，就是要暗示出"碧山"之"美"，并以此与"人间"形成鲜明的对比。原来，是愤世嫉俗与乐观浪漫这种复杂的情感统一在这部作品之中。这首诗用笔有虚有实，实处形象可感，虚处一触即止，虚实对比，蕴意幽邃。如果不加入我们的想象体验，是很难破译寥寥四句话的含义的。

案例二：

"中国古代爱情诗"专题教学设计①

李 曦

一、确定专题

十月下旬，我在高一年级一个次重点班上了一堂《上邪》的公开课，从理解字词到把握情感、朗读课文，再到比较分析人物形象，最后到写作依次展开，由于课前准备时间充足，课堂上学生积极配合，课后同科组的老师都给了较好的评价。吴泓老师听了这堂课之后，先是肯定了作为一堂常规课的可取之处，之后他又兴致勃勃地找到我说："把这堂课做成一个小专题，怎么样？"

我一时无语，为难起来。

"你讲的《静女》《氓》《孔雀东南飞》《上邪》，不都是讲述爱情的吗？里面的女主人公各自面对爱情的态度不同，命运也不一样，你完全可以把这些组合到一起，让学生自己去分析、去探究。当然，这要引入一些文章，涉及社会背景、生活情态、制度伦理、风俗文化等各方面……"

"还可以列出一些古典诗歌中经典的爱情诗，让学生自己去感悟爱情的悲欢离合、生死离别……"

"对于高中的学生，他们对于爱情充满好奇，我们可以加以引导，帮助他们树立正确的爱情观……"

"以往的教学总是怕学生过多地接触描写爱情的文章，这不用担心。爱情不是洪水猛兽，爱情不是永恒的，但人类追逐爱情是永恒的……"

"还有，爱情并不是像选入教材中的大部分文章那样，所反映的都是悲苦，也有欢愉、美好的一面。爱情是人类感情永恒的话题，想逃避反而适得其反……"

吴老师说了很多。我最终答应下来："好吧，我试试看。"

就这样，我忐忑地接受了这个任务，准备用15～20节课，结合网络资源，

---

① 李曦：《"中国古代爱情诗"专题教学设计》，《中学语文》（上旬刊）2013年第11期，第46～48页。

以我的博客（http：//blog. sina. com. cn/dandelion011）为学习平台，做一个关于中国古代爱情诗研究的小专题。

二、选定学习材料

"高一语文中国古代爱情诗"专题学习拟从以下五个方面选定学习材料，具体是：

（1）粤教版课文中出现的古典爱情诗歌：《静女》《氓》《孔雀东南飞》《上邪》。

（2）与课文相关文章的选读，具体篇目包括：《至于顿丘》（傅道彬）、《流动在〈诗经〉里的河》（文金）、《河边的爱情》（李书磊）、《〈孔雀东南飞〉赏析》（作者不详）、《千古爱情圣地》（艺璇）、《小市千年的爱情》（李徽昭）。

（3）展示古代爱情不同风貌的拓展文章及对古代爱情诗歌进行散文改写的范文，具体篇目包括：《投我以木瓜》（若风）、《〈诗经〉中的上巳节》（刘冬颖）、《直叫人生死相许——〈诗经·国风〉中收放自如的古典爱情（一）（二）》（王开林）。

（4）古今爱情诗歌比较阅读文章，具体篇目包括：《〈怨情〉（李白）/〈错误〉（郑愁予）》（李梦遥）、《〈寄人〉（张泌）/〈我不知道风是在哪一个方向吹〉（徐志摩）》（孟祥英）、《〈望夫石〉（梅尧臣）/〈神女峰〉（舒婷）》（田广文）。（注：研究古代爱情诗歌，适当贯通古今也是一次有益的尝试）

（5）学生回帖和优秀习作，具体篇目包括：《桃花依旧笑春风——试论〈桃夭〉首创的以花喻人》（新安中学金智娟）、《爱如镜花水月》（林嘉嘉）、《人面桃花为谁开》（林晓琳）、《一眼万年》（陈梓桦）等。

三、专题学习过程

第一阶段：阅读与思考

【第一课时】

学习方式：以学生的阅读、思考、质疑、讨论为主。

学习内容及步骤：

1. 学生齐读：《静女》《氓》《孔雀东南飞》《上邪》。

2. 教师总结：核心是爱情有欢愉，同时也有悲伤和痛苦，这样爱情才有意思，才显得更加珍贵。

3. 进入与课文相关文章的阅读：《至于顿丘》。

阅读提示：这是一篇大学学者实地考察式的研究性随笔，学者傅道彬利用一次开学术会议的间隙，到作品发生地进行实地考察，写出自己对作品的独到的理解和感悟，严谨的治学态度，值得同学们认真学习；文章的思维缜密，语言富于情感，同学们阅读时应该好好体会并学习。注意体会并理解《至于顿丘》中加黑加粗的字词。

4. 引发思考：学生自主提出问题，自主研究问题，提出自己的思考或看法，发到本教学设计下方的"网友评论"。

5. 教师阅读学生评论，作点评。

【第二课时】

学习方式：以学生的阅读、思考、质疑、讨论为主。

学习内容及步骤：

1. 教师总结：第一课时学生看完《至于顿丘》之后的留言。

2. 进入阅读一：从《氓》到淇河到一般河流的相关文章：《流动在〈诗经〉里的河》。

阅读提示：这是一篇关于《诗经》风土人情、历史文化的抒情散文，作者用充满感情的笔触向读者展示了故乡的一条河——淇河，这条河伴随着作者成长，也孕育了中华文明最早的夏商周时期的灿烂文明。正如文中所说：淇河，是一条诗河、史河、文化河。

3. 引发思考：学生自主提出问题，自主研究问题，提出自己的思考或看法，发到本教学设计下方的"网友评论"。

4. 进入阅读二：《河边的爱情》。

5. 引发思考：爱情和河水有什么关系？发到本教学设计下方的"网友评论"。

6. 教师阅读学生评论，作点评。

【第三课时】

学习方式：以学生的阅读、思考、质疑、讨论为主。

学习内容及步骤：

1. 教师总结：第二课时学生看完《流动在〈诗经〉里的河》《河边的爱情》之后的留言。

2. 进入阅读一：从一般河流到《孔雀东南飞》的相关文章：《〈孔雀东南飞〉赏析》。

3. 引发思考：请留下你想说的话，当然也可以是心中的疑惑，发到本教学设计下方的"网友评论"。

4. 进入阅读二：《千年爱情悲歌〈孔雀东南飞〉》和《小市千年的爱情》。

阅读提示：这是两篇关于《孔雀东南飞》风土人情、历史渊源的抒情散文，作者用实访者的脚步带我们来到焦仲卿和刘兰芝的故乡，用现代人的眼光打量那两千年前发生在这片土地上的一场爱情。或许，无论如何，我们也无法靠想象去还原当时的场景，可是，那一方水土、那门前的石狮、那矗立的石碑、那经久不衰的故事还在向我们诉说、诉说……

5. 引发思考：看完这篇文章（注意加黑加粗的字），你或许有了自己的感想，请留下你想说的话，当然也可以是心中的疑惑，发到本教学设计下方的"网友评论"。

第二阶段：拓展与思考

【第一课时】

学习方式：以学生的阅读、思考、质疑、讨论为主。

学习内容及步骤：

1. 教师总结：上节课学生看完《〈孔雀东南飞〉赏析》《千年爱情悲歌〈孔雀东南飞〉》和《小市千年的爱情》之后的留言。

2. 进入阅读一：《木瓜》和《投我以木瓜》。

3. 进入阅读二：《溱洧》和《〈诗经〉中的上巳节》。

阅读提示：爱情给人们带来的绝不仅仅是悲伤，更多的还是欢愉和幸福。正是因为爱情激发了人们对于生活的热爱，或者说，在变幻的生命里，爱情，唯有爱情可以为人们期望、让人心有寄托，人们才会永恒地追求爱情；也正是因为人世间有了爱情的存在，不管是长久还是短暂，人们才勇于面对生活的残酷。

这节课选的两篇文章都来源于《诗经》，文章中男女热烈、真挚的情怀透过久远的历史展现在我们面前，使人仿佛回到了两千多年前那个春日，在笑脸如花的年轻人中瞥到那一双眼睛……

4. 引发思考：看完这两篇文章（注意加黑加粗的字），你或许有了自己的感想，请留下你想说的话，当然也可以是心中的疑惑，发到本教学设计下方的"网友评论"。

【第二、三、四课时】

第二课时在教室以一篇文章作为重点讲解对象，第三课时在电脑室阅读文章，第四课时讲评学生习作。

学习方式：以学生的阅读、欣赏、写作为主。

学习内容及步骤：

1. 教师总结：上节课学生看完《投我以木瓜》《〈诗经〉中的上巳节》之后的留言。

2. 进入阅读：《直叫人生死相许——〈诗经·国风〉中收放自如的古典爱情（一）》《直叫人生死相许——〈诗经·国风〉中收放自如的古典爱情（二）》。

阅读提示：同学们学习了"阅读与思考"的三节网络课，看了课本上有关几篇爱情诗的文章，也都写了一篇感想性的作文，有很多同学的作文语言优美、论点鲜明，有较大进步。在上一节电脑课上，我们一起感受了爱情欢愉、幸福的一面，相信同学们对于古人的生活面貌、情感世界有了进一步的了解。在这里，我给大家提供了王开林写的关于《诗经》的赏析类的文章，同学们要学习他文

意浪漫、想象丰富、语言唯美的文风，希望下一次写作能再次让我耳目一新。（王开林的文章分上下两部分，同学们选读）

3. 引发思考：看完这两篇文章，你或许有了自己的感想，请留下你想说的话，当然也可以是心中的疑惑，发到本教学设计下方的"网友评论"。

4. 学生习作展示：（略）。

【第五课时】

学习方式：以学生的阅读、欣赏、练笔为主。

学习内容及步骤：

1. 教师总结：上节课学生看完《直叫人生死相许——〈诗经·国风〉中收放自如的古典爱情（一）》《直叫人生死相许——〈诗经·国风〉中收放自如的古典爱情（二）》之后的留言。

2. 进入阅读："爱与爱的诉说"之《〈怨情〉（李白）/〈错误〉（郑愁予)》《〈寄人〉（张泌）/〈我不知道风是在哪一个方向吹〉（徐志摩)》《〈望夫石〉（梅尧臣）/〈神女峰〉（舒婷)》。

阅读提示：同学们学习了"阅读与思考"的三个小专题和"拓展与思考"的两个小专题，大家在对古人的生活面貌、情感世界有了进一步了解的同时，感受了爱情的欢愉、幸福，也感受了爱情的悲伤、无奈。自从有人类开始，就有了爱情。不论岁月如何流逝、世事如何变迁，爱情赋予人们的幸福和痛苦都是不变的。幸福的爱情都是一样的，而不幸的爱情却有各自不同的原因，在不同的时代，爱情呈现着不同的面貌。在这里，我给同学们提供三篇比较古今爱情诗的文章，其中，有永恒的爱、永恒的对爱的憧憬和向往，也有不同的时代、环境给爱打上的烙印。请同学们仔细阅读，感受比较阅读的方法。

3. 引发思考：看完这三篇文章，你或许有了自己的感想，请留下你想说的话，当然也可以是心中的疑惑，发到本教学设计下方的"网友评论"。

4. 学生习作展示：（略）。

四、专题教学反思

这次专题教学前后历时一个月左右，因为是初次尝试，我并没有完全放开课本，而是充分利用了早读、晚修和很多的课外时间，争取在完成正常教学任务的同时使得这次专题教学有始有终。不敢说学生在这次学习中收获有多少，只是看着他们从最初到电脑室的茫然到后来的井然有序，从最开始害怕写作文到后来主动找我讨论作文写作的点滴变化，我真的觉得这一个月的时间和精力的投入是值得的。

就我个人的角度来讲，我从这次的教学尝试中受益匪浅。作为一名年轻教师，能够有机会在前辈的带领下进行这样一次有益的教学尝试，更何况专题学习和时下语文的教学新理念是相当契合的，不能不说这是我的幸运。专题学习不仅仅是教学，更是一个教学相长的过程，在这个过程里，我体会到了和学生思想交流的愉悦，也体会到了把职业变成爱好的幸福。现在回过头来看看自己当时写下的文字以及学生们留下的跟帖和文章，还是会有一丝丝甜意涌上心头，这是看到学生考试分数提高时所产生的短暂成就感无法比拟的。

当然这只是开始。开始了，我想，就会一直走下去……

案例三：

多视角研读中国文化经典
——以人教版《中国文化经典研读》为例①
成少华

一、历史地看问题

以历史主义的态度来观照这些经典文本，进入经典语境，防止以今律古、望文生义。如学习"天理人欲"单元，朱熹提出"存天理、灭人欲"，仅从字面讲，很是令现代人困惑、纳闷乃至震惊，连战国时期的孟子都认为"食、色，性也"，已到南宋时期的理学家朱熹为什么还抛出如此荒谬的观点？其实只要我们回到特定的历史语境中，就会明白朱熹心中的"人欲"是指超越延续人正常生存条件的欲望，是奢侈的、膨胀的、非分的、畸形的欲望，所谓"饮食者，天理也；要求美味，人欲也"。历史地来理解，更重要的是立足当时特定的历史场景，引导学生回到彼时彼地，认识到这种思想形成的某种必然逻辑过程。就理学而言，尽管其在随后的运行中经过僵化凝固后，使人的生命受到限制、挤兑，但是它摄取当时社会佛教当中的禁欲主义元素，把以前儒学说教、训诫式的道德规范提升到理论形态、哲学形态的高度，试图体现道德规范约束物质欲望的努力，对当时日益世俗化的社会特别是上层社会的穷奢极欲、欲壑难填无疑有着针砭、棒喝的作用。当然历史地看问题，还要引导学生看到理学作为元明清三代的官方哲学逐渐成为禁锢人们思想的教条这一历史事实，这也是以历史的眼光来看问题。

二、以当代视角审视

中国文化经典不是供人膜拜的标本，不是仅有展览意义的古董，而是需要我们站在时代的制高点上以谦卑和敬畏之心去汲取和践行的宝贵精神资源，学习中国文化经典不能没有时代的维度。孔孟之道为中华文化之核心，但近一百多年来，伴随着西方文化的强势冲击，特别是我们自己在追求现代化道理上自觉或不自觉地扬弃、疏离，孔孟之道似乎日渐式微了。而在目前道德滑坡、信仰缺失、

① 成少华：《多视角研读中国文化经典——以人教版〈中国文化经典研读〉为例》，《语文教学通讯》（A 刊）2015 年第 5 期，第 53～54 页。

金钱至上、物欲横流的大背景下，在大多数中国人事实上没有宗教情怀的表达和终极关怀的情况下，"仁""义""礼""智""信""忠""孝""廉""耻"……这些孔孟之道中特别推崇的道德规范和价值观念作为独具民族特色的精神标志和符号，旧瓶新酒，借壳上市，对当下更有提升和引领精神境界的作用。应该说，以孔孟之道为核心的中华传统文化永远是维系海内外华人凝聚力、向心力的重要纽带，也是中华文化以开放的胸襟拥抱全球化的底蕴所在。我们要引导学生参照时代的维度来评价中国文化经典，做到时时勾连、拓展现实，时时以现实实例来针砭、对应，如此，方能让学生近距离感知、体会中华文化在观照现实人生方面的不可阙如。同时，站在时代的高度看问题，还意味着不能奉传统文化经典为圭臬，要看到中国近现代史背景下先驱者和启蒙者们为推进中国现代化所走过的艰苦的心路历程，总体上看到中国传统文化与现代化进程某种程度上的不兼容，从而以审视、批判的态度全方位聚焦中国文化经典。

三、充分对比地看问题

对比是认知、探究事物的重要思维方法之一，对比出特点，对比出缺失，对比出不足……无论是对同一历史时期国内文化思想派别的横向对比，还是中西文化思想的横向对比，还是文化思想的古今纵向对比，都是感知、体认和探究中国文化经典的维度。如学习"儒道互补"单元，就可以用充分对比的视角感知儒道两家思想的精髓，就儒家学说的基本思想而言，就是一个"仁"字："仁者爱人""克己复礼为仁""仁者人也"等，展现儒家旨在以仁爱精神调和人际关系的努力。而道家则针锋相对地予以否定，如老子主张"绝仁弃义"、庄子表白"诸侯之门而仁义存焉""攘弃仁义"等。从对比的角度看，这恰恰体现了老庄思想一种偏激的深刻，他们看到了仁义的幌子下掩盖着社会剥夺、掠取的真相，也更真切地认识到社会强取豪夺，竟为一己一家一族之私利的严峻现实。同时这些主张也是老庄思想"道法自然"的一大佐证。在老庄看来，人们之所以需要"仁义"，是因为其存在对立面，如果抛弃仁义，那么狡诈、阴险等自然匿迹。对比地看问题，还可以与西方启蒙思想以后传播的"博爱"思想对比，西式博爱思想以上帝面前人人平等、法律面前人人平等为思想资源，表面上的公平公正掩盖不住其实际上的虚伪；而儒家亲亲而仁民，推进以及人，"老吾老以及人之老，幼吾幼以及人之幼"，尽管是有等级差序之爱，但亦是自然而真实的仁爱。如此多元、多重、多维的对比，彰显了中华文化的迷人神采。

四、辩证地看问题

中国文化本身深蕴丰富的辩证因素，特别是"儒道互补"单元《老子》五章，可以说集中阐释了矛盾对立面相互依存乃至转化的辩证法思想："故有无相生，难易相成，长短相形，高下相倾，音声相合，前后相随。"教师应引导学生自觉地运用这种辩证思维来聚焦中国文化经典，既看其主流根本，也看其偏颇流弊；既看其积极影响，也看其消极作用。如"经世致用"思想主要是针对程朱理学空谈心性命理的空疏这一流弊，在明末清初"天崩地裂"的大背景下，汉族具有民族气节的知识分子反思明亡教训时产生的，旨在提倡学术为现实服务，担当现实责任，反映在以顾炎武、黄宗羲、王夫之为代表的知识分子以天下为己任，关心国家、民族兴亡和百姓大众疾苦的良好品质上。但是，这种"经世致用"所涉及的范围是比较狭小的，不可能上升到科学技术层面，而且就学术研究而言，仅仅以经世致用为旨趣，也会导致功利浮躁、急功近利的倾向，因为纯粹的学术恰恰需要潜心研究。就辩证思维这一思维品质而言，也可以引导学生辩证地认识到：矛盾对立的双方转化是有条件的，否则就会陷入相对主义和诡辩论的泥潭。这也是一种对辩证思维品质的冶炼。

五、个性化地建构

中国文化不是尘封窖藏、佶屈聱牙的，不是让人敬而远之、凛然不可接近的，更不是一本正经、道貌岸然的，它是在众多圣贤生命体验基础上归结、整合出来的，是有温度、风度和气度的，是有温情、真情和人情的。如果引导学生结合个人体验看问题，中国文化经典就能真正地植根于高中学生的心灵，进而形之于行。实际上，古代思想家论述的很多问题是可以转化和替换成当代中学生感兴趣的话题的，如是，引导学生进行基于个人体验的个性化建构，营造传统文化经典穿越到当今时代的特定情境，指导学生身心，甚至知行合一，就会达到研读的上佳境地。如"修齐治平"单元有关学习理论："择善而固执之者也……人一能之，己百之；人十能之，己千之。果能此道也，虽愚必明，虽柔必强。"这种肯定勤奋学习、多下功夫、不达目的决不罢休的学习精神无疑能撼动正在为梦想而打拼的学子。研究经典时，应时时捕捉这样的契合点、动情点，让灌注生命精气神的经典润物无声地淌入学生的心田。

六、多学科地研读

德国哲学家黑格尔认为：孔子只是一个实际的世间智者，在他那里思辨的哲学是一点也没有的，只有一些善良的、老练的、道德的教训。实际上，黑格尔只不过是一叶障目，不见泰山而已。以《论语》为例，中国文化经典绝非仅仅是道德箴言的集聚、道德律条的集成，而是可以多学科地去聚焦的丰饶矿藏。如《论语》"知之者不如好之者，好之者不如乐之者"就有有关教育学的兴趣动机理论蕴含其中；"君子有三戒：少之时，血气未定，戒之在色；及其壮也，血气方刚，戒之在斗；及其老也，血气既衰，戒之在得"就有现代发展心理学的理论支撑其中；而"君子坦荡荡，小人长戚戚"则有现代心理学有关情绪理论为之佐证。

七、从追溯本质的高度研读

任何一种思想文化现象可以说其来有自，其去也有因，因此要引导学生努力从追溯本质的高度看待中国文化经典展示的各种思想文化现象。应该说通过研读，学生会对中国古代文化的成就以及其折射出的智慧产生深刻的印象，但为什么中国步入近现代历史时期如此步履维艰甚至停滞不前了呢？这是激活学生发散性思维、创造性思维的最佳契机。以"科学之光"单元为例，中国为什么不能产生现代意义上的科学技术？教师可推荐、介绍英国学者李约瑟先生的《中国科学技术史》、当代湘籍学者楚渔先生的《中国人的思维批判》、中国台湾学者柏杨先生的《丑陋的中国人》等著述，激发和引领学生从小农经济状态、思维模式缺陷、传统文化痼疾等视角作出自己的思考。

【思考与练习】

1. 试撰写一个诗歌朗诵综合性学习活动教学设计。
2. 试设计一个戏剧表演活动方案。

第六章 体式教学实战文本范例

第一节 常用文本实战范例

一、记叙文案例

读那本书 品那份情

——《我的第一本书》说课稿①

王桂兰

一、教材分析

1. 本单元地位:《我的第一本书》处在人教版八年级下册第一单元,本单元的五篇课文均是名家之作,它们或追忆作者自己人生道路上的难忘经历,或展示名人、伟人的一个侧面,或揭示人生意义,其人文内涵深厚丰富,艺术表达各具特色。本单元的安排重在让学生感受到人间的关爱与温情,感悟课文的思想内涵,体悟到人生奋斗的意义。

2. 本课地位:《我的第一本书》是一篇淡雅的随笔。安排在《藤野先生》和《我的母亲》之后的第三篇,诗人牛汉用清新素雅的语言追叙了自己的"第一本书"的故事。编者将本文安排在这里,旨在让学生感受 20 世纪初中国农村的苦难生活和人间温情,体会艰难的困境中也会有快乐,不要因为环境的变化而失去自己做人的根本和人性中美好的品质。

二、学情分析

1. 本课内容简短,意蕴深刻,但所写的内容离今天的学生生活比较遥远,学生感受起来有点困难。

2. 自开展小组合作形式以来,本班学生形成了以小组为单位的自学、自评、互评的方法和评价原则,以及用于探索的良好习惯。

3. 学生已经学过《从百草园到三味书屋》《行道树》《紫藤萝瀑布》等散

---

① 王桂兰:《读那本书 品那份情——〈我的第一本书〉说课稿》,《中学语文》(上旬刊)2013 年第 1 期,第 46~49 页。

文，对散文的特点基本能够把握。

三、目标确定及教法、学法

新课标要求："欣赏文学作品，有自己的情感体验，初步领悟作品内涵，从中获得对自然、社会、人生的有益启示。对作品中感人的情境和形象，能说出自己的体验；品味作品中富于表现力的语言。"八年级下学期欣赏阅读散文的现状：能够快速阅读并筛选关键信息；大部分学生能够理清故事情节，把握基本情感；对文中关键语句的理解和品析比较浅显；能够找出散文的文眼，但是对文本的理解不够深入。依据以上要求和现状我制定了以下学习目标和教法、学法。

（一）学习目标

1. 识记字词，能流畅并有感情地朗读课文。
2. 学会筛选信息，深入研读文章。
3. 读懂第一本书，品析第一本书珍藏的情感。
4. 理解作品展示的苦难生活境遇，理解"人不能忘本"的含义。

教学重点：读懂第一本书，品析第一本书珍藏的情感。

教学难点：理解作品展示的苦难生活境遇，理解"人不能忘本"的含义。

（二）教法

1. 创设情境法。这篇文章时代久远，学生理解起来有点偏难，所以我采用了创设情境法，以便学生能深入理解文章。
2. 教师示范法。在品读语句，体会情感时，教师先示范例句。通过教师的示范引导学生把握回答问题的技巧和方法。

（三）学法

1. 学案导学法。
2. 自主合作探究法。
3. 朗读法。

四、教学设计

第一环节：课前预习

第二环节：课堂教学

1. 巧妙设疑，引入新课。（2分钟）
2. 交流预习，展示成果。（5分钟）
3. 走进文本，感知文意。（8分钟）
4. 研读文本，体会情感。（20分钟）

（1）细读课文，寻找多种情感。（5分钟）

（2）品读语段，体会父子深情。（7分钟）

（3）精读语句，感受特殊情感。（8 分钟）

5. 寻找文眼，探求主旨。（5 分钟）

第三环节：课后练习

完成一篇读后感，字数 100 ~ 300 字。

五、整体设计意图

《我的第一本书》意义丰富，来历很不寻常，所以首先要让学生读懂这本书的经历和内涵；其次作者的目的并不仅仅是写这本书的故事，打动读者的是这本书后面深藏的情感。所以我将本课的主题定为：读那本书，品那份情。

第一环节：课前预习

1. 有感情地朗读课文；标段落序号；圈点勾画重点字词。

2. 搜集作者资料，了解《我的第一本书》的写作背景和 20 世纪初的社会现状。了解普劳恩的《父与子》的漫画。

3. 根据拼音写汉字或根据汉字写拼音。

欣慰（　）　红 shǔ（　）　晾（　）晒　幽 mò（　）　　马 zōng（　）

凄（　）惨　ào（　）秘　裁（　）成　调（　）教

4. 解释下列词语。

凄惨　奥秘　翻来覆去

设计意图：课前预习是语文学习的重要环节，这一环节重在培养学生的诵读习惯，了解背景，落实基础知识。

第二环节：课堂教学

1. 巧妙设疑，引入新课。

牛汉，原名史成汉，1923 年生。20 世纪 40 年代开始诗歌创作，是"七月诗派"的重要成员。七年级下册学过他的《华南虎》。

用以下导入语引入学习：有谁还记得属于自己的第一本书？也许很多人已经把第一本书给遗忘、给丢失了，但是，本课的作者牛汉先生，在历经坎坷、饱经沧桑之后，为什么会满怀深情地去追忆他的第一本书呢？

设计意图：导入语力求信息量最大化，同时设置悬念，便于激发学生的阅读兴趣，调动学生的学习积极性。

2. 交流预习，展示成果。

（1）交流预习第三题。

步骤：①各小组 3 号在黑板上板书答案，组长组织组员讨论订正。②小组内用红笔纠错，组与组之间用黄笔纠错。③全班齐读词语两遍。

（2）多媒体订正第四题。

步骤：①对照多媒体纠正。②组内 1 号、3 号，2 号、4 号结对修改。③老师随堂抽查。

课堂预设：在预习的基础上，学生能比较轻松地完成。

设计意图：以板书和多媒体展示、相互修改的形式检查预习成果，其目的在于交流落实，检查评价，及时矫正，调动学生的学习积极性。

3. 走进文本，感知文意。

（1）"可是这一本却让我一生难以忘怀，他酷似德国普劳恩的《父与子》中的一组画，不过看了很难笑起来。"这究竟是一本什么样的书呢？速读全文，然后用"这是一本_____的书"来概括。

课堂预设：

A. 这是一本裁成两半的书　外观

B. 这是一本父亲为我们修补的书　来历

C. 这是一本与众不同的书　意义

（2）这本书与众不同，那么它有哪些不寻常的经历呢？

乔元贞没有书　果断裁书

父亲追问之后　被迫要书

父亲在油灯下　辛苦补书

步骤：①独立完成；②组内交流；③小组代表全班交流。

（3）这本书对"我"的人生发展有何重大意义？

命运对比：

乔元贞没有读那本书　叫卖东西

"我"读了这第一本书　诗人作家

延伸：

吕蒙读书　刮目相看

仲永未读书　泯然众人

知识对于人生的意义：知识改变命运。所以我们要珍惜现在的环境和读书生活。

设计意图：通过这一环节，引导学生读懂这是一本怎样的书，理解这本书对"我"的价值和意义。

4. 研读文本，体会情感。

（1）细读课文，寻找多种情感。

细读文章第4、8、12段，然后说说写了哪些难以忘怀的事和情。

课堂预设：

A. 父亲替"我"抄书——父子之情

B. "我"果断裁书——朋友之情

C. "我"带狗背书——人狗之情

D. "弄不成"只罚"我"背书——师生之情

步骤：①独立完成；②组内交流；③小组代表全班交流。

设计意图：将段落锁定在第4、8、12段这三段，目的是明确方向，缩小范围，提高阅读效率，更有效地训练学生的概括能力。这一环节不仅要概括事还要概括情感，所以需要细读。通过这一概括能够将零散的故事整理成片，理清文章的主要故事情节。

（2）品读语段，体会父子深情。

①教师：作者在本文中写了多种情感，但是作者着力最多、最想突出的是哪种情感呢？

学生：父子之情，同学之情……

（投影：可是这一本却让我一生难以忘怀，它酷似德国普劳恩的《父与子》中的一组画，不过看了很难笑起来）然后抽学生讲解《父与子》的漫画内容。

通过以上分析引导学生果断回答出：父子之情。

②文中哪些章节体现了父子情深呢？

组内合作找出：第3、4、5、8、10段。

③全班有感情地齐读第3、4、5、8、10段并完成下表。

段落	事件	关键语句	哪些情感
第3段			
第4段			
第5段			
第8段			
第10段			

设计意图：通过这一表格的展示，梳理出父亲为"我"做的具体事情，从而提炼出父亲对"我"的具体情感。

④父亲是怎样的一个人？

"我"的父亲是一位善良、知书达理，并且非常疼爱儿子，充满教育之情的父亲。

乔元贞父亲　　教师

对比　　　　　对儿子读书的要求迥然不同

我的父亲　　　教师

设计意图：重点理解了父子深情，从而理解了这篇散文的重点内容，感受到了父亲给"我"的无私伟大的关怀和爱护，学生对父亲的这种爱戴方式产生了无限的敬意。

（3）精读语句，感受特殊情感。

①体会作者为什么很难笑起来。

教师："可是老师读了文章之后，除了对父亲产生了敬重之外，心情还十分的沉重。"正如作者所说的一样，很难笑起来。品读如下语句，体会作者为什么很难笑起来。

A. 我的童年没有幽默，只能从荒寒的大自然感到一点生命最初的快乐和梦幻。

B. 他们家买不起书，教师规定每人要一本……我只好把书裁成两半。

C. 我们是四个年级十几个学生在同一教室上课。

D. 乔元贞把半本书教给我时，哭着说："我妈不让我读书了。"

设计意图：通过寻找为什么很难笑起来的原因，让大家理解到真正让作者难忘的应该是第一本书后面深藏的那个时代的苦难生活，以及在荒寒中的温情、快乐和梦幻。这样也就真正理解到了作者写这本书的原因。

②品读语句，体会作者是怀着怎样的情感写的这本书。

教师示范第一句：

可是这一本却让我一生难以忘怀，它酷似德国普劳恩的《父与子》中的一组画，不过看了很难笑起来。

——敬重、留念之情

我真应当为它写一本比它还厚的书，它值得我用崇敬的心灵去赞美。

——敬重、珍爱之情

我的第一本书实在应当写写，如果不写，我就枉读了这几十年的书，更枉写了这几十年的诗。

——铭记、追忆之情

设计意图：教师示范例句是为了让学生明确任务、掌握方法，这是余映潮的"教师示范法"。通过品读语句来进一步体会作者写这本书的独特情怀，进一步体会苦难的年代留给作者深深的记忆和挥之不去的复杂情感。

③图片展示过去的苦难环境。

教师展示一组能够反映 20 世纪初社会苦难生活的图片。

设计意图：通过图片的展示可以让学生们体会当时的贫困现状，从而进一步理解作者当时写这本书时的特殊情怀，理解第一本书的重要意义，理解苦难的岁月所带来的艰辛的生活、贫穷的生活环境、学习的艰难、人生际遇的差别。

5. 寻找文眼，探求主旨。

（1）齐读最后一段，找出作者在文中最想说的一句话。

（2）理解"人不能忘本"。联系全文说说你对"人不能忘本"的理解。

课堂预设：学生对这一句话的理解，可能理解的不会很透彻，所以教师要引导他们从表层含义和深层含义两方面来理解。学生的理解可能会出现：

生1：不能忘记最初的课本。

生2：不能忘记人的根本……

我的第一本书实在应当写写，如果不写，我就枉读了这几十年的书，更枉写了这几十年的诗。人不能忘本。

双关的修辞。"本"是指课本，即"我"的第一本国语课本，也指人生成长历程中最初的、最有价值的奠基性的东西。作者所指的主要是后者。这本书既是作者求知的第一本书，也是他成长的第一站，是他人生的起点与知识的源泉。作者一生的品格由此奠基，他从此学会了同情弱者，感悟人生。

设计意图：散文贵在有我，读散文最关键的是要读出作者最想说的那一句话，在这一环节中，通过寻找作者最想说的一句话来提炼出作者写这篇文章的主题——人不能忘本。

（3）朗读牛汉的《谈苦难》。

要让我谈苦难太容易了，我的作品里都有，血泪、愤怒、控诉……我多么希望每一个人都生活得完美，没有悲痛，没有灾难。我之所以写苦难，绝不是为了咀嚼痛苦，只是让人们清醒地从苦难中走出来。

设计意图：最后以牛汉《谈苦难》的语段作结，给文章画上一个圆满的句号。

第三环节：课后练习

完成一篇读后感，字数100～300字。

设计意图：语文课不能面面俱到，语文学习离不开写作。对于这篇文章，学生也许还有自己的理解、感悟，所以给学生创造表达的机会，锻炼写作的能力。

板书设计：

我的第一本书

书——与众不同、难以忘怀　辛酸

事——裁书、抄书、读书、背书　沉重　人不能忘本

情——父子深情，同学之情　追忆

　　　人狗之情，师生之情　珍爱

二、说明文案例

发现有意义的教学内容
——以《奇妙的克隆》的教学设计为例①
梁开喜

在 2013 年 7 月底举办的第九届"语文报杯"全国中青年教师课堂教学大赛中，我市谭慧琼老师执教的《奇妙的克隆》荣获一等奖。从教学设计的角度来分析《奇妙的克隆》这一成功案例，能给我们的中学语文教师带来许多思考和启迪。

一

语文教学的问题，主要是教学内容的问题，这一观点现在已逐渐成为教师们的共识。而所谓教学内容的问题，说到底就是教学内容孰取孰舍的问题。

《奇妙的克隆》较为全面地介绍了处于科技发展前沿的克隆技术，内容丰富，术语较多、信息量大，与任何一篇课文的教学一样，我们似乎可以从许多角度切入，并且，每个角度似乎都有道理。

这看似都有道理的不同角度，其实就是文本的价值所在。文本的价值是庞杂的、粗糙的、因人而异的，正是因为文本价值的不确定性，在实际的教学过程中我们常常会对同一篇课文作出完全不同的处理。大量的重复劳动和无效劳动，很大程度上就是将文本价值等同于教学价值的结果。真正有效的教学就是要去芜存菁，在文本的价值中发现教学的价值。

如何将文本价值转化为教学价值，既要考虑到文本本身的语文特征，又要考虑到编者的意图与主张，更重要的是要从学情出发，把学生的需要作为教学的起点。换而言之，追求教学的价值，就是要依据教学的内在规定性，对文本价值进行合宜的选取与截取。

因此，有意义的教学，必须努力追求个性化，拒绝"套板反应"。教学上的"套板反应"就是跟着既有的经验走，跟着习惯的心理走，跟着现成的模式走，就是大而化之，无的放矢。比方说，我们教学说明文，往往会不由自主地想到顺序、特征、方法和语言，并且将这几个方面，作为我们教学的主要内容和基本程式，似乎只有这么做才是说明文教学，结果是不可避免地使我们的阅读课沦为语文知识课。实际上，用同一种思维模型和操作手段来应付内容有别、笔法各异的说明文，或许正是说明文教学枯燥乏味和裹足不前的根源，因为我们很可能在重

---

① 梁开喜：《发现有意义的教学内容——以〈奇妙的克隆〉的教学设计为例》，《中学语文》（上旬刊）2014 年第 1 期，第 50～53 页。

复学生熟知的东西，而不是在学习他们陌生的和真正需要的东西。

质而言之，只有基于文本的核心价值、编者的意图和学生的学习障碍来确定教学内容，才是合宜的，才是有利于学生的进步与成长的。

那么《奇妙的克隆》这一文本具有怎样的特点呢？它又给我们提供了哪些有意义的教学方向呢？首先，它是分节来说明的，每一小节集中介绍某一方面的内容，每一个段落的内容又往往都有总起句来统领。这样，如果能从各小节以及每个小节内部各段落间的逻辑关系入手，我们便能从整体上把握文章的基本脉络和大致内容，从而在宏观上俯瞰课文了。实际上，捕捉关键性的语句，既是对文章最重要信息的搜寻和筛选，也是在给学生提供科普说明文阅读的一般经验。换句话说，说明文的主要功用是给人以知识，其阅读的目标取向是实用性的，所以，获取信息便理所当然地成为我们解读说明文最常见和最有效的手段。其次，作为一篇说明文，《奇妙的克隆》的语言具有深入浅出和准确谨严的特点，尤为可贵的是，作者的写作意图和情感倾向都是潜藏在不动声色的语言表达之中的。最后，克隆技术不单是一项伟大的科学成就，它同时也带来了诸多法律、道德、伦理等方面的一系列问题，围绕"克隆人"的讨论，可以让我们从书本走向生活、从课堂走向社会，并由此及彼，推而广之，了解所有科学发明和科技进步的利和弊，从而理性地把握科学精神与人文关怀辩证统一的关系。

需要特别说明的是，2011 年版课程标准在阅读教学部分的最大变化，就是在对话过程中加入了"教科书编者"这一主体，也就是说，阅读教学要与自由阅读区别开来，必须照顾到教科书编者的编辑思想和编辑意图。《奇妙的克隆》选自人教版八年级上册第四单元，"能按照要求筛选信息"，正是编者在"单元提示"中对教学的必要提醒和明确指引，无疑也是我们在学习过程中应全力突破的重点内容。

从学生的角度看，他们接触的科普说明文相当有限，而《奇妙的克隆》在他们所阅读的说明文中应该说还是有一定的难度的。这种难度一方面来自文本的长度，一方面还因为必须有生物学等相关知识的支撑。因此，如何在较短的时间内化繁为简、以简驭繁，就成了教学内容取舍中无法回避的问题。

正是基于以上的认识，教者确立了如下的教学目标：

（1）快速默读，按照要求筛选相关信息，学会通过关键语句来把握说明内容；

（2）揣摩语言，体会科学家严谨、求实、锲而不舍的精神；

（3）培养学生探索科学奥秘的兴趣和辩证思考问题的能力。同时还确定了"情境导入—整体感知—课文品读—问题探究"这一教学结构，以统驭和勾连整个教学内容。

值得一提的是，这一教学结构安排与文章内容的整体推进是一致的。也就是说，教学的顺序和一般的阅读顺序是一致的。很显然，这样的设计符合学生日常的阅读心理和阅读习惯，既有利于"教的活动"的展开又有利于"学的活动"的展开。

在四个教学环节中，毫无疑义，"课文品读"是主体部分。而最适宜作为品读材料的是课文的第二节，即"克隆鲫鱼出世前后"。第一节"克隆是什么"，生动而通俗地介绍了说明的对象；第三节"克隆绵羊'多利'"简明扼要地介绍了多利的"创造"过程；第四节"克隆技术造福人类"，则主要从有利于"扩大繁殖"的角度介绍了克隆技术给人类带来的极大好处。很明显，这几节文字内容单一，条理清晰，学生是比较容易把握的。而第二节文字不仅篇幅最大，并且时空的跨度也大；从具体内容上看，既兼有不同的说明顺序，又集中了主要的说明方法；作者的写作目的和情感倾向也主要是从这一节中体现出来的。

正因为如此，不论是在详略的安排上，还是在时间的分配上，教者都没有对这四节内容平均使力，而是集中对第二节内容重锤敲打：先是通过和学生商量进行教学目标定位，然后通过预习检测和随文释义的方法来解决字词问题，再通过关键语句来梳理这一节的时间顺序和逻辑顺序，弄清主要的说明方法及表达效果，最后完成一个语言练习。这一以语言文字为重要抓手，以阅读能力为训练重点的教学过程都是围绕第二节内容展开的。而这种设计，既体现了对学情的充分考量，又体现出在教学内容选择上的匠心独运。

"不教学生懂的，只教学生不懂的"，不论是教学的价值取向，还是教学设计和教学实践中的细节处理，我们都不难看到教者在这一点上所作出的努力，这是生本教育的基本理念，也是有效教学的根本原则。所谓"不懂的"从宽泛的意义上来理解，不单是指学生不解其意的，还包括学生在理解上较为肤浅和失之偏颇的。那么，如何判断学生"懂"还是"不懂"呢？如何将学生"懂"或者"不懂"与教学内容的选择联系起来呢？在不能和学生提前接触的情形下，特别是在一个相对陌生的教学现场，教者解读文本时的感受和经验，应成为我们了解学情并确立教学内容最可靠的依据；将学生有可能存在的学习障碍作为教学的重点，将教学的过程还原为正常的阅读过程，应作为语文阅读教学的基本方向和一般路径。对此，钱梦龙先生有一段话，完全可以作为这一做法的生动注脚："我备课的时候，自己觉得理解起来有点难度的地方，就想，学生可能也会较难理解；自己看了好几遍才看出好处的地方，就想，学生也很难看出它的好处来，我就在这些地方导一导。"很显然，教者对教学内容的特别处理是建立在学生的立场上和学生有可能出现的阅读问题上的。

总之，在很大程度上，语文教学的艺术就是语文教学内容的取舍艺术。教什么，不教什么，直接决定了一堂课的质量和品质，我们说某堂课是低效的甚至是无效的，往往与教学的策略无关，甚至与其教学的理念无关，从根本上说，将什么样的教学内容安排在一节课里，这才是至关重要的。而有意义的教学内容的发现与确定，不仅有赖于我们对语文教学规律的把握，还有赖于我们对文本的深入解读，更有赖于我们对学生学习状态的关注和对自己阅读经验的召唤。这应该是《奇妙的克隆》课例带给我们的最大启示。

二

选取了合宜的教学内容，还必须找到有效的表达方式。同样的教学内容，可以借由不同的情境、不同的角度、不同的策略呈现出来。教学内容主要是依靠教学问题连缀起来的，所以，如何将教学内容问题化，是教学流程是否合理、教学目标能否达成的关键一环。问题如何提出？是开门见山还是曲折迂回？是大处着眼还是小处着手？是聚合式的还是开放式的？是为了得到结论还是为了引爆思维？所有这些，都直接影响到教学的品质和学生的学习效果。

《奇妙的克隆》设置了几个主问题，这几个主问题是有坡度的，也是有力度的，既具有逻辑上的层次关系，又触及了学生的最近发展区；既能够点燃学生的学习愿望，又能够扎扎实实地提高学生的阅读能力和思辨能力。应该说，这几个主问题决定了教学的基本定向，体现了教学的内在品质，并且贯穿了整个教学过程。

那么我们不妨具体看一看《奇妙的克隆》的教学程序是如何展开的，其主问题又是如何提出的。

在"情景导入"环节，教者播放了动画片《孙悟空》的片段。这不单是为了渲染气氛、揭示课题，更重要的是让克隆现象与学生的生活经验连接起来，并且为学生接下来从科学层面上了解克隆埋下伏笔。

在"整体感知"环节，教者设计了两个问题：其一，"克隆"是动词还是名词？其二，克隆"奇妙"在何处？值得一提的是，这两个问题的提出很好地运用了"露拙"的艺术，教者似乎不是在检测学生的预习成果，而是以普通读者的身份和诚恳讨教的姿态来勾起学生的兴趣，唤起学生的注意。通常情况下，我们当然也可以这样单刀直入：什么是克隆？克隆有哪两种含义？但显然，"克隆"是动词还是名词这一不落窠臼和出乎意料地提问更能刺激学生的思维，并有可能引发学生之间的争议。那么"克隆"到底是动词还是名词还必须回到文本之中，在字里行间寻找答案，"克隆"的原意是用"嫩枝"或"插条"繁殖，而现在，来自同一个祖先无性繁殖出的一群个体，也叫克隆。所以，通过对这两句话的中心语的认定和辨析，就可以得出"克隆"既是动词也是名词的结论。毫无疑问，这一结论是建立在学生文本细读的基础之上的。表面上看，这里问的是"克隆"的词性，实际上，教学的落点是弄清克隆的含义，特别是克隆这一概念的演进过程。更重要的是，要明确文本的说明对象，主要不是动词意义上的克隆，而是名词意义上的克隆，是用人工的方法创造出的生物体。《奇妙的克隆》的题眼自然是"奇妙"，所以，第二个问题就很自然地抓住了"奇妙"一词，要求学生结合全文谈谈自己的阅读感受，我们知道克隆的"奇妙"是表现在四节文字之中的，或者说"奇妙"二字能够涵盖课文的全部内容。那么，作为整体感知，从这一词语切入，应该说是再恰当不过了，故此，整合学生的回答，老师便很快形成了这样的结论："克隆的奇妙之处，其实不外乎三个方面：克隆现象，克隆实验，克隆的应用前景。"而这一结论，不正是文章的内容和脉络吗？所谓言在此而意在彼，原来，这个问题的指向不仅仅是让学生了解克隆的奇妙之处，更是为了让他们整体观照课文，把握其大意和结构，它的另一个教学落点，还在于唤起学生的情感体验，从而让学生带着探幽揽胜的心理进入到下面的学习之中。

作为教学的重点部分，教者在"课文品读"环节设计了四项内容：

(1) 注音，识字，解词；

(2) 请学生在快速默读第二节之后回答：克隆鲫鱼出世前后发生了什么；

(3) 要求学生找出这一部分使用的说明方法并体会其作用；

(4) 一道语言训练题。

注音、识字和解词是阅读教学必要的铺垫，按新的课程标准的说法，识字与写字是第一学段的重点，也是贯穿整个义务教育阶段的重要教学内容。当然，教者将注音、识字和解词作为这一部分学习的前奏，还有一个特别的理由，因为囊、繁衍、胚胎、蟾蜍、脊椎、两栖、鳞片、孵化、相安无事等课后"读一读，写一写"中的生字新词，竟全部出自课文的第二节。一般来说，注音、识字、解词似乎只是一种平淡无奇的教学构思，但这里的处理却让人有别开生面之感：其一，教者不是如我们所见习的那样，让学生把生字读准而已，而是让学生在黑板上书写出来；其二，教者发现了学生书写"脊椎"中的"脊"字时的笔顺错误，并把学生的错误当作了难得的教学资源；其三，教者提醒学生联系"居然"一词来推断"相安无事"的语境义，而不是让学生借助工具书来查找和识记这个成语的词典义，实际上是在教授学生随文释义的一般方法。

让学生回答"克隆鲫鱼出世前后发生了什么"这一问题，意在通过浏览或者速读来获取重要信息，学生从易到难、由显及隐，找到了下面三个关键语句："在克隆鲫鱼出现之前""鱼类换核技术的成熟和两栖类换核的成功，使一批从事良种培育工作的科学家激动不已"和"鱼类、两栖类克隆的成功自然而然地使科学家把目光投向了哺乳类"。至此，作者的行文思路迎刃而解，克隆技术所走过的从两栖类到鱼类再到哺乳类的艰辛历程也就一目了然了。

要求学生找出说明方法并体会其作用，是我们在说明文教学中常见的问题设置，因为阅读毕竟是某种特殊体式的具体文本的阅读。但在这里，因为学生面对的是"这一节文字"而不是老师所指定的某一个句子,所以答案具有了一定的开放性,学生完全可以根据自己的个性化理解见仁见智,同时,此题的真正意图不在判断,而在阐释和体味,即分析解说说明方法的作用,这就使得这个问题具有了为学生提供阅读的反思经验的意义。

最后是一道语言训练题,要求学生回答下面一段文字中加点字词的表达效果:"灰鼠胚胎细胞的核移入黑色小鼠的去核受精卵后,在试管里人工培养了四天,然后再把它移入白色小鼠的子宫内。经过几百次灰、黑、白这样的操作以后,白色小鼠终于生下了三只小灰鼠。"很显然,材料中加点的字词是精心挑选的,"去核""在试管里""几百次""终于"从不同角度检测了学生的语感能力和分析理解能力。"去核"是"克隆"应有之义,"在试管里"说明了"克隆"的工具和方式,因为人工的方法,或者说外科手术的方法是"克隆"的必要手段,至于"几百次"和"终于",作者通过这一数量词和副词,说明了实验结果的来之不易,科学家们严谨、求实和锲而不舍的科学态度与实证精神,这些都是蕴含在这些朴素的语词之中的。

"问题探究"主要是围绕下面这一个句子展开的:"有关'克隆人'的讨论提醒人们,科技进步是一首悲喜交集的进行曲。"我们知道,《奇妙的克隆》是遗传学家谈家桢根据多篇相关文章改写而成的,最初发表在 1997 年第 4 期《中学科技》上。作者写作此文,旨在通过对克隆这一新技术和新成果的介绍,丰富中学生的科学素养,培养他们的理性精神。透过这个句子,我们就可以一窥作者的写作意图,从而了解作者的写作动机与目的,这在任何体式的文本解读中都是非常重要的,这个句子其实是留有许多空白的,或者说是有许多弦外之音的,这也自然为学生的合作探究提供了引信与深入堂奥的可能。人们"有关'克隆人'的讨论"都有哪些内容?"悲喜交集"是什么意思?它是所有科技进步的共同特征么?学生完全可以通过质疑、判断、碰撞、鉴别、选择以及分析、概括、综合等认识活动,利用旧知识来产生新知识,利用已知来发现未知。这样的探究,不仅让学生了解了科学的前沿知识,了解了科技进步对人类生存状态的影响,更重要的是培养了他们的人文情怀。他们会逐步认识到作为手段的科技和作为目地的人的关系,并慢慢学会用辩证的观点看待问题,而不是用二元对立的、非此即彼的思维方式看待问题。

著名特级教师余映潮说"不管是研读材料,还是设计教学,我都非常注意获取'角度'",他又说:"'角度'的魅力,表现在精细、巧妙、独特六个字上。"从某种意义上讲,将教学内容有效地问题化,就是寻找新颖别致、出奇制胜的教学角度,就是将自己对文本的阅读感受与心得熔铸在具体的设问之中,就是瞄准学生的生长点,通过知识的重构以及陌生化的效果,对学生的惰性思维与惯性思维构成冲击和挑战。这大概是《奇妙的克隆》这一课例带给我们的又一重要启示吧。

三、议论文案例

《东方和西方的科学》"非指示性"教学设计①

郑逸农

【设计特点】

本篇运用"非指示性"教学设计中"基于自主探究"的样式设计。该设计主要用于随笔、杂文等普通的议论文本。自主探究，此处我界定为在教师引导下，学生采用自主提出问题、自主探索推究的方式对随笔、杂文等普通的议论文体展开自主学习，对文本的论点、论据、论证（方法）以及全文的论述特点等依次展开提问和探究，在一步步地提问和探究中走进课文内层，把握作者意旨，获得语言营养和精神营养；并在自主提问和探究的基础上，相互交流，相互启发，共同提高。

该教学设计的标志性环节是"四探究"：一探究论点；二探究论据；三探究论证；四探究论述特点。

该教学设计的基本环节和步骤为：教师介绍学习方法；学生通读感知；师生讨论学习内容；探究论点；探究论据；探究论证；探究论述特点；探究其余疑难；积累性美读；总结学习收获或启示；教师推荐课外阅读篇目。

【设计展开】

（一）教师介绍学习方法

今天我们要学习的课文是美国科学家乔治·萨顿的科学史随笔《东方和西方的科学》，我准备让同学们采用自主探究的学习方法，自己主动提出问题，并主动探究答案；然后相互交流，相互学习，共同提高。这堂课的学习质量如何，就看各位提出问题的质量和探究问题的质量了。

（二）学生通读感知

每人以自己习惯的方式自由诵读。可以是朗读，也可以是默读，不采取齐读的方式。在自由诵读中，整体感知课文内容。

（三）师生讨论学习内容

作为议论文，哪些内容是必学的？每人先独立思考，在备用纸上写下四五个关键词，然后在小组内讨论交流，形成基本共识；之后由每个小组长向全班介绍本组的基本共识，在介绍中逐渐形成班级的基本共识；最后教师也说说自己的基

---

① 郑逸农：《〈东方和西方的科学〉"非指示性"教学设计》，《中学语文》（上旬刊）2015 年第 4 期，第 56～58 页。

本理解（学生说到位了也再说说）：议论文的"三要素"是论点、论据和论证，因此前面三个最容易形成共识；另外还要把全文的论述特点作为学习内容，以便深入地从文体上探究和理解本文。如果你觉得还有其他问题值得探究，课堂上再给出一个独立的时间，一起探究。

讨论学习内容，体现了"把人当人、自主成长"的"非指示性"教育理念。或许学生对议论文学习内容的选择和确定在认识上的差异或差距不大，但学生思考、讨论的过程，就是唤醒他们自主学习意识的过程，也是让他们意识到教师把他们当作学习主人的过程；而学生思考、讨论的结果，则让他们懂得了这类文体该学什么、怎么学，以后离开教师也能独立学习了。《普通高中语文课程标准》也要求："内容的确定和教学方法的选择，都要有利于学生……掌握自学的方法，养成自学的习惯，不断提高独立学习和探究的能力。"

以下按四个方面来预先设计。课堂实施时可能会根据学生的意见随机作些调整。

（四）探究论点

每人先自主探究。探究前教师先引导，主动说明学习的三要素，即任务、要求和时间：现在要探究的是这篇文章的论点，请你就论点的内容、形式等方面主动提出问题，有几个提几个（原则上不少于一个，不多于三个）；提出后自己主动探究问题的答案，形成自己的基本理解；提问和探究的要求和原则是"四有"：第一，有疑而问，即提出的问题是值得质疑的真问题；第二，有启发而问，即提出的问题对自己、对同学有启发，能借此深化对课文的学习；第三，有本探究，即结合文本展开探究，不离开文本想当然地猜测；第四，有效探究，即探究出的答案要有一定的深度或新意。时间10分钟左右。

学生独立完成后先在小组内交流，然后由每个小组长整合全组的典型内容向全班介绍，如有需要继续探究的问题，也一并提出，全班一起现场探究。最后教师也说说自己的疑问，继续深化学生的学习。（学生提出并解决的不再机械重复，其他问题还可现场生成）

对于本文的论点，我提出一个问题：本文没有直接点明论点的句子，请概括本文的论点，并说说概括的途径和方法。

我的基本理解是（是直接介绍还是让学生探究后再介绍，需根据课堂情况随机决定）：

本文的论点是：要正确认识东方和西方的科学的关系。概括的途径是课文的标题"东方和西方的科学"。议论文的标题，要么是论点，要么是论题。前者态度明确，立场鲜明；后者不明确也不鲜明，只是论述的话题。本文标题属于后者。如果在论题的前后加上一些限定性的词语"要正确认识……的关系"，就成了一个态度明确的论点了。

教师顺势介绍作者：作者乔治·萨顿，是近代科学史的奠基人、新人文主义的先驱。他的一生为消除地域和民族偏见作出了不懈努力。（引自苏教版教学参考书）

（五）探究论据

每人先自主探究。探究前教师先主动说明学习的任务、要求和时间：现在要探究的是这篇文章的论据，请你就论据的内容、形式等方面主动提出问题，有几个提几个（原则上不少于一个，不多于三个）；提出后自己主动探究问题的答案，形成自己的基本理解；提问和探究的要求和原则是"四有"（见前面）；时间 10 分钟左右。

学生独立完成后先在小组内交流，然后由每个小组长整合全组的典型内容向全班介绍，如有需要继续探究的问题，也一并提出，全班一起现场探究。最后教师也说说自己的疑问，继续深化学生的学习。（学生提出并解决的不再机械重复，其他问题还可现场生成）

对于本文的论据，我提出三个问题：第一，本文的论据在哪些段落？第二，论据可分为事实论据和理论论据，本文的论据各属于什么类型？第三，分别用一句话概括各个段落中的论据表达的意思。

我的基本理解是（是直接介绍还是让学生探究后再介绍，需根据课堂情况随机决定）：

第一，本文的论据分别在第 2 段、第 3 段、第 5 段、第 6 段和第 7 段。第二，这些论据中，第 2 段和第 3 段为事实论据，第 5 段、第 6 段和第 7 段都是理论论据。第三，第 2 段是说，实验科学不只是西方的，也是东方的；第 3 段是说，今日的西方仍然需要东方；第 5 段是说，美国的文明还很短，还有很多不健康的因素，因此必须谦虚，要有科学的态度；第 6 段是说，新的鼓舞仍然来自东方；第 7 段是说，科学不能控制它本身的应用，科学本质上也是不完美的。

（六）探究论证

每人先自主探究。探究前教师先主动说明学习的任务、要求和时间：现在要探究的是这篇文章的论证，请你就论证的过程、方法等方面主动提出问题，有几个提几个（原则上不少于一个，不多于三个）；提出后自己主动探究问题的答案，形成自己的基本理解；提问和探究的要求和原则是"四有"（见前面）；时间 10 分钟左右。

学生独立完成后先在小组内交流，然后由每个小组长整合全组的典型内容向全班介绍，如有需要继续探究的问题，也一并提出，全班一起现场探究。最后教师也说说自己的疑问，继续深化学生的学习。（学生提出并解决的不再机械重复，

其他问题还可现场生成）

对于本文的论证，我提出两个问题：第一，作者在运用论据来证明论点时，论证思路是怎样的？第二，论证方法有举例论证、引用论证、演绎论证、对比论证、比喻论证和类比论证等，本文运用了哪些论证方法？结合具体的段落或句子来说说。

我的基本理解是（有些问题需要让学生现场探究后再介绍）：

第一，作者的论证思路是：先从正面来论证，然后从反面来论证。具体到段落来说，第2段、第3段从正面论证要正确认识东方和西方的科学的关系，第5～7段从反面论证不能正确认识东方和西方的科学的关系的危害。第二，本文运用的论证方法有：先正面后反面的对比论证；举例论证（如第2段和第3段）；演绎论证（如第5段、第6段和第7段）；比喻论证（如第7段中的"犹如不经过教育和训练而去驾驶一辆能导致各种破坏的大马力汽车"，第8段中的"东方和西方正像一个人的不同神态"）。

（七）探究论述特点

每人先自主探究。探究前教师先主动说明学习的任务、要求和时间：现在要探究的是全文的论述特点，请你就论述特点和效果等方面提出问题，有几个提几个（原则上不少于一个，不多于三个）；提出后自己主动探究问题的答案，形成自己的基本理解；提问和探究的要求和原则是"四有"（见前面）；时间10分钟左右。

学生独立完成后先在小组内交流，然后由每个小组长整合全组的典型内容向全班介绍，如有需要继续探究的问题，也一并提出，全班一起现场探究。最后教师也说说自己的疑问，继续深化学生的学习。（学生提出并解决的不再机械重复，其他问题还可现场生成）

对于本文的论述特点和效果，我提出两个问题：第一，全文的写作思路是怎样的？依照段落顺序，用简洁的话梳理一下。第二，本文论述上有什么特点？这样论述有什么好的效果？

我的基本理解是（有些问题需要让学生现场探究后再介绍）：

关于第一个问题，全文的写作思路是这样的：第一步，先论述要正确认识东方和西方的科学的关系，不要以为实验科学只是西方的，其实科学全部形式的种子是来自东方的（第2段），今日的西方仍然需要东方，东方一旦接受了实验精神，伟大的思想就可能产生，并再次传入西方（第3段）；第二步，从反面论述不能正确认识东方和西方的科学的关系的危害：美国的文明还很短，还有很多不健康的因素，因此必须谦虚，要有科学的态度（第5段），新的鼓舞仍然来自东方，因为西方的实验科学的方法被利用的时候会有局限性（第6段），科学不能控制它本身的应用，科学本质上也是不完美的（第7段）；第三步，综合论述东方和西方的科学需要互补和融合，它们正像一个人的不同神态（第8段），它们不是永不碰头的，西方的科学得益于东方的基础（第9段），光明从东方来，法则从西方来，西方科学家应以不骄傲的、感激东方的"西方态度"，更完美地实现人类的使命，成为更高尚的人（第10段）。

关于第二个问题，本文的论述特点：一是分总式的结构，先一正一反地论述东西方科学的关系，然后水到渠成地综述东西方科学需要互补和融合。这样论述的效果是：说理清楚且充分，随后提出的结论易被读者接受。二是用了许多生动睿智的比喻语言，如"东方是母亲，西方是父亲"，"犹如不经过教育和训练而去驾驶一辆能导致各种破坏的大马力汽车"，"东方和西方正像一个人的不同神态"，"光明从东方来，法则从西方来"，等等，这样表达可使文章语言更加形象生动，增加论述文章的诗性和灵性。

（八）探究其余疑难

学生如果在内容理解或形式领会等方面还有什么疑难，现场提出（原则上不少于一个），全班共同探究。提问和探究的要求和原则是"四有"（见前面）。时间机动。

教师准备在学生提问和探究后补充提出的问题（不机械照搬）：

第一，课文的标题是"东方和西方的科学"，加上几个字便成了课文的论点"要正确认识东方和西方的科学的关系"，那东方和西方的科学是什么关系呢？课文没有现成的话，请你用自己的话简练地说说。第二，作者写作此文是针对一种怎样的不良现象？他希望西方人对东方科学采取什么态度？引用课文的原话，回答时请加上引号。

教师准备的基本理解：第一，东方科学和思想是西方科学的源头，并且还会给现代西方带来新的生机和活力。第二，作者针对的不良现象是："对于东方科学采取粗暴"的排斥和否定的态度，"对于西方文明言过其实"。他希望西方人对东方科学"怀着感激之情"，采取"不骄傲的"、不"盛气凌人的'西方态度'"。

（九）积累性美读

先聚焦新鲜字词，边读边积累。因人而异，不求统一。每人独立掌握后，小组内相互检测；之后教师随机选一些常用词语现场检测。

再聚焦两类段落美读：一读自己喜欢的段落，读出体验和享受；二读自己不容易懂的段落，读出理解和感受。

（十）总结学习收获或启示

下课前，每人说一句结束语，总结自己的学习收获或学习启示。要求总结收获准确、全面，总结启示深刻、独到。先在备用纸上写下来，时间 2 分钟左右。每人独立完成后，在小组内相互交流，并相互评判，之后每组推出一位代表向全班介绍。

最后教师也说说自己的总结，继续提升学生的认识：这篇议论文我们无法按普通议论文的写作格式去套解，也不容易读懂，但它形式上写得从容，内容上写得深刻，值得我们学习；同时，作者严谨的科学精神和充分肯定东方的谦逊的"西方态度"，值得我们敬佩。

（十一）教师推荐课外阅读篇目

语文学习"得法于课内"，同时"得益于课外"，需要课外阅读。我再向各位推荐本文出处的一本文集《科学的生命：文明史论集》（刘珺珺译，商务印书馆 1987 年版）。各位可以到图书馆借来读，边读边摘录妙语佳句；也可以上网阅读，边读边留下自己的感想或评论，主动参与交流。

第二节　文学文本实战范例

一、诗歌案例

大美之作

——《春江花月夜》课堂实录及评点①

姚　平　谢兴无

【课堂实录】

一、初读美读，《春江花月夜》美在何处

师：中国是一个诗歌的国度，中华民族是一个充满诗意的民族，在我们五千年辉煌灿烂的文明长河中，诞生了无数才华横溢的伟大诗人和无数脍炙人口的千古名篇。今天就让我们共同走进一首"诗中的诗，顶峰上的顶峰"、被誉为"以孤篇压倒全唐"的旷世佳作——唐代诗人张若虚的《春江花月夜》。

师：这首诗意境空明、韵调优美、思想深邃、情感真挚。诗歌要美读，读出节奏、读出情感、读出味道。下面就请大家自由地朗诵这首诗歌，边读边想一想：这首诗描写了什么？

生（全体）：（学生自由、大声地诵读）

师：现在我们来说一说，这首诗描写了什么？

① 姚平、谢兴无：《大美之作——〈春江花月夜〉课堂实录及评点》，《中学语文》（上旬刊）2014 年第 1 期，第 58～61 页。

生 1：这首诗开始描写了美丽的江月景色；然后写面对这样美好的月色，诗人"江畔何人初见月，江月何年初照人"的感叹，由这种感受诗人又联想到自己的妻子，抒发自己想念妻子以及妻子又是如何想念自己的，然后由这样的思念之情引发到背井离乡的游子们是如何思念家乡的。

师：把握得非常准确。也就是说，这首诗描写了景、思、情三部分内容。诗人以清丽的笔触、旷达的情怀描写了春江月夜的美景、对人生的思考、游子思妇的爱情，成就了这首传唱千年的大美之作。这首诗，如果要用一个字来形容，那就是"美"！美是《春江花月夜》最核心的主题。那么为何美呢？

二、再读悟读，《春江花月夜》美有何因

1. 春江花月夜中的"景"。

师：那么为什么我们说《春江花月夜》美？特别是我们不仅说它景美，而且它的哲思、离愁一样如此美？

师：首先我们来看一看，诗人描写了春、江、花、月、夜，这景让我们觉得美，它究竟美在哪里呢？

生 2：江潮连海，月共潮生，芳甸、花林、月色很美，融合在一起的意境很美。

师：多美的意境啊！景色美，意境美，是一幅恬静、美丽的图画？（生：对）很好。

生 3：句子写得很美，用了很多美丽的词语来描写景色。比如"滟滟""江流宛转""芳甸""花林"等。

师：你的感觉很细腻，同学们再读一读诗句，除了幽美、恬静的"静美"，还有别的感受吗？

生 4："春江潮水连海平，海上明月共潮生"这句诗写月亮从地平线升起，远远望去，就好像从海面涌出一样，通过"共潮生"就可以体现出景色的生机勃勃。

师：很准确，你的表达非常好。是啊，浩瀚无垠的春江仿佛和大海连在一起，特别是"海上明月共潮生"一个"生"字，赋予了春江月夜无穷的生机与活力，月光闪耀千万里之遥，哪一处春江不在明月朗照之中！江水弯弯曲曲地绕过花草遍生的春之原野，月色泻在花树上，就像撒上了一层洁白的雪。月光过滤了世间万物的五光十色，将大千世界涂抹了一层梦幻般的银辉，因而"流霜不觉飞"，"白沙看不见"，只有那一轮明月，皎洁明亮，动人心魄。

生（全体）：美，简直是美极了！

师：美文要多读。下面我们请一位同学诵读。

生 5：（一女生诵读）

185

师：你感觉自己读得怎么样？

生5：读得太快了，有些急。

师：如此幽美、恬静的春江月夜的美景，是不是应该缓慢、轻柔、委婉一点？

生5：是的。我再读一遍：春江潮水……

师：这次读就很有些味道了，注意捕捉了诗歌意境。

2. 春江花月夜中的"思"。

师：面对春江月夜、良辰美景，诗人的无尽遐思油然而生，哪位同学来诵读这一部分？

生6：（一男生诵读）

师：读得不错。谢谢你。

师：这一部分是诗人对人生的思考，那么他思考什么？"江畔何人初见月，江月何年初照人"这两句话是什么意思呢？

生7：江边是哪一个人最初看到了这皎洁的月光，江月又是哪一年开始映照江边的游子呢？

师：讲得很好，语言表达很精练。我想再请问你，这两个问题，诗人在诗中给出答案了吗？从根本上讲诗人问的是什么？

生7：我觉得没有答案，我记得有位哲人对着大海问：我是谁？我从哪里来？我将要到何处去？我觉得这样的问题是非常值得引人深思的，而且每个人都有不同的答案，是要让我们自己去思考去探索的。

师：你的回答也引发了我们的思考。但是在这首诗中诗人只是思考、只是提问而没有回答吗？

生8：我认为诗中有答案，就是"人生代代无穷已，江月年年望相似"，似乎是"物是人非"的悲凉。

师：对，江月虽生生不息，人生同样代代无穷。诗人追问的实际上是生命个体和宇宙、世界的关系。这是一个"每个人都有不同的答案"的哲学命题。

师：在这浩瀚苍茫、无穷无尽的宇宙中，人生是何等短暂和渺小。可是请大家想一想，张若虚是和他的诗人前辈们一样，只是"羡宇宙之无穷，哀此生之须臾"的悲叹吗？

生（全体）：（沉思）

师：应该说，诗人们对宇宙、对人生的思考，古已有之，而且永远不会停止。人类是从哪里来的？只要人类存在，它就会是一个永恒的命题。

师：我们来读一读另一位初唐诗人刘希夷的名作《代悲白头翁》。这是一首长诗，重点读读这几句吧：

生（全体）：（齐读）

洛阳女儿惜颜色，坐见落花长叹息。

今年花落颜色改，明年花开复谁在？

年年岁岁花相似，岁岁年年人不同。

师：请同学们对比一下，这两首诗中，刘希夷看见落花感慨"年年岁岁花相似，岁岁年年人不同"，张若虚看到江月触景而思"人生代代无穷已，江月年年望相似"，他们的感慨有不同吗？

生9：我觉得刘希夷的诗重在"悲"，可是张若虚的诗句却让人感到希望，没有悲伤的感觉。

师：对，你的感觉很敏锐。

师：那么刘希夷的"长叹息"是在"叹息"什么呢？

生10：我觉得是"岁岁年年人不同"也就是"物是人非"，生命个体短暂易逝；而张若虚的"人生代代无穷已，江月年年望相似"则抱着积极的态度，它就类似于另外一句诗"沉舟侧畔千帆过，病树前头万木春"，对未来是一种积极的态度。

师：非常准确。谢谢你。

师：物是人非，生命个体短暂易逝；物是人是，人生人类代代无穷。每个人面对浩瀚苍茫、无穷无尽的宇宙都会感叹：人生是何等的短暂和渺小，可是张若虚并不只是"羡宇宙之无穷，哀此生之须臾"的悲叹啊。

师：接着诗人又一次追问，"不知江月待何人"，如何呢，"但见长江送流水"。同学们想象一下：浩瀚无垠的长江送别着向远方奔去的流水，你是什么感受？

生11：读到这一句诗，我觉得是一种时光飞逝的感觉，一切都没有停止，一切都在前进。

师：很好。谢谢。

师：此时我们读到"不知江月待何人，但见长江送流水"，也与作者一样有了新的领悟与超越：今晚的江月并非为我的离愁别绪而来，千百年来它不知照耀过多少如我这般漂泊的游子，抚慰过多少迷惘感伤的心灵。就像眼前这生生不息、浩瀚无垠的长江，用它的温暖慈爱、宽容博大抚慰着万万千千东流而来的涓涓细流，又陪伴它们、送别它们朝着理想的前方一路奔流。这是慈爱的父母、敬爱的长者对远行游子的叮咛，这是志同道合的朋友对即将奔赴远方、追寻理想的伙伴诚挚的祝福，这是诗人对茫茫宇宙与有限人生最坚定、最温暖、最光亮、最美丽的答案。

下面，让我们请刚才给我们读这一段的这位同学再给我们读一遍。

生6：（诵读）

师：读得很好。比之前读得更有韵味，读出了光明，读出了希望。

3. 春江花月夜中的"情"。

师：人非草木，孰能无情？漂泊异乡的诗人在这里自然而然地想起了远方的爱人。

生：（齐读"白云一片去悠悠……落月摇情满江树"）

师：这一部分诗歌结构非常精巧，请同学们告诉我诗人用的是什么结构？

生12：总分结构。

师：对。哪几句是总？哪几句是分？怎么分的？

生13：从"白云一片去悠悠"到"何处相思明月楼"是总述。从"可怜楼上月徘徊"到"鱼龙潜跃水成文"写思妇对离人的怀念。从"昨夜闲潭梦落花"到最后写游子的思归之情。

师：非常准确。"思妇"部分诗人描写得非常含蓄隽永，请全体女生再读一遍，感受一下，这里还有谁陪伴着思妇、依恋着思妇不忍离去？

生（女生）：（齐读"思妇"部分）

师：谁？还有谁陪伴着思妇、依恋着思妇不忍离去？

生（全体）：明月。

师：对。诗人没有直接说出思妇的思念，而是用"明月"来烘托她的思念之情。在这里诗人对"明月"用了什么修辞手法？有什么妙处？

生14：拟人。

师：对。诗人在这里把"明月"拟人化。最传神的是哪个动作？

生15："徘徊"二字用得极其传神，月光怀着对思妇深深的同情和怜悯，在楼上徘徊不忍去，要和她做伴，为她解愁，因而把柔和的清辉洒在妆镜台上、玉户帘上、捣衣砧上。岂料思妇触景生情，反而倍加思念，她想赶走这恼人的月色，可是月色"卷不去""拂还来"，真诚地依恋着她。

师：很准确。最后八句写游子，我们大家看一看，诗人用了哪些景物来烘托他的思归之情？

生16：有闲潭、落花、江水、斜月、碣石，还有落月、满江树。

师：非常完整。当我们看到这些景物时，我们也能深深地体悟到游子连做梦都在念念归家的深情。花落幽潭，春光将老，而他却远在天涯。碣石潇湘，天各一方，回家的道路依然遥远而漫长。在这美好的夜晚，不知会有哪个幸运儿能乘月回到自己的家乡，江月虽落，可万千柔情依然不绝如缕，洒满江边的树林……

师：在这里老师还想和同学们讨论一下，游子思妇的这份感情，给我们心灵最大的感受是什么？读到"落月摇情满江树"，心中有些什么样的感受？

生17：感觉他们有无限的思念。

师：你觉得这种思念只是"一种相思两处离愁"的愁绪吗？

生 17：是愁绪。（这位同学的同桌说：不是）

师：那你来说说为什么不是？

生 18：我觉得是欢快的。在这里，春江很美，花很美，月夜很美，就希望能欣赏这美丽的景色，然后做一个美梦，在梦中就可以见到自己思念的妻子。

师：噢，美景、美梦，就不再是伤感，而是美好的期待、希望。你的感觉很细腻，有情有景，让我们也体会到了诗人始终的积极乐观。

还有一首诗，同学们也许读过，老师也非常喜欢。我们请全体男生来读。

生（男）：（齐读《夜雨寄北》）

> 君问归期未有期，巴山夜雨涨秋池。
>
> 何当共剪西窗烛，却话巴山夜雨时。

师：这是李商隐在蜀地写给家中妻子的一首诗，同样是相隔两地无限思念，同学们读这首诗，有什么感受？

生 19：很温馨，很甜蜜。

师："温馨""甜蜜"，这两个词用得很贴切。诗人写道：你问我什么时候回家，我也不知道具体的归期，今晚巴山下着大雨，雨水涨满了池子。何时你我重新相聚，在西窗下一起剪去烛花，再来叙说今日巴山夜雨的情景吧！"巴山夜雨涨秋池"，那不正是我在不眠之夜对你无限思念的感情波涛吗？

师：那么落月时洒满江树的只是伤感的离愁别绪吗？

生（全体）：不是。

师：不是啊，真的不只是伤感。游子思妇"相望不相闻"，有不绝如缕的思念，有淡淡的悲伤，但我们感受更多的是真挚、是温暖、是热爱、是希望，他让我们坚信"海上生明月，天涯共此时"，坚信"两情若是久长时，又岂在朝朝暮暮"，坚信"金风玉露一相逢，定胜却人间无数"，因为这是最伟大、最纯粹、最美丽的爱情。原来，思念竟如此美丽！

师：好文不厌百回读，现在我们一起在音乐中齐读这首如此美丽的诗歌吧。

生（全体）：（配乐，全班学生齐诵读）

师：读诗其实就是在交流，是用自己的心和另一个灵魂在交流。当然，个人心中的理解不同，朗读时也会有差异，但只要用心去读，我们就会在感受、领悟、思考中获得很多。

三、拓展探讨，为什么只有张若虚能够写出这首旷世佳作

师：我们一起全面了解了《春江花月夜》的内容，共同品读了它的美景、美思、美情。在此我们不禁要问：这皎洁的明月照耀过无数异乡的游子，无数追寻理想的游子也都曾仰望这轮明月，可是为什么只有张若虚能够写出这首旷世佳作，成就了这首"诗中的诗，顶峰上的顶峰"呢？请同学们讨论一下。

生（全体）：（积极热烈地讨论）

生20：《春江花月夜》是张若虚在初唐学写的一首诗，那时的一切都是非常美好的，但是我想张若虚在他的一生中也肯定徘徊过、迷惘过，但是在面对这样的美景时，这样浩瀚的宇宙、美丽的月景，在他的思想中充满一种积极向上的态度，不是悲哀的，他觉得生命是如此美好，我们宇宙是如此浩瀚无垠，如果我们只是一味地去悲叹生命，他就会觉得是在虚度年华。（学生情不自禁地鼓掌）

师：说得非常精彩。这是非常重要的原因，就是诗人所处的时代背景。还有别的原因吗？

生21：张若虚一生只有这一首诗为人所知，就像曹雪芹只有一部《红楼梦》，他是把自己毕生所学、毕生才华全都融入这首诗中，所以这首诗更显光芒，更显光明。（学生同样自发地鼓掌了）

师：也说得很精彩。张若虚的这首诗的确让我们感受到他的超绝才华、旷世才情。

综合大家刚才的发言，为什么作者能够写得这么美？一是来自诗人的旷世才情。比如，诗歌独特的韵律安排，以"月"为意象一线串珠，浑然一体，还有意象美、情景美、音乐美以及游子、思妇的对比映衬都充分体现了诗人高超的写作技巧和超绝才华。

除了诗人的才情之外，还有一个非常重要的原因，那就是诗人所处的时代背景，诗人生活的唐代初年是一个欣欣向荣、快速发展的时代，是即将到来的大唐盛世的先声。诗人所处的初唐时代所展现出来的是无穷生机和活力，深深地激励着诗人，感染着诗人，给了他对人生、对理想、对未来无尽地憧憬、光明、生机和希望，这既是一个美丽神奇的春江花月夜，更是一个充满希望、奔向未来的清晨！

师：（结束语）什么是诗歌？诗歌是人类智慧和思想迸发出的最璀璨、最夺目的火花。什么是诗人？诗人是现实世界中盘旋于万丈高空的雄鹰。杰出的诗人，伟大的诗歌，是帮助我们发现美的眼睛。通过春江月夜，诗人给我们带来了一场美的视觉盛宴；通过对宇宙人生的思考，诗人带我们感受了一次超越的、升华的、美的心灵之旅；通过游子思妇的无尽思念，让我们看到了一曲伟大的、美的爱情礼赞。而伟大的时代，常常能够孕育和造就伟大的诗歌；伟大的诗歌，往往能够预言和感知伟大时代的到来。伴随着《春江花月夜》在大江南北竞相传唱，中华民族最伟大的盛唐时代正在阔步向我们走来。

师：非常高兴能够和各位同学一起度过这样一个美丽的上午。谢谢！

【评点】

对于一位导演来说，改编经典是一个挑战，对于一名教师而言，讲解名篇也是一个挑战。导演的改编，其结果大都可算在见仁见智之列，而教师的讲授，恐怕就只有成败之分了。宜昌一中的姚平老师敢于在公开课上挑战《春江花月夜》这样的名篇，实在勇气可嘉。

所谓"美文好读不好教"。对于《春江花月夜》这样"诗中的诗，顶峰上的顶峰"，要感受它的美易，要领悟它的情难，要参透它的景、思、情合一更难；而将美的讲授与美的诗文结合又是一重难题。姚平老师是如何解决这些难题的呢？

这节课可谓参透了《春江花月夜》的景、思、情，对这首诗的主题挖掘极深。《春江花月夜》作为师承古意的宫体诗，能够"富有真正的艺术生命、能够活在后代人的记忆中"成为千古杰作，难能可贵之处在于既将诗情画意描写到了极致，更"给人无限的审美愉悦和深邃的哲学思考，使人难出其右"。姚平老师深入探究诗歌的情感哲理，细腻地体验并引导学生领会"江月"哲思，不是"物是人非、生命短暂易逝的伤感"而是"诗人对茫茫宇宙与有限人生最坚定、最温暖、最光亮的美丽期待"，是诗人"对宇宙的领悟和超越，对人生的追求和热爱"。

在我看来姚平老师的一些做法值得肯定：

一是用诵读感受美。整个课堂在初读美读、再读悟读、好文不厌百回读、音乐声中沉醉读的诵读氛围中，一步步深入分析鉴赏《春江花月夜》美在何处、美有何因，为什么只有张若虚能够写出这首旷世佳作。文中的音韵美、景色美是显而易见的，课堂上姚平老师用这么多种方式的诵读来让学生感受美、体会美、品味美，做得很充分。

二是用比较阅读强化感悟。对诗中哲思、别情的理解是一个难点，但是姚平老师引用两首耳熟能详的诗让学生进行比较，轻巧地化解了这个难题，不能不说做得精彩。在引导学生领会《春江花月夜》的"哲思"部分时，让学生对比刘希夷看见落花感慨"年年岁岁花相似，岁岁年年人不同"与张若虚看到江月触景而思"人生代代无穷已，江月年年望相似"有什么不同；在"别情"部分，为了感受诗人除了"一种相思两处离愁"的伤感，更有"真挚温暖与纯粹美丽"，姚平老师又引入了李商隐的诗歌《夜雨寄北》。

三是用联想突出情。引导学生设身处地地去体会，身临其境去思考，诗情才会更突出，诗意才会更充分。诵读、比较、联想，这不正是诗歌解读的最佳方法吗？

另外，纵观整节课，姚平老师素雅得体的着装、亲切和蔼的教态、准确精当的点评、诗意盎然的佳语，与《春江花月夜》的诗意高度契合，相得益彰，这是姚平老师的细心，也是她的匠心，她将讲授的形式美与诗文的内容美完美地结合在一起。也许这是姚平老师挑战这一名篇成功之所在。

二、散文案例

案例一：

已识乾坤大，犹怜草木青
——《端午的鸭蛋》教学设计①
熊芳芳

【教学目标】

1. 体会汪曾祺散文的语言特色。
2. 了解作者的人生观和审美观，理解"境由心生"。

【教学过程】

一、导入

金庸说，大陆"满口噙香中国味的作家，当推汪曾祺和邓友梅"。有人略作统计，说汪曾祺在其作品中提到的美食不下 300 种。更有一类"直接点题"的作品，譬如《汪曾祺谈吃》《吃食和文学》《四方饮食》《故乡的食物》。

汪曾祺说"南甜北咸东辣西酸"，各地美食各具特色，但令他最难忘怀的，恐怕仍是故乡高邮的美食。说到高邮特产，大家最熟悉的是什么呢？

那就是名满天下的高邮红心咸鸭蛋。

二、渐进

这篇散文写的就是汪曾祺故乡高邮的咸鸭蛋。如果把这篇文章的标题改为"咸鸭蛋"或者"高邮的鸭蛋"，如何呢？

明确："咸鸭蛋"适合作说明文的标题，但无法与作者关于故乡的一切回忆自然交融，听起来生硬干涩；"高邮的鸭蛋"，虽与故乡有了关联，听起来却像是在为故乡的特产做广告，缺少了一种民俗氛围的背景，少了许多的怀旧色彩和人情味道。

"端午的鸭蛋"这个标题，有主角有背景，有时间有空间，有风土有人情，有文化有底蕴。丰富许多，生动许多，是个有画面感、有吸引力的标题。

---

① 熊芳芳：《已识乾坤大，犹怜草木青——〈端午的鸭蛋〉教学设计》，《中学语文》（上旬刊）2014 年第 6 期，第 59～60 页。

三、深入

（一）家乡的端午（第1段）

既然作者是以端午为背景来写鸭蛋，那么，家乡的端午有哪些风俗？又是一种怎样的氛围呢？

齐读第1段，讨论交流。

1. 系百索子。端午节以五彩丝系臂的风俗，古已有之：

浣溪沙·端午

（宋）苏 轼

轻汗微微透碧纨，明朝端午浴芳兰。流香涨腻满晴川。

彩线轻缠红玉臂，小符斜挂绿云鬟。佳人相见一千年。

小重山·端午（上阕）

（元）舒 頔

碧艾香蒲处处忙。谁家儿共女，庆端阳。

细缠五色臂丝长。空惆怅，谁复吊沅湘。

2. 做香角子。香角子是端午节时用丝线缠成小粽子等状，里头装了香面，一个一个串起来，挂在家里用来辟邪的东西。

3. 贴五毒。民间认为五月是五毒（蝎、蛇、蜈蚣、壁虎、蟾蜍）出没之时，民谣说："端午节，天气热，五毒醒，不安宁。"每到端午节，民间要用各种方法预防五毒之害。一般在屋中贴五毒图，以红纸印画五种毒物，再用五根针刺于五毒之上，即认为毒物被刺死，再不能横行了。这是一种辟邪巫术遗俗。民间又在衣饰上绣制五毒，在饼上缀五毒图案，均含驱邪之意。有的地方的人们用彩色纸把五毒剪成图像，或贴在门、窗、墙、炕上，或系在儿童的手臂上，以避诸毒。

4. 贴符。从文中来看，人们认为贴符有什么作用呢？

辟邪。

作者心里是这样认为的吗？

不是。因为用的是反问句："这就能辟邪么？"表达的是怀疑和否定的意思。而且，作者对符的描写"上面用朱笔画些莫名其妙的道道"，颇有些"童言无忌"式的颠覆与嘲讽，一句初生牛犊的懵懂发问，将大人们庄之重之奉若神明的东西，如同纸老虎一样轻轻戳破。

193

5．喝雄黄酒。关于端午节喝雄黄酒，你知道是什么样的故事吗？

据说端午节喝雄黄酒的来历是这样的：屈原投江之后，屈原家乡的人们为了不让蛟龙吃掉屈原的遗体，纷纷把粽子、咸蛋抛入江中，说是可以药晕蛟龙，保护屈原。一会儿，水面上果真浮起一条蛟龙。于是，人们把这条蛟龙扯上岸，抽其筋，剥其皮，之后又把龙筋缠在孩子们的手腕和脖子上（这就是系百索子的来历了），再用雄黄酒抹七窍，认为这样可以使孩子们免受虫蛇伤害。汪曾祺的家乡是"用酒和的雄黄在孩子的额头上画一个王字"，意思是一样的。古诗有云："唯有儿时不能忘，持艾簪蒲额头王。"意思是说端午节这天，孩子们拿了艾叶，戴了菖蒲，额头上用雄黄酒写了"王"字，以辟邪防疫。

6．放黄烟子。这个习俗也与雄黄有关（"里面灌的不是硝药，而是雄黄"），功用也是对付"五毒"（"把点着的黄烟子丢在橱柜下面，说是可以熏五毒"），但这只是它在大人们那里的功用；在小孩子那里，则另创造出一种充满了童趣的新功用："小孩子点了黄烟子，常把它的一头抵在板壁上写虎字。写黄烟虎字笔画不能断，所以我们那里的孩子都会写草书的'一笔虎'。"

7．吃"十二红"。周处《风土记》说："仲夏端午，谓五月五日也，俗重此日也与夏至同。"

古代称夏季为"朱明"，意为阳光灿烂，一片通红。过去，在南京流传"端阳十二红"的说法，用红色（或近于红色的黄色、橙色）的花卉、水果、菜肴作为在这一节日里人们欣赏、品味的物品，以烘托端阳的节日气氛，显示它的特色。"端阳十二红"是：雄黄酒、黄鱼、咸鸭蛋、火腿、油爆虾、烧鸭、苋菜、玫瑰砂（糖）、月季花、石榴花、樱桃、枇杷。（筠村《端阳十二红与"五毒菜"》）

对于"十二红"，汪曾祺记不清的是什么，记得牢的又是什么？

记不清到底是哪十二样了："十二红里我只记得有炒红苋菜、油爆虾、咸鸭蛋，其余的都记不清，数不出了。也许十二红只是一个名目，不一定真凑足十二样"，记得牢的是："午饭的菜都是红的，这一点是我没有记错的，而且，苋菜、虾、鸭蛋，一定是有的。这三样，在我的家乡，都不贵，多数人家是吃得起的。"

这样写，有什么好处？

讨论明确：渲染色彩浓郁的节日氛围，突出印象最深的典型美食，引出关于鸭蛋的话题，顺利过渡到下文写家乡的鸭蛋。

如果要你用三个词来概括汪曾祺家乡的端午，你会用哪三个词呢？

讨论小结：趣、味、美（或好玩、好吃、好看），一幅色彩浓郁、温暖生动的风俗画。

（二）家乡的鸭蛋（第 2～4 段）

1. 高邮的鸭蛋享誉古今，汪曾祺是怎样向我们介绍这一点的呢？

明确：全国著名（每逢有人问起我的籍贯，回答之后，对方就会肃然起敬："哦！你们那里出咸鸭蛋！"上海的卖腌腊的店铺里也卖咸鸭蛋，必用纸条特别标明"高邮咸蛋"），历史悠久（引用清代袁枚的记录"腌蛋以高邮为佳，颜色红而油多，高文端公最喜食之"）。（"肃然起敬"一词看起来大词小用，却表现了高邮咸蛋的鼎鼎有名）

2. 高邮的鸭蛋为什么会享誉古今？它有哪些特点呢？

结合文中句子进行讨论，明确：

趣（好玩）："高邮还出双黄鸭蛋。别处鸭蛋也偶有双黄的，但不如高邮的多，可以成批输出。双黄鸭蛋味道其实无特别处。还不就是个鸭蛋！只是切开之后，里面圆圆的两个黄，使人惊奇不已。"（神奇的蛋，像双胞胎一样可喜可爱）"平常食用，一般都是敲破'空头'用筷子挖着吃。筷子头一扎下去，吱——红油就冒出来了。"（"捣蛋"一词原来是这么个来历，呵呵。吃蛋的过程几乎就是一种游戏，一种钻井探索，红油冒出来的时刻，正是最有成就感的时刻）

味（好吃）："总宜切开带壳，黄白兼用；不可存黄去白，使味不全，油亦走散。""高邮咸蛋的特点是质细而油多。蛋白柔嫩，不似别处的发干、发粉，入口如嚼石灰。油多尤为别处所不及。"（高邮咸鸭蛋，好吃又好看）

美（好看）："高邮咸蛋的黄是通红的。苏北有一道名菜，叫作'朱砂豆腐'，就是用高邮鸭蛋黄炒的豆腐。我在北京吃的咸鸭蛋，蛋黄是浅黄色的，这叫什么咸鸭蛋呢！"（通红的咸蛋黄，正像高邮人红火的日子、炽热的心。颜色足，味道才足）

3. 好玩，好吃，又好看，正因为如此，汪曾祺才对家乡的咸蛋情有独钟，并且有一种孩子气的自豪感和排他性在言语之间真切自然地流露了出来，你发现了吗？

体会并讨论下面的句子：

我对异乡人称道高邮鸭蛋，是不大高兴的，好像我们那穷地方就出鸭蛋似的！不过高邮的咸鸭蛋，确实是好，我走的地方不少，所食鸭蛋多矣，但和我家乡的完全不能相比！曾经沧海难为水，他乡咸鸭蛋，我实在瞧不上。

孩子式的矛盾心理：为什么异乡人称道高邮鸭蛋，作者会不大高兴呢？

明确：因为情人眼里出西施，家乡的什么都好，不只是鸭蛋好。觉得别人没看到自己引以为荣的家乡真正的好、全部的好。

"曾经沧海难为水"一般用来说什么？为什么要这样大词小用呢？

明确：语出《孟子·尽心章句上》："观于海者难为水。""曾经沧海难为水，除却巫山不是云"是元稹的绝句，表达了诗人对亡妻韦丛的忠贞与怀念之情。"沧海""巫山"，是世间至大至美的形象，诗人引以为喻，从字面上看是说经历过"沧海""巫山"，对别处的水和云就难以看上眼了，实则是用来隐喻他们夫妻之间的感情有如沧海之水和巫山之云，其深广和美好是世间无与伦比的，因而除爱妻之外，再没有能使自己动情的女子了。汪曾祺在这里用这句话来表达自己对家乡咸鸭蛋的情有独钟，看起来大词小用，实则是为了表达对家乡和家乡美食的浓浓深情。

我在北京吃的咸鸭蛋，蛋黄是浅黄色的，这叫什么咸鸭蛋呢！

对比高邮咸鸭蛋黄的通红，汪老当然对色泽浅淡的北京咸鸭蛋全然看不上眼了。并且，汪老率直地表达了这种看不上眼。（孩子式的直接与干脆）你甚至能够想象出他斜睨了一眼，就兴味索然地放下筷子的情景。家常话的口语风格，让人倍感亲切。

这是作者成年后见识了许多他乡咸鸭蛋之后，对家乡咸鸭蛋由衷地赞美。那么，对于儿时的作者，以及所有像儿时的作者一样的孩子们，端午的鸭蛋又意味着什么呢？

（三）孩子·端午·鸭蛋（第5~7段）

指名读第5~7段。

如果仍旧让你用三个词来概括，你会用哪三个词呢？

美（好看）："端午节，我们那里的孩子兴挂'鸭蛋络子'。头一天，就由姑姑或姐姐用彩色丝线打好了络子。端午一早，鸭蛋煮熟了，由孩子自己去挑一个，鸭蛋有什么可挑的呢？有！一要挑淡青壳的。鸭蛋壳有白的和淡青的两种。二要挑形状好看的。别说鸭蛋都是一样的，细看却不同。有的样子蠢，有的秀气。挑好了，装在络子里，挂在大襟的纽扣上。这有什么好看呢？然而它是孩子心爱的饰物。"

味（好吃）："鸭蛋络子挂了多半天，什么时候孩子一高兴，就把络子里的鸭蛋掏出来，吃了。端午的鸭蛋，新腌不久，只有一点淡淡的咸味，白嘴吃也可以。"

趣（好玩）："蛋黄蛋白吃光了，用清水把鸭蛋壳里面洗净，晚上捉了萤火虫来，装在蛋壳里，空头的地方糊一层薄罗。萤火虫在鸭蛋壳里一闪一闪地亮，好看极了！"

这样的乐趣，甚至让作者联想到了囊萤映雪的典故，"觉得东晋的车胤用练囊盛了几十只萤火虫，照了读书，还不如用鸭蛋壳来装萤火虫"，童趣盎然，呼应了文章开头所描写的孩子们在端午时其他的乐趣，从端午风俗之乐到端午鸭蛋之乐，孩子们的快乐童年与端午有关，也与鸭蛋有关。童年的快乐，有些是习俗和环境所给予的，譬如系百索子等；有些是孩子们自己的创意实践，譬如用点了的黄烟子的一头写"一笔虎"，用鸭蛋壳装萤火虫。

汪曾祺曾在《梦故乡》的扉页上写下这样一句话："我想念家乡的雪。"其实，他所想念的，何曾只是家乡的雪。雪，抑或端午的鸭蛋，都不过是一个载体，承载了家乡一切温暖的记忆、童年的欢乐、美好的人情以及早已植入血肉的家园情结。

四、省思

在汪曾祺笔下，我们看见的只有三个字：趣、味、美，或者换个说法：好玩、好吃、好看。他一生所经历的轰轰烈烈的大事可谓多矣，例如启蒙救亡、夺取政权、反右斗争、文化大革命、改革开放等，为什么他的文字却能如此温暖恬静、疏朗淡泊？

用他自己的话说：经常提到美，会让他的读者心软，心软是非常重要的事情。

"我所追求的不是深刻，而是和谐。"

"我写的是美，是健康的人性。美，是什么时候都需要的。"

汪老的儿子汪朗说："老头最大的特点，就是从未在文章中说过一句家乡的坏话。他的笔调总是充满了温情，作品中的一些人物，不是正面角色，却也非常可爱，不招人讨厌。"

命运真的不曾亏待他而令他没有怨尤吗？家乡真的没有一个招人讨厌的人吗？

在被打为右派下放劳动的日子里，他奉命画出了一套马铃薯图谱。他认为在马铃薯研究站画图谱是"神仙过的日子"，画完一个整薯，还要切开来画一个剖面，画完了，"薯块就再无用处，我于是随手埋进牛粪火里，烤烤，吃掉。我敢说，像我一样吃过那么多品种的马铃薯，全国盖无二人"。然而，他在《随遇而安》一文中写道："我当了一回右派，真是三生有幸。要不然我这一生就更加平淡了。"

整个后半生，他一直蹭新华社（他爱人施松卿供职单位）分配的房子住，被妻儿戏称为"寄居蟹"。在妻儿的"威逼利诱"下，汪曾祺也曾颇不情愿地起草递交过一份请求分配住房的报告。他写道："我工作几十年，至今没有分到一寸房子……"在去世前约一年又三个月，中国当代最优秀的作家终于有了一间属于自己的书房，却是出自儿子的孝敬——汪朗供职单位的福利房。

汪老曾几次返乡，尽己所能，为故乡做了不少事情。他希望政府能将闲置的几间汪家旧宅归还，改善弟妹们的生活条件，自己以后回乡小住，生活起居和写作亦能比较便利。1993 年 5 月 30 日，汪曾祺致函高邮女市长戎文凤，略谓："曾祺老矣，犹冀有机会回乡，写一点有关家乡的作品，希望能有一枝之栖。区区愿望，竟如此难偿乎？"情感洋溢，极为沉痛。然而名满天下的"文章圣手"（贾平凹语）没能打动官僚。

汪老座师沈从文的遗言是："对这个世界，我没什么好说的。"

汪老却对我们说："我们有过各种创伤，但我们今天应该快活。"

"已识乾坤大，犹怜草木青。"这两句诗是马一浮的，用在汪曾祺身上，再恰切不过。

大风大浪都经历过了，回过头来仍能因一棵草的新绿而欣喜，境由心生，汪老一生，活得好看。

沈从文《长河》里的夭夭说："好看的应该长远存在。"

汪老会和他的文字一起，长远存在。

案例二：

寻觅耳中圣地，获得目下净土

——《荷塘月色》教学设计①

张国彦

【设计说明】

许多读者都认为朱自清在《荷塘月色》中主要描绘了他眼中的月下荷塘，我以为言其眼中的莫若道其耳中的。《荷塘月色》全篇一共 1 407 个字，涉及声音的近 400 字。而且对声音的描写多与体现情思的句子共生，可以说是文章的主线。

《荷塘月色》若无其声，其境界全无。乐音隐喻着和谐，噪音隐喻着自由。和谐与自由是朱自清先生的精神家园，荷塘夜游可以说是朱自清先生的精神还乡之旅。

中国文人常常喜欢静观万物，特殊的时候避世静听万籁，甚或闭目塞听，以保持心灵的宁静。本课意在引导学生品味以声写静的特色，在品味语文味的同时，感受中国文人"幽"雅的情趣并探究其复杂的原因，陶冶性情。

教学设计不能以法损意，解读的思路应尽量天然，循着文章自然的脉络，发

---

① 张国彦：《寻觅耳中圣地，获得目下净土——〈荷塘月色〉教学设计》，《语文建设》2012 年第 3 期，第 17～19 页。

现天成的妙处。荷塘"听"月便是尊重文本的方法。

【课堂情境构想】

1. 潜意识与感觉。

教师先引导学生确立荷塘"听"月的潜在意图，这一点可以通过预习作业或"导入新课"来实现，明确告知学生读此文可另辟蹊径。

学生默读全篇，通过直面文本，建立真实、真切的感觉。

2. 倾情地朗读与感知。

教师或朗读家朗读（不配乐）。学生在听读的过程中会发现自己与他人在文章理解上的异同，因之存疑或确认对文章的初步理解。

3. 问题交流。

教师通过预设或相机生成的问题引领学生建立感知。

小声朗读，品味（讨论）、想象、联系，构建作者笔下、自己（读者）心中的"荷塘"。

这三步可构建自然、真实、开阔并且情感指向明确的课堂情境。

【教学目标】

1. 体味借声传情的手法。

2. 感受中国文人"幽"雅的情趣并探究其复杂的原因，陶冶性情。

【教学重点、难点】

重点：了解借声传情的手法。

难点：培养学生远离尘嚣、观照自我心灵的幽情。

【课时安排】

一课时。

【教学方法】

默读、朗读，情思教学法。

【教学过程】

一、导入

"明月出天山，苍茫云海间""今夜月明人尽望，不知秋思落谁家"……月色是要饱览的，但有才情的文人会有另类的佳作，比如辛弃疾的《听月诗》：

199

"听月楼头接太清，依楼听月最分明……"还有朱自清的《荷塘月色》。《荷塘月色》传统的解读并非侧重于"听"，但我们仍然可以从"听"的角度赏读，请同学们试一试。

二、学生默读，循声，寻声

引导学生沿着声音的主线，找出文中与声音有关的语段。

三、师生交流文中与声音有关的语段

（略）

四、听范读，为有关声音的语段分类，并分析其表现特色（作用）

学生思考后师生交流：

1. 实写环境（衬托）：

这是一条幽僻的路；白天也少人走，夜晚更加寂寞。

叶子底下是脉脉的流水，遮住了，不能见一些颜色。

这时候最热闹的，要数树上的蝉声与水里的蛙声；但热闹是它们的，我什么都没有。

2. 虚写环境（含人物）：

采莲的是少年的女子，她们是荡着小船，唱着艳歌去的。（虚实结合）

3. 直接揭示人物心情：

我爱热闹，也爱冷静。

白天里一定要做的事，一定要说的话，现在都可以不理。

4. 通感（借用，写环境）：

微风过处，送来缕缕清香，仿佛远处高楼上渺茫的歌声似的。

但光与影有着和谐的旋律，如梵婀玲上奏着的名曲。

5. 实写人物（衬托）：

月亮渐渐地升高了，墙外马路上孩子们的欢笑，已经听不见了；妻在屋里拍着闰儿，迷迷糊糊地哼着眠歌。我悄悄地披了大衫，带上门出去。

轻轻地推门进去，什么声息也没有，妻已睡熟好久了。

6. 虚写人物（含环境，衬托）：

采莲的是少年的女子，她们是荡着小船，唱着艳歌去的。（虚实结合）

五、探究《荷塘月色》泼墨于声音的复杂原因及文章独特的艺术魅力

朱自清先生为何在题为"荷塘月色"的 1 407 字中用了近 400 字的笔墨来写声音呢？

（一）教师准备

（据学生情况取舍，学生尽言则不言，以补充、点拨为要，重点从物理学、心理学、哲学角度分析）

1. 物理学。

声音是由物体振动产生的，夜晚视觉不如听觉，写夜景的文章中自然有许多关于声音的描写。

2. 心理学。

（1）声音的力量：张飞长坂桥取胜靠的是雷鸣般的声音，现代战争中也有噪音武器。声音虽无形，但对人的精神（身体）会产生极大的影响。

（2）物理→生理→心理→义理（喜怒哀怨，扬抑）→辞章。声音的发生是物理现象，会对人的心理产生影响，进而影响人的情感精神，最后表达于笔端。

3. 哲学。

万物之间的矛盾：声音是不同物体之间矛盾、摩擦、碰撞、交流、共振的产物，具有社会关系的天然隐喻意义。声音和谐与否便可反映社会关系和谐与否。

4. 文化传统（包括文学沿袭与历史流变）。

《礼记·乐记》云："凡音者，生于人心者也；乐者，通伦理者也。是故知声而不知音者，禽兽是也；知音而不知乐者，众庶是也。唯君子为能知乐。"

朱自清先生笔下有声、有音、有乐，并且明确地传达出对乐的向往与追求。

5. 社会政治影响。

6. 思维丰富的必然结果。

7. 噪音与乐音。

（二）师生讨论

师：中国古今文人以扬弃现有价值、追求高远理想为己任，因而常对现实不满。由于不为世所容或互生厌弃，便于苦闷之中静观万物、静听万籁，甚或闭目塞听，对世俗声音的敏感已成为潜意识，于是有意无意地逃避以保持心灵的宁静。

朱自清对尘嚣的观照和逃避是此文冰山下的部分，这成就了《荷塘月色》最独特的魅力：在以视觉意象为主体的世界中穿插声音意象，形成独特的意境。"微风过处，送来缕缕清香，仿佛远处高楼上渺茫的歌声似的"，通感写景，由味觉到听觉；"但光与影有着和谐的旋律，如梵婀玲上奏着的名曲"，通感写景，由视觉到听觉。这两句是潜意识支配促成的妙境！寻觅耳中圣地，获得目下净土。朱自清笔下的声音有乐音，有噪音。对乐音的钟情隐喻着对和谐的向往，对噪音的厌弃隐喻着对自由的向往。和谐与自由是朱自清先生的精神家园。

在现实与美好理想背离的境遇中，愤青式的无谓粗豪，不若寻觅宁静、呵护幽情。人类的精神家园永远高于也理应高于现实。

六、学生自由朗读

（略）

七、布置作业

品读杜牧《题扬州禅智寺》或自选一首有声音描写的古诗词赏读。

三、小说案例

案例一：

《范进中举》"非指示性"教学设计①

郑逸农

【设计特点】

本篇运用"非指示性"教学设计中"基于自主探究"的样式设计。该设计主要用于小说类文本。自主探究，此处我界定为在教师引导下，学生自主探索推究传统小说的主题、人物、情节、环境等，从中获得文学的享受和人生的感悟。该教学设计的标志性环节为"四探究"：一探究主题，二探究人物，三探究情节，四探究环境。即先探究主题，后探究表现主题的形式和技巧——人物、情节和环境。在探究主题中，获得人生的感悟；在探究形式和技巧中，获得文学的享受。但也可以先学习探究最基本的环境和情节，为后面的学习探究奠定基础，再学习探究最精彩的人物描写，最后水到渠成地学习探究最深刻的主题。本设计运用后者的方式来设计。

---

① 郑逸农：《〈范进中举〉"非指示性"教学设计》，《中学语文》（上旬刊）2013年第11期，第42～45页。

【设计展开】

一、教师激趣导入

看到这个喜庆的标题，我们都会为范进感到高兴。因为他"中举"了。请问"中举"是什么意思？（让每人独立思考，然后一起开口说说）是"考中举人"。（以问询的方式继续，让学生的兴趣跟上来）为什么考中举人值得高兴？因为他的命运要改变了，有荣华富贵了。范进中举容易吗？不容易，请看课文标题下面方框里边的话："主人公范进从二十岁开始应考，年年进考场，直到五十四岁才中秀才，紧接着中了举人。"这一突如其来的命运变化，却引出了一幕幕令人啼笑皆非的悲喜剧。让我们走进现场，看看范进中举的前前后后。

二、初读课文，交流感受

学生先打开书本，自主诵读，读出真切的体验和细腻的感受，并用一句话说说自己的初读感受，先在备用纸上写下来，要求真诚、细腻、个性化（三个要求逐级提升）。

每人独立完成后，在小组内交流，相互感染，并相互评判，说说达到了三级要求中的哪一级；之后由每组推出一位真诚、细腻、个性化的代表向全班介绍，并现场互评；最后教师也说说自己的感受：读完这篇小说，我感到莫大的滑稽，也感到莫大的悲哀，人生的丑态、世态的炎凉，在范进中举的现场都得到了充分的展现。

三、讨论学习内容和学习方法

先讨论本文作为小说，哪些方面需要学习。让每人围绕小说的文体特点来思考，在备用纸上写下四个以上的关键词；然后在小组内交流讨论，形成基本共识；之后教师随机抽点几个小组的代表向全班介绍；接着教师也说说自己的基本理解，与学生交流，继续促进共识的形成：我们都知道小说有三要素：人物、情节、环境，再加上另一个关键词：主题。这四个一个都不能少。因此，一篇传统意义上的小说，有四个方面需要学习：人物、情节、环境和主题。

再说说本文的四个方面，哪方面最精彩，哪方面最深刻，哪方面最基本，这是学习前两者的基础。每人思考片刻后，参与小组内交流，形成基本共识。之后教师也说说自己的理解，继续促进共识的形成：这篇课文，人物描写方面最精彩，主题方面最深刻，而环境和情节两个方面都是最基本的，是理解精彩的人物描写和深刻的主题的必要基础。

之后建议学生用由浅入深的方式确定学习顺序：先学习探究最基本的环境和情节，为后面的学习探究奠定基础，再学习探究最精彩的人物描写，最后水到渠成地学习探究最深刻的主题。

最后再讨论学习方法，让学生形成基本共识：语文学习不能被动听讲，而应自主实践；作为小说，最有效的自主实践体现为自主诵读、自主品析和自主探究。

这一步的设计意在体现"把人当人、自主成长"的"非指示性"教学理念，唤醒学生的自主学习意识，培养学生的自主学习能力。

以下按四个方面来预先设计。课堂实施时可能会根据学生的意见随机作些调整。如有选择其他个性化的学习内容的，要求在同样的时间内取得同样的学习效果，并在交流的时候，积极发言，给人启发。

四、探究环境

共同探究《范进中举》的故事发生在怎样的社会环境和家庭环境下。

每人先独立探究，根据课文的文字及注释，分别用一个简洁的词语来概括，然后引用书上的语句作为佐证，适当展开解释。该问题比较简单，不必在小组内讨论，教师随机点几人起来说说即可。

之后教师补充介绍（根据课堂学习情况随机决定介绍的内容和重点）：

范进中举的故事发生的社会环境和家庭环境可以分别用一个四字格的词来概括：科举制度、一贫如洗。下面适当展开说说。关于科举制度，课文注解不是很详细，但从范进中举前后命运的变化就可以知道：考取秀才只是"功名"的起点，并不会有命运上的改变，所以他的丈人胡屠户虽然"拿着一副大肠和一瓶酒"来贺喜，但却是满口挖苦和讽刺，说他是"现世宝"，范进也只能"唯唯连声"。而一旦考取了举人，就不一样了，光"报录人"就有先后三批，老丈人来贺喜是"跟着一个烧汤的二汉，提着七八斤肉，四五千钱"。还有张乡绅这个资深的举人也前来给他送钱送房子。可见他中举之后，身份有质的改变了，算是迎来人生的春天了。关于家庭环境，范进家的"一贫如洗"在文中有多次体现。先是他的丈人胡屠户数落他："历年以来，不知累了我多少。"可见他家一直靠着丈人救济；再是"出榜"那天，"家里没有早饭米"，母亲吩咐他把家里生蛋的母鸡拿到集市上去卖，"买几升米来煮餐粥吃"，他母亲"已是饿得两眼都看不见了"；还有最后张乡绅静斋举人来家里贺喜，"四面将眼睛望了一望，说道：'世先生果是清贫。'"。范进中举的故事就发生在这特定的社会环境和家庭环境下。

最后教师要让学生意识到：在这个特定的环境下，这篇小说精彩的人物描写、深刻的主题，就有了表现的基础。

五、探究情节

共同探究《范进中举》故事发生的全过程。

每人先独立探究，概括出故事情节发展的全过程，参照教师提供的"序幕"样例，将其余段落（共11段）分成开端、发展、高潮、结局四个部分，并依次概括内容，概括的语言要简洁、准确、全面（三个要求逐级提升）。

样例如下：

序幕（第1段）：范进考中秀才，丈人胡屠户前来贺喜，却对范进挖苦教训了一通。

每人独立完成后，在小组内交流，相互启发，并以三级要求为基准，相互评判，相互完善，形成基本共识；然后教师随机点两三个小组代表向全班介绍，边介绍边自评和互评，让每人都受到启发；最后教师也说说自己的基本概括（根据课堂学习情况随机决定说与不说）。

开端（第2段）：范进为去省城参加乡试向丈人借钱，反遭辱骂，他不甘心，瞒着丈人前往应试。

发展（第3～4段）：出榜之日范进家里断炊，奉母命上集卖鸡；中举喜报忽到，邻居去集上拉回范进。

高潮（第5～9段）：范进见到喜报，喜极而疯，披头散发走上集市；丈人一巴掌把他打醒，带回了家。

结局（第10～12段）：范进刚回到家，张乡绅来访，送钱又送房，亲如一家。

最后教师要让学生意识到：探究《范进中举》故事发生的过程，也是逐渐认识到人物描写的精彩和主题的深刻的过程，是在为后两者的学习奠定基础。

六、探究人物

共同探究范进中举前后的众生相（范进的表现、别人的表现）。

先一起确定要探究的人物：范进、胡屠户、张乡绅、众乡邻；然后每人独立探究。探究的方式是：找出典型的语句，对其作出简要的点评，写在备用纸上，点评语先总后分（先写一句总评，再稍作展开）。要求简洁、准确、深刻（三个要求逐级提升）。

四个人物探究完一个交流一个。每次交流，教师也随后介绍自己的探究心得，相互启发，相互促进。

以下是教师的基本准备：

人物一：范进

典型语句：邻居道："范相公，快些回去！恭喜你中了举人，报喜人挤了一屋里。"范进道是哄他，只装不听见，低着头往前走。邻居见他不理，走上来，就要夺他手里的鸡。范进道："你夺我的鸡怎的？你又不买。"邻居道："你中了举了，叫你家去打发报子哩。"范进道："高邻，你晓得我今日没有米，要卖这鸡去救命，为甚么拿这话来混我？我又不同你顽，你自回去罢，莫误了我卖鸡。"邻居见他不信，劈手把鸡夺了，掼在地下，一把拉了回来。

点评：够反常的表现！邻居先后两次告诉他"中了举"，他都不理，只当邻居在哄他、捉弄他，直到邻居"动武"制服他，才被迫回家。为什么会如此反常？因为他对失败的体验深入骨髓了，从二十岁考到五十四岁，不断地应试，又不断地失败，除了周围人们的蔑视和嘲弄外，他什么也没有得到，所以这次他才不信邻居说的真话。

典型语句：范进不看便罢，看了一遍，又念一遍，自己把两手拍了一下，笑了一声，道："噫！好了！我中了！"说着，往后一交跌倒，牙关咬紧，不省人事。……他爬将起来，又拍着手大笑道："噫！好了！我中了！"笑着，不由分说，就往门外飞跑，把报录人和邻居都吓了一跳。走出大门不多路，一脚踹在塘里，挣起来，头发都跌散了，两手黄泥，淋淋漓漓一身的水。众人拉他不住，拍着，笑着，一直走到集上去了。

点评：更反常的表现！自己日思夜想的愿望终于实现了，怎么会发疯呢？因为太痴想了，因为太兴奋了，心理一下子承受不住了，于是垮了，疯了。为什么会往外飞跑？因为他本能地要向外面的人宣布喜讯。

典型语句：（范进被丈人一巴掌打醒后）范进说道："是了，我也记得是中的第七名。"

点评：反常中的正常！人再疯，都能记得中举的名次，对功名的追求异常清醒，毫不糊涂，令人惊讶，让人敬佩。

典型语句：（中举前对丈人说的话）"岳父见教的是。"（中举后对丈人说的话）"方才费老爹的心。"（众邻居称呼胡屠户也是"胡老爹"）

点评：正常中的反常！中举前对丈人的称呼恭敬庄重，中举后对丈人的称呼戏狎随意。

人物二：胡屠户

典型语句：（范进中举前）胡屠户道："我自倒运，把个女儿嫁与你这现世宝……如今不知因我积了甚么德，带挈你中了个相公，我所以带个酒来贺你。""你如今既中了相公，凡事要立起个体统来。……你怎敢在我们面前装大？……你是个烂忠厚没用的人……"/范进因没有盘费，走去同丈人商议，被胡屠户一口啐在脸上，骂了一个狗血喷头，道："不要失了你的时了！你自己只觉得中了一个相公，就'癞蛤蟆想吃天鹅肉'来！……这些中老爷的都是天上的'文曲星'！……像你这尖嘴猴腮，也该撒泡尿自己照照！不三不四，就想天鹅屁吃！趁早收了这心……"

点评：好自大的丈人！在他眼里女婿范进根本不是个东西，想怎么骂就怎么骂，想怎么侮辱就怎么侮辱。

典型语句：（范进中举后）胡屠户作难道："虽然是我女婿，如今却做了老爷，就是天上的星宿。天上的星宿是打不得的！"/不想胡屠户虽然大着胆子打了一下，心里到底还是怕的，那手早颤起来，不敢打到第二下。／胡屠户站在一边，不觉那只手隐隐的疼将起来；自己看时，把个巴掌仰着，再也弯不过来。……想一想，更疼的狠了。／"我那里还杀猪！有我这贤婿，还怕后半世靠不着也怎的？我每常说，我的这个贤婿，才学又高，品貌又好，就是城里头那张府、周府这些老爷，也没有我女婿这样一个体面的相貌。……我小老这一双眼睛，却是认得人的。想着先年，我小女在家里长到三十多岁，多少有钱的富户要和我结亲，我自己觉得女儿像有些福气的，毕竟要嫁与个老爷，今日果然不错!"／屠户见女婿衣裳后襟滚绉了许多，一路低头替他扯了几十回。

点评：好渺小的丈人！在他眼里女婿范进突然成了文曲星，成了相貌明星。不是胡屠户的眼神变了，而是女婿的身份变了。

人物三：张乡绅

典型语句：（范进中举前）"世先生同在桑梓，一向有失亲近。"（范进中举后）"我和你是亲近的世弟兄。"／（送钱又送房时）范进再三推辞，张乡绅急了，道："你我年谊世好，就如至亲骨肉一般；若要如此，就是见外了。"

点评：好机灵的张举人！范进中举前不相往来，范进中举后就是至亲骨肉了。

人物四：众乡邻

典型语句：（范进中举前）没有描写，但可以推知，范进去省城应试，家里饿了两三天；出榜那天早晨家里断炊，范进只好去集上卖鸡换米。范进家境如此艰难，并无一乡邻过问。（范进中举后）当下众邻居有拿鸡蛋来的，有拿白酒来的，也有背了斗米来的，也有捉两只鸡来的。

点评：好务实的邻居！范进中举前漠不关心，范进中举后慷慨热心。

最后教师要让学生意识到：在探究人物的精彩描写的同时，也就一步步明白了小说的主题。

七、探究主题

共同探究《范进中举》的故事揭露了什么主题。

在前面认真探究环境、情节、人物的基础上，让学生水到渠成地探究小说的主题，边探究边在备用纸上写下关键词句，要求简洁、深刻、全面（三个要求逐级提升）。

独立完成后，在小组内交流，并相互评判，形成本组的最佳答案；之后由小组长向全班介绍本组的答案，看看哪些小组达到了三级要求。

之后教师也说说自己的基本结论（边说边介绍方法和理由）：揭露科举制度对人性的异化和对人与人之间关系的异化。核心词是科举制度，前半句是对范进自身的概括，后半句是对众人对待范进态度的概括。

最后引导学生现场讨论以下两个问题：

问题1：范进中举，喜极而疯，是悲剧还是喜剧？说说你的理解，欢迎各抒己见，但要自圆其说。

学生独立完成后，可以分为两种不同的观点展开辩论。

之后教师也说说自己的基本理解（根据现场学习情况随机调整）：

可以说是喜剧，也可以说是悲剧，但更可以说是悲喜双重剧。范进中举就意味着做官，做官就有权，有权就有钱。清代有句谚语，这句谚语《儒林外史》中也写道："三年清知府，十万雪花银。"因此是喜剧。但是，在漫长的整整35年的科举追求中，范进的人性已经扭曲，以至于看着喜报，脆弱的心理已经无法承受巨大的欢喜，喜极而疯，失去人样，这当然是悲剧。

问题2：范进面临着科举考试，我们也面临着中考、高考等人生大考。学习本文后，你获得哪些新的有益的认识？鼓励不拘一格，自由畅谈。

每人独立完成，然后先随机发言三五人，再自主发言三五人。随机发言，可以听到真实的；自主发言，可以听到精彩的。

之后教师也说说自己的基本观点（根据现场学习情况随机调整）：

学习本文后，我们要从中获得有益于人生的启发，而不是消极的结论：不用参加中考、高考了，不用像范进那样了，应该潇洒活一回。范进中举，喜极而疯，从中我们可以认识到，一旦把考试看的重于泰山，心理就容易出问题，甚至人性也跟着扭曲。因此我们在中考、高考面前，既要积极进取，又要心态平和，把中考、高考作为培养自己良好心理素质的难得契机，越考试，自己的心理素质越好，精神风貌越健康向上，在百炼中成钢，让自己成为一个心理健康、人格健全的人。这就是我们应该获得的新的有益的认识。

八、探究其他问题

学习小说的环境、情节、人物、主题后，每人再提出一两个有价值的问题，并自主探究，推寻答案。基本要求是"四有"：第一，有疑而问，即提出的问题是值得质疑的真问题；第二，有启发而问，即提出的问题对自己、对同学有启发，能借此深化对课文的学习；第三，有本探究，即结合文本展开探究，不离开文本想当然地猜测；第四，有效探究，即探究出的答案要有一定的深度或新意。

每人独立完成后，首先在小组内交流，相互启发，相互评判。然后每组推选出"四有"典型代表向全班介绍。教师也可提出一个问题，让学生现场探究：范进中举，喜极而疯，是否不真实？请简洁、全面地阐述你的理由。

教师准备的基本理解：

我认为是真实的，这可以从艺术真实和生活真实两方面来阐述。从艺术真实来说，因中举而发疯，是夸张手法的自然运用和讽刺手法的合理构设。从生活真实来说，范进热衷科举，孜孜以求，从二十岁开始应试，经过35年的失败煎熬，突然成功，心理承受不住，自然就垮了疯了，所以鲁迅说这是"会有的实情"。

九、了解作者及作品

教师综合相关资料介绍给学生，让学生了解作者及作品，深化学习，提升认识。（作者简介、背景介绍具体见人教版教师教学用书）

十、积累新鲜字词

聚焦新鲜字词，边读边积累，因人而异，不求统一。每人独立积累后，同桌间相互检测。最后教师也列出一些字词现场检测。

十一、品读典型语段

每人选出三四处给自己留下深刻印象的细节或场景，用心品读，体会其中的感情，并能用一两句话说说品读感受，可以是印象式的泛泛而谈，也可以进行逻辑论证。最后教师引导全班齐读最后一段，感受胡屠户"把银子攥在手里紧紧的""骂这死砍头短命的奴才"的可笑言行，在齐读中充分感受课文的讽刺艺术，把课堂学习气氛推向高潮。

十二、总结学习收获或启示

下课前，每人说一句结束语，总结自己的学习收获或学习启示。要求总结收获准确、全面，总结启示深刻、独到。

每人先在纸上写下来，然后在小组内相互交流，并相互评判。之后每组推出一位代表向全班介绍。最后教师也说说自己的总结，继续激励学生的学习：这篇精彩的小说，既让我们感受到了人物描写语言的精彩，又让我们体会到了科举制度下的读书人精神的压抑。这就是经典的力量，它能让我们在语言和精神两方面共同成长。

十三、教师推荐课外阅读篇目

语文学习"得法于课内"，同时"得益于课外"，需要课外阅读。我向各位推荐两类文章：一是研究专家评论《范进中举》的，二是吴敬梓《儒林外史》中关于范进的后续故事。已经粘贴在班级语文学习博客上，请直接打开阅读，每篇读完后留下你的一句话感想或评论，同学间相互交流，相互促进。

案例二：

曲径通幽处　阵阵"牧歌"来
——沈从文《边城》导学设计①

董新明

【导学构想】

"汝果欲学诗，功夫在诗外。"陆游对子侄们学诗的劝诫，也同样适用于我们组织《边城》的导学。

1. 上网阅读《边城》全书，或购买《边城》单行本阅读，从整体上把握本书的故事情节，领略小说"田园牧歌"的艺术风格。

2. 鉴于2003年人教版教科书编选的是十三至十五章，本次使用的是2006年版教科书，它编选的是三至六章，可将两个版本的"节选"进行对照阅读，揣摩编者的用意，共同领会小说的边城风情。

3. 以翠翠为核心的人物，通过"研读文本""复制形象""整合情节"等方式，进行人物形象分析，进而把握小说的写作特色。

【导学流程】

第一板块：我所知道的翠翠

1. 提问并梳理以下信息：

（1）她生活、生命里很重要的几个人物：爷爷、天保、傩送。

（2）与她身世、命运有关的潜台人物：翠翠母亲与兵士。

2. 学生进入文本，并结合《边城》全书复述交流。

①翠翠与爷爷、天保、傩送几个人之间发生的生活故事；②翠翠母亲与兵士的凄美结局。内容整合如下：

爷爷无微不至地照顾孤苦的翠翠，但并不能真正理解她这个纯情女子的情怀。他给孙女讲她母亲的故事，更让孙女感伤不已。对于天保兄弟的示爱，他却没有直接告诉翠翠，从而让孙女"心中不免有点乱"。他既疼爱孙女，又怕她走母亲的老路。面对天保之死给孙女带来的沉重打击，他无可奈何，无处诉说，在一个大雨之夜孤寂地告别人世。

天保喜欢翠翠，托人做媒却被糊里糊涂地拒绝回来。他不知道翠翠喜欢傩送，傩送也喜欢翠翠，在不知情中陷入了爱情的漩涡。眼见求爱无望，天保只能离别伤心之地，在意外的事故中孤独地死去。傩送也是在孤独地追求爱，和哥哥

① 董新明：《曲径通幽处　阵阵"牧歌"来——沈从文〈边城〉导学设计》，《语文教学通讯》（A刊）2012年第1期，第21~22页。

"决斗"，夜半唱情歌，却不为翠翠所知，最后只好孤独地出走。

翠翠父亲是当时一个戍边兵士，歌唱得好。翠翠母亲也爱唱歌。两人白日里对歌，一个在半山竹林里砍竹子，一个在溪面渡船上拉船。后来两人发生暧昧关系怀了孩子。面对不可能有结局的婚恋，兵士首先服毒自杀。女人待女儿出世后，选择溺水身亡。这凄惨的结局在老船夫心中留下了莫名的哀痛。

3．研读文本，品析有关翠翠的一组对话，了解其表达作用。

（1）翠翠不理会祖父，口中却轻轻地说："不是翠翠，不是翠翠，翠翠早被大河里鲤鱼吃去了。"

写出翠翠因祖父没接她而赌气、嗔怪的心理。

（2）翠翠说："一家人都好，你认识他们一家吗？"

翠翠为爷爷说漏二老而微怒，含蓄地道出对二老的好感。

（3）翠翠就说："爷爷，你疯了！再说我就生你的气！"

她不满爷爷提及大老，就以"生气"为由来阻止他，字眼里蕴涵着多少少女羞于谈婚论嫁的心理。

归结：这组对话平实、简练，富于个性化，彰显了翠翠这位纯情少女天真、娇羞、爽直、爱幻想的心灵世界。

4．提问激思：小说善于用纯美的自然风光来衬托翠翠的外形之美。想一想：生活在边城茶峒的翠翠是一个有着怎样外形美的女子？

引导学生通过文本的揣摩，加上联想、想象，"复制"翠翠的形象。学生交流后，可大致形成以下印象：微黑的肤色，灵动的大眼睛，嘴角边甜甜的酒窝，黝黑粗大的发辫。

明确：人物的外形应该打上鲜明的边城烙印，具有"田园牧歌"的风味。

第二板块：我所知道的边城风情

1．启发点拨：一方水土养一方人。美丽、纯情的翠翠生养在世外桃源风光里，灵山秀水滋养了她的外形及性情。文中的环境描写值得好好品味。随即播放《边城》中赛龙舟、抓鸭子的视频，增强直观感、形象感。

2．学生跳读文本，紧扣"环境描写"，整合以下信息，把握小说的散文化倾向，浓味本文"田园牧歌"式的风韵。

　　端午节：赛龙舟，捉鸭子

　　中秋节：观花灯，迎炮仗，烟火

　　渡　口：黄狗，白塔，迎娶，吹唢呐

　　3. **课堂趣练与交流**：假如边城茶峒成了旅游景点，请你结合文中的环境描写，拟写一则宣传广告，题为"请到边城茶峒来"。

　　学生交流发言，教师相机点拨，随后展示自己的即兴练笔，与学生共享：

　　边城茶峒，恭迎宾朋！端午节赛龙舟，捉鸭子，会让您心动神摇；中秋夜观花灯，迎炮仗，会令你如痴如醉。这里，有湘西风味的腊肉供您品尝，有上好的茶叶浸泡生活的芬芳，更有那似嗔非嗔、娇羞可爱的翠翠在编织您的边城之梦……

　　【延伸拓展】

　　请你当一回教材编者：2003 年版教材编选十三至十五章，2006 年版教材编选三至六章，你认为哪一种节选好，为什么？如果你不甚满意，由你编教材，你准备收入哪些章节？为什么？

　　假如我担当教材编者，我会节选其中的十七至二十一章。这几章描述的是天保死后翠翠、船总两家新的变故，给人留下的是一个无言、无望的结局，富有苍凉、悲切的意蕴。这几章各自的内容可整合为：

　　十七章　天保死后，二老寻哥哥尸骸未果，对老船夫心怀怨愤，纯情的翠翠却用一把虎耳草表达对二老的爱恋。

　　十八章　祖孙俩平淡地过着日子，爷爷一直牵挂着翠翠的婚恋，一个夕阳洒照的日子，翠翠面对过渡的二老娇羞地躲到一边。

　　十九章　船总顺顺想让二老与中寨人结亲。生病的爷爷上门询问，遭到对方的拒绝后，他以喝酒、打草鞋来发泄内心的苦闷。

　　二十章　雷雨之夜，爷爷悄无声息地死去了。孑然一身的翠翠在众人的热情帮助下料理爷爷的丧事，她生命的天空塌陷了！

　　二十一章　爷爷埋葬后，船总打算把翠翠接到家中，给二老做媳妇。当圮坍了的白塔在冬天修好之时，翠翠还在苦苦地，久久地守望……

四、戏剧案例

《雷雨》课堂实录①

韩　军

韩军：现在上《雷雨》。大家读过全剧吗？

学生：嗯。

韩军：全剧八个人物，他们之间的关系，四幕剧的情节，都必须明白，有不明白的吗？

学生：明白。

韩军：周朴园，究竟是一个好人还是一个坏蛋？

学生：没有办法用一个特别否定的词去评价他，因为当时的社会状况不容许他对这个侍萍负责，但是他毕竟抛弃了侍萍，所以说他不能算是一个特别有情有义的人。

韩军：不能用小时候"好人、坏蛋"截然二分的标准简单评价他。我曾主张，要让孩子们的思维、思想复杂一些，换句话说是丰富一些，不要太简单化，"黑白分明"在世界上是没有的。

我们的教学参考书上，这样评价周朴园：

（学生朗读："主要刻画了他的虚伪、自私、冷酷、强硬、老谋深算。……他冷酷无情，丧失人性，是为获取最大经济利益而不择手段的反动资本家形象。"）

韩军：似乎所有的坏词都加在周朴园身上了，有没有道理呢？从社会学的角度看，也许有道理。然而，我们看剧作者怎样评价周朴园。

（出示幻灯片）

（学生朗读："譬如'暴露大家庭的罪恶'——但是很奇怪，现在回忆起三年前提笔的光景，我以为我不应该用欺骗来炫耀自己的见地。我并没有显明地意识着我是要匡正、讽刺或攻击些什么。"）

韩军：剧作者似乎很委屈，他辩解，他强调——你们说我揭露黑暗资本主义大家庭的罪恶，可我并没有这样的意图。

（学生朗读："《雷雨》对我是个诱惑。与《雷雨》俱来的情绪蕴成我对宇宙间许多神秘的事物一种不可言喻的憧憬。《雷雨》可以说是我的'蛮性的遗留'，我如原始的祖先们对那些不可理解的现象睁大了惊奇的眼。……情感上《雷雨》所象征的对我是一种神秘的吸引，一种抓牢我心灵的魔。"）

---

①　韩军：《〈雷雨〉课堂实录》，《语文教学通讯》（A刊）2015年第4期，第34～40页。

韩军：看这段话的关键词，剧作者在说什么？

学生：是《雷雨》抓住了他的心灵，有一种非常神秘的事物，一种不可言喻的憧憬。作者的感悟是非常深的。

韩军：就是一种"神秘"，不可解，但是又有魔力或魅力。"神秘"，可能是这部剧的一个核心，或者是作者写作的一个"原点"。

韩军："神秘"在哪里？周朴园有两桩大罪。刚才这个女同学提到了一桩罪，就是周朴园与侍萍……

学生：周朴园爱上了侍萍，最后二人没有结婚，侍萍跳河死了。这叫始乱终弃，这是一种罪。

韩军：他没有挽回侍萍跳河，是一桩罪，更大的罪是什么？

学生：他为了平息工人的罢工，指使警察射杀罢工工人，而且用金钱去贿赂工人代表。

韩军：他枪杀 30 个工人。周朴园当年发家，源于什么？是如何发家的？

学生：包修江桥吧！

韩军：包修江桥，当年江堤出险死了多少人呢？

学生：2 200 个。

韩军：2 200 个。这是周朴园发家的"第一桶金"。加上刚刚射杀的 30 个工人，一共 2 230 个，也就是说，他挣的钱里"滴着血"。看全剧，就是这两桩大罪。一个是使得他的初恋情人侍萍跳河，一个是用工人的鲜血和生命换来他的原始积累。

我们再来审视周朴园的人生结局。

《雷雨》四幕剧，原初有一个尾声，在尾声里，是生者孤独。活下来的三个年长者，除了周朴园，繁漪、侍萍两个都疯了，周朴园陪着她们俩；这两个女人在教堂医院里非常凄苦、悲凉。周朴园心境也悲凉，彻底苍老了。

再看周朴园的家庭关系。他的儿子周萍跟繁漪（就是后妈）产生了不伦的恋情。最终，周朴园的孩子死的死，走的走。所以说，周朴园的人生结局，极度悲惨。

从周朴园的两桩罪，到他的悲惨的人生结局，同学们能得出什么结论？

学生：这是一场悲剧。

韩军：一个人犯了罪，最终得到了什么呢？

学生："天网恢恢，疏而不漏"，即使法律不会对他怎样，最后他的人生结局也不好。

韩军："天网恢恢"，这里提到了"天网"，老天是不会放过罪人的，是会惩罚罪人的。有一句俗语——

学生：不是不报，时候未到。

韩军：时候一到——

学生：立刻就报。

韩军：善有善报，恶有恶报。从开始犯罪，到最终得到报应，这里面的确有些"神秘"！犯罪必得报应，必受惩罚，"罪恶"和"惩罚"有一种必然联系，这是不是"神秘"？

再看看第二个"神秘"，四凤发了一个"毒誓"（那——那天上的雷劈了我）。读一下。

（学生朗读）

韩军：读得很好，但平淡了些。应读出一种情绪来，尤其是四凤的情绪。

（教师声情并茂地示范朗读）

韩军：轰，话音未落，就真的打雷了，天雷滚滚哪！这是一声誓言。注意，是四凤的"毒誓"。

韩军：还有，鲁大海也有一句"毒骂"（你故意淹死了两千二百个小工，每一个小工的性命你扣三百块钱！姓周的，你发的是绝子绝孙的昧心财！）。请一位男生朗读一下鲁大海的"毒骂"。

（学生朗读）

韩军：读出一种情绪了，可还是平淡，要读出愤怒来，发泄出来，要诅咒他——

（教师示范朗读）

（学生模仿教师朗读）

韩军：很好，慢慢学。前面四凤的"誓言"，说的是雷电要劈她，雷就是电，预示要死人；后来鲁大海说"绝子绝孙"，后代断绝，这"誓"和"骂"都是极其毒辣的。大家想一想，四凤是怎么死的？

学生：四凤就是被雷劈死的。

韩军：是吗？

学生：是被电线电死的。

韩军：触电而亡。

学生："雷"就是"电"嘛！

韩军：应验了吗？

学生：应验了。

韩军：再想，周朴园"绝子绝孙"了吗？

学生：是的。他绝子绝孙了。

韩军：嗯，具体说，他儿子怎么死的？

学生：他儿子一个开枪自尽，就是周萍；另一个冲出去想要救触电的四凤，结果也被电死了，就是周冲。

韩军：周萍吞弹而亡，周冲触电而死。那鲁大海呢？这也是他的儿子。

学生：下落不明了。

韩军：三个儿子，两个死了，一个下落不明：几乎是"绝子绝孙"了。由此看来，"神秘"吗？

学生：太"神秘"了。

韩军：剧作里面，就埋藏着这些"神秘"，也营造了这种"神秘"氛围。咱们用一个成语说，说出不祥、不吉利的话，就能应验，那个成语是什么？

学生：一语成谶。

韩军：有"誓"又有"骂"，果然成"谶"了，应验了。

这里，又说到了"天网""天命"。刚才有同学说，天是一个巨大的"网"，笼罩着世界，俯瞰着这个星球上每个生命。

我们再来看看周朴园与侍萍之间的一段对话，朗读一下。

（学生朗读从"谁指使你来的"到"这是天要我在这儿又碰见你"）

韩军：再朗读下面几段。

（学生朗读）

啊，天知道谁犯了罪，谁造的这种孽！——他们都是可怜的孩子，不知道自己做的是什么。天哪！如果要罚，也罚在我一个人身上；我一个人有罪，我先走错了一步。（伤心地）如今我明白了，我明白了，事情已经做了的，不必再怨这不公平的天，人犯了一次罪过，第二次也就自然地跟着来。……（立起，望着天）今天晚上，是我让他们一块儿走的，这罪过我知道，可是罪过我现在替他们犯了；所有的罪孽都是我一个人惹的，我的儿女都是好孩子，心地干净的，那么，天，真有了什么，也就让我一个人担待吧。

韩军：侍萍的语言里充满了"天"等词汇。同学们想想，"天"是什么呢？

学生：天就是与地相对的。

韩军：其实，高于地面以上的，就是天了。我们周边就是天，天就是我们四周上下的空气，"周遭环绕"的就是天。"天圆地方"知道吗？

学生：知道。

韩军：天圆地方，周天就环绕于我们的身边和头上，我们仰望星空，仰望苍穹，那里好像虚空，其实不虚，反而藏有奥妙，极其神秘。天就是"周"围、"周"遭，"周"就是"天"。那么，朴园这个人姓什么？

学生：姓周。（惊奇）噢！

韩军：他姓"周"。大家想想，他为什么不姓"张、王、李、赵"呢？作者为什么安排他姓"周"呢？请同学们用"周"字组一些词吧。

学生：周末。

韩军：周末，《圣经》开篇就讲，上帝用六天创造世界，第七天休息。因此这整个"创世"共有七天。礼拜一，礼拜二……都与宗教的"神秘"有关。

学生：周期。

韩军：周期。大家想想，从犯罪起始，到罪犯受惩，蕴含着什么？

学生：有"周期"的意思？

韩军：周朴园作为父亲犯了什么罪，他儿子是不是也犯了同样的罪？

学生：他儿子也是跟他犯了差不多的罪。

韩军：子与父一样冷酷、一样虚伪、一样做坏事、一样不能善终。子是父的影子，罪行和惩罚在父子身上循环、"周期性"复发。这个"周期"，是不是也有一丝"神秘"？

学生：周围。

韩军：周围，天就是"周遭"。

学生：四周。

韩军：继续说。

学生：周而复始。

韩军：周而复始，循环。

学生：周到。

韩军：周到，周全，是吧。

学生：周正。

韩军：周正，人长得端方、周正，内心也周正。一起读这些关于"周"的词汇吧：

周正、周详、周密
周全、周备、周到
周折、周旋、周围
周转、周天、圆周
周章（狼狈仓皇、周折苦心）

韩军：注意，"周章"有两个意思，一个是"狼狈仓皇"，一个是"周折苦心"。好了，记住这些词。

韩军：看下面的文字，请用带"周"的四字成语来概括。

学生：（朗读）我闷了三十年了！你结了婚，就搬了家，我以为这一辈子也见不着你了；谁知道我自己的孩子偏偏要跑到周家来，又做我从前在你们家里做过的事。

……

我伺候你，我的孩子再伺候你生的少爷们。这是我的报应，我的报应。

韩军：下面是我的概括：

父母　主仆生恋情产二子，母子跳河

子女　主仆生恋情使怀孕，母子电亡

请同学们用一个带"周"字的四字成语来概括，这叫什么？

学生：周而复始。

韩军：周而复始，就是循环应验了。东西方的神话里，有很多类似的"父债子偿""母罪女还"的故事原型，《雷雨》剧作者就运用了这些原型．强调"周而复始、循环往复"。这是"周"的第一个意思，大概就是剧作者让主人公姓"周"的原因之一吧。

韩军：再请同学们定义一下什么叫"周"，"圆周"的"周"。画个图，表达"周"。咱们都学理科，应该很容易定义"周"。

学生："周"就是一个循环。

韩军：到黑板上来画一个"圆周"。（一个男生到黑板前用粉笔画"圆周"）画慢一点，让大家看清，不太圆，没关系。好了，这个点是什么点？

学生：起点。

韩军：这个点呢？

学生：终点。

韩军：好。

学生：先从"起点"开始，走了一圈，回到了"终点"。

韩军："起点"和"终点"怎样了？

学生：重合成一个点。

韩军：这就叫"周"，"起点和终点的重合、重逢、兑现"，重合到一个"点"上。一个点上的"重合、重逢、应验、兑现"。那么，我们能否找一找全文全剧有几组"重合、重逢、应验、兑现"？首先，我们所看到的是谁跟谁重逢，最明显的。

学生：周朴园和侍萍。

（学生朗读："你来干什么？这是天要我又在这里碰见你。"）

韩军：周朴园和侍萍重逢了，男女恋人三十多年以后重逢了，这是第一组。请再找第二组。

（学生朗读："你结了婚，就搬了家……怪不得四凤这样像你。"）

韩军：这是谁来到谁家？

学生：四凤来到周朴园家。

韩军：四凤是谁的女儿？

学生：侍萍的女儿。

韩军：女儿最接近于爸爸，还是最接近于妈妈？

学生：妈妈。

韩军：作为一个女儿，最像谁呢？

学生：妈妈。

韩军：女儿是妈妈生命的传承、化身、使者，是这样吗？

学生：对。

韩军：母女血脉相连，女儿来到了妈妈的恋人家里打工。如果说，第一组是"父母恋人的重逢"，那么这第二组是谁与谁的重逢？尽管周朴园不是四凤的爸爸。这是谁与谁的重逢？

学生：父女的重逢。

韩军："父"需加一个引号，不是亲父。四凤跟妈妈的恋人重逢了。

从"神秘"的角度来审视，女儿是带着妈妈的使命、某种感应来的，无论周朴园给侍萍带来多少病苦，可侍萍内心深处，毕竟无法忘记、无法放下初恋的男人。所以，可否看作四凤是作为妈妈的使者、感应者，来探望、照顾周朴园的？或者从周朴园方面看，周想念侍萍、叨念侍萍，内心深处对侍萍愧悔，偶尔周的心里呼唤着侍萍，冥冥之中，侍萍的女儿就作为使者来探望了。周朴园看着四凤，觉得有点像侍萍，"怪不得四凤这样像你"。这样解释，是不是有些"神秘"的"心理感应"的道理？

学生：是的。

（学生朗读："我要问你的，你自己带走的儿子在哪儿？……什么？鲁大海？他！我的儿子？"）

韩军：这是第三组，是什么重逢？

学生：是父子的重逢。

韩军：父子的重逢，儿子神秘地回到亲生父亲的矿上，是被什么所指使呢？被"天"指使，被"命"驱使，"神秘"聚首。鲁大海知道煤矿董事长是自己的亲生父亲吗？

学生：不知道。

韩军：周朴园知道鲁大海是自己的亲儿子吗？

学生：也不知道。

韩军：父子天天相处，却相互不知，生父不知亲子，亲子不知生父。既有"神秘性"，也有"戏剧性"。

韩军：我们再看第四组，周萍和四凤的相遇，这是什么重逢？

学生：兄妹。

韩军：兄妹重逢。生命基因当中，好像有一种密码，让哥哥跟自己的妹妹重逢了。但"逆天"的是，两个人产生了恋情。

韩军：第五组神秘的相逢（或者叫"应验""兑现"），有点特别，可以叫"话语的应验、兑现"。发现了吗？前面说"天上的雷劈了我""绝子绝孙的昧心财"，说出一句话，就像埋下了一颗"地雷"，"发毒誓的自己""被诅咒的他人"，走到这就要"应验""兑现""爆炸"，这叫"谶言"！也可以叫应验式的重逢、兑现。语言上一念叨，就兑现"绝子绝孙"，语言上一说"雷劈我"，就应验"电死人"。归纳起来，有几组重逢（应验、兑现）呢？

学生：①恋人重逢；②父女重逢；③父子重逢；④兄妹重逢；⑤言行兑现。

韩军：重合、重逢、应验、兑现，你觉得这个剧有意思了吗？

学生：太有意思了。

韩军：什么意思？

学生：呼应、神秘。

韩军：用语文术语来说，是"呼应"；用审美术语来说，是"神秘"。就是营造、渲染了一种"神秘"氛围，前呼后应，使得剧情产生一种妙不可言的魅力、魔力，让观众产生一种心惧、心慌、莫名惊悸的心理情绪。再看这两个人，一个叫周朴园，一个叫侍萍，看看"周"字，再根据"萍"的特征，来说"周"字。看到"萍"字，会想到什么？

学生：浮萍。

韩军：浮萍有根吗？

学生：没有根。

韩军："萍"有一种什么样的特征？

学生：漂泊不定。

韩军：漂泊不定，漂移，游移，不固定，随波逐流，自己掌握不了自己。大家再想这个"周"，刚才这位同学用粉笔来画"圆周"，其实我们应该用什么画最圆的"圆周"？

学生：圆规。

韩军：用圆规画"圆周"时，有一点不动。

学生："圆心"不动。

韩军："圆心"是固定的！由此，大家看"周"有什么特征？"周"跟"萍"比较。

学生："周"是固定的，有一个固定的点。

韩军：周，是固定的，有固定的点，"圆心"固定，圈定、限定。侍萍最终跑出"周"的"圈定、限定"了吗？她这30年，是最为美丽的30年，最有魅力的30年，她美丽、成熟的30年，跑出周朴园的"圈定、限定"了吗？

学生：没有。

韩军：她从周朴园这里，开始了青春的爱情，最后又到周朴园这里告老送终。

韩军：光看这部剧表面的话，我们会发现有一个坏男人糟蹋了一个美丽的女人，是吗？

学生：是。

韩军：不少人是这种看法。"周"是侍萍的什么呢？她到老都摆脱不掉，像什么？

学生：像一个圈。

韩军：是一个圈，一个使她不自由、无法挣脱的圈。

学生：这是一个怪圈。

学生：这是一个枷锁。

韩军：大声说。

学生：这是一个枷锁。

韩军：漂不出圈，这个"周"就是一个枷锁，一条锁链，一条心形的锁链。（出示图片）

韩军：具体说，就是周朴园这一个人，局限了侍萍，制约了侍萍，限定了她的命运。但这一条锁链，又不仅仅是周朴园这个具体的人。剧中侍萍反复说"命"让我来的，"天"让我来的，这里的"命"和"天"是指周朴园这个具体的人吗？

学生：不是。

韩军：是周朴园这个人让她来的吗？

学生：也不是。

韩军：冥冥之中，有一条锁链，这条锁链就是"命""天"，这就是那个更大的"周"，更大的"环绕"，更大的"周遭"，更大的"周天"。

韩军：我们继续追思、探索，"周"是侍萍的锁链，它除了锁住侍萍，还锁了另一个女人。

学生：繁漪。

韩军：对，锁了繁漪。另外，还锁了几个男人？

学生：鲁大海。

韩军：为什么说是鲁大海？

学生：鲁大海是周朴园的儿子，可是冥冥之中鲁大海又到他矿上做工，最后成了讨薪代表、罢工代表，冥冥之中被"周"锁住了。

韩军：非常正确。还有哪个男人被它锁住了？

学生：周萍。

韩军：为什么说周萍被锁住了？

学生：周萍跟周朴园的命运也比较像，后来重蹈父亲的覆辙，爱上了家里的女仆。这一点他跟周朴园非常像，似乎也是被"周"锁住了。

韩军：这个理解好，周萍的命运冥冥之中有"定数"。同时，周萍被这个封闭的家庭锁住了。周朴园要让他子承父业，让他接班，当董事长。但周萍想离开这个家，他想自由地过一段日子，想寻找自己的爱，想有自己的生活，可是最后，他还是离不开，死在家中。

韩军：周冲呢，逃脱了吗？

学生：周冲最后死了。

韩军：冥冥之中，也没有逃出"周"的"圈定"。他是一个向往自由的年轻人，是五四新生的一代青年，可是他也没有逃离。所有的人都逃不出这个冥冥之中的"周"的"圈定、限定"。

韩军："周"既是周朴园，又是"命运"的锁链，是"环绕"，是"周遭"，是"周天"，所有人无一不在"命运"的锁链中。如果说，侍萍是一株浮萍，是无根的人，那么，大家想一想，剧里所有人都有根吗？

学生：没有。

学生：我觉得似乎就周朴园有根。

韩军：就周朴园一个人有根？周朴园仅仅是"似乎"有根！周朴园限定了别人……

学生：不能限定自己。

学生：周朴园也没能把握自己的命运。

韩军：周朴园也不能自由，不能支配自己，也无根，是吗？

学生：对。

韩军：不仅仅侍萍是个浮萍，剧里所有人，无一例外，都是浮萍，甚至连鲁贵也是一株浮萍，没有周朴园这个家，鲁贵好像也没有办法生存，没有周朴园这类的人，鲁贵好像也无所依附。刚才说了只有周朴园自己"似乎"是一个有根的人，是一个自由的人，但想一想周朴园最终的人生结局，他自己逃脱了吗？

学生：没有逃脱命运。

韩军：周朴园怎么了？

学生：他最后是在医院里看守着两个他伤害过的女人。

韩军：他自己人生的终局，孤独悲惨。他幸福美满了吗？

学生：他并没有幸福美满。

韩军：他有根吗？

学生：他也没有根。

学生：他也是一株浮萍，没有根。

韩军：他也是一株浮萍，也是一个飘荡的人，无法支配自己的命运。无根飘零，命不由己。

韩军：同学们，像萍一样飘零的人，在剧中，仅仅是一个人吗？

学生：不止一个。

学生：是所有人。

韩军：具体解释。

学生：还有他的孩子们。

韩军：剧里所有人都是萍，哪个不是萍呢？周朴园也是萍！

韩军：我们读剧的时候发现，这个剧里面最有智慧的人是谁呢？

学生：是周朴园。

韩军：最有计谋的人是谁呢？

学生：也是周朴园。

韩军：最能干的人是谁呢？

学生：周朴园。

韩军：他简直是我们人类智慧的代表啊，做大事业的代表。他什么都具备，智慧、才干、事业、金钱、儿女、家庭、地位，全有啊。但是这样智慧的人，最后却家破人亡，孤独悲惨，仍然不能自由支配自我，不能逃脱"定数"，这就是"周"，这就是"神秘"。

再看周萍。读一下。

（学生朗读："啊，天知道谁犯了罪，谁造的这种孽！"）

韩军：从"造孽"这个角度审看周萍，他应该叫什么"子"？

学生：应该叫"孽子"。

韩军：孽子。

学生：不孝之子。

韩军：周萍跟自己的后妈产生了恋情，他是一个孽子或者叫逆子。顺着"谁造的这种孽"的追问，我们看周萍这个"孽子"是谁的孩子呢？是谁生的、谁造的"孽子"呢？

学生：周朴园和侍萍的孩子。

韩军：是他俩的孩子。用一个词叫什么？

学生：造孽。

韩军：既然他是逆子、孽子，生他不是"造孽"吗？谁造的这种"孽"呀？周朴园和侍萍造的"孽"。那么，周萍最后的人生结局怎样？

学生：最后也死了。

韩军：怎么死的？

学生：开枪自杀了。

韩军：请同学们填一些词：

自 (　) 自受

自 (　) 不可活

学生：自作自受

韩军：造孽嘛，自作自受。周朴园和侍萍因"造孽"受到惩罚。

学生：嗯，自作孽不可活。

韩军：自作孽不可活，这个"自"是谁？

学生：周朴园。

韩军：自我毁灭。教材节选的这一部分的前半段，可以用一个成语来概括——

学生：周而复始。

韩军：周而复始。我们教材节选的这一部分的后半段，就是周朴园跟鲁大海之间言来语去交涉，钩心斗角谈判，也可以用一个带"周"的词语概括，叫什么？

学生：周旋。

韩军：这叫周旋。周朴园仅仅跟鲁大海一个人周旋吗？读一下。

（学生朗读："那你就叫他进来吧。等一等，叫人到楼上请大少爷下来，我有话问他。"）

韩军：大少爷是谁？

学生：大少爷是周萍。

韩军：周朴园为什么让大少爷下来？

学生：因为当时侍萍很想再见周萍一面。

韩军：就是为了让侍萍看看自己的儿子？我问的问题是，这个时候如果侍萍不在场，周朴园还会不会让周萍下来？

学生：他会。

韩军：为什么也考虑让周萍下来？周朴园此时此刻在对付什么事情？前面一部分他是对付侍萍，而后面一部分，周朴园是对付谁？

学生：对付鲁大海。

韩军：对付鲁大海这个罢工代表，与鲁大海谈判，处理矿上棘手的罢工问题。即使侍萍不在场，周朴园也有可能让自己的儿子周萍下来，为什么？

学生：他正和鲁大海谈判，再多一个周萍，对周朴园这方面更有利。

韩军：仅仅是多一个人更有利？你从父子、子承父业这个角度来看呢？

学生：是周朴园想教育周萍，让周萍学会如何跟鲁大海这种人来周旋。

韩军：对了，周朴园想让周萍学学"招"——你看我这个"老猫"怎么对付"老鼠"，儿子你这只"小猫"学着点。让周萍下来，学习我是怎么做父亲、做董事长的，怎么来应付复杂局面的。

韩军：周萍来到了饭厅上，他想退回去，周朴园说——

学生：周朴园说，不要走，萍儿！

韩军：就是让侍萍看周萍，是吧？其实还有一个目的，是什么？

学生：让周萍来学一下自己如何和工人代表周旋、斡旋。

韩军：让周萍看看他怎么对付罢工代表、对付这个难事。周萍说"是，爸爸"，他就站在那儿了。周朴园说"萍儿，你站在这儿……"，最后一句话读一下。

（学生朗读："你这么只凭意气是不能交涉事情的。"）

韩军：大家掂量掂量周朴园对自己另一个儿子鲁大海说的这句话："你这么只凭意气是不能交涉事情的。"周是以一个董事长的身份对鲁大海说的，还是用应付对手、敌手的身份对鲁大海说的？

学生：他是以父亲的身份跟儿子说话。

韩军：他这句话里，含着一个父亲的谆谆教诲、苦口婆心。周朴园以父亲的身份，告诫自己的儿子鲁大海——你太年轻了，太鲁莽，光凭义气是不行的，是不能闯荡世界的。我们用一个词，概括此时的周朴园——他此时试图做一个"周"什么的父亲。

学生：周全。

韩军：是比较周全，考虑事较细致。再考虑，周朴园是否发怒了呢？他有没有怒气？

学生：有。

韩军：他内心肯定有些许的怒气，但是剧本里此时的描写强调的是周朴园自始至终很从容、很自信，非常镇定，胸有成竹，他想做一个"周"什么的父亲？

学生：周庄。

韩军：汉语里没有"周庄"这样的形容词，有"周正、端正、端庄"。周朴园正襟危坐，努力做一个"周正、庄重、端庄、有尊严、有威严"的父亲，是这样吧？他考虑事比较周全，他试图做一个"庄重、周正"的父亲。我再请大家统计一下，这场"父子周旋"的戏里，周朴园共有几个问询？拿出了哪几个文件？

学生：第一个问询是"你叫什么名字？"第二个问询是："你有什么事吧？"第三个问询是："那么，那三个代表呢？"第四个问询是："他们没有告诉你旁的事情么？"第五个问询是："你以为你们那些代表们，那些领袖们都可靠吗？"第六个问询是："矿上的工人已经在昨天早上复工，你当代表的反而不知道么？"

韩军：几个问询？

学生：六个问询。

韩军：这些问询的答案，周朴园知道不知道？

学生：他都知道

韩军：用一个词叫什么？

学生：明知故问。

韩军：明知故问。通过六个问询，层层剥笋，缓缓展开，表现出周朴园一种从容镇定、胸有成竹、游刃有余、沉稳老辣的气度。问询的这些事，他都处理过了吗？

学生：事先早安排妥当了。

韩军：早处理完了。此刻逗弄着、玩耍着鲁大海，让他一步步现出窘态。再看看，周朴园拿出来几个文件？

学生：拿出来两个文件。

韩军：一个是？另一个是？

学生：一个是昨天矿上来的电报，另一个是那三个矿工代表签下的合同。

韩军：大家根据这"六个问询""两个文件"，来填字：

父亲周（　）

心思周（　）

安排周（　）

考虑周（　）

费尽周（　）

全力周（　）

狼狈周（　）

学生：父亲周正。

学生：心思周密。

韩军：安排——

学生：周详。

韩军：考虑——

学生：周全。

韩军：费尽——

学生：周折。

韩军：全力——

学生：周旋。

韩军：全力周旋。最后是谁"狼狈周章"？

学生：鲁大海。

韩军：鲁大海"狼狈周章"——单看"父子谈判"这一部分、这一片段，周朴园的确是胜利了，鲁大海失败了，狼狈周章。可是，纵观全剧，从四幕完整的情节看，从人生全局看，最终，谁狼狈周章？

学生：周朴园。

韩军：从宏观全局、全剧看，周朴园的人生终局，是狼狈周章的。当今对他的理解，有一些非常流俗的概括，说他老奸巨猾、冷酷虚伪、洋洋自得、欲擒故纵、阴险毒辣、老辣刁钻、踌躇满志、胜券在握等。你们觉得这些概括如何？

学生：比较肤浅吧。

韩军：那样去理解周朴园，就狭隘了，肤浅了。我想告诉同学们，对周朴园这个人物的理解，应该是，这个人物"事事聪明，时时聪明，却一世糊涂"，正所谓"机关算尽太聪明，反误了卿卿性命"；他"周密"算计了一生，但是他一生的终局，却不"周延"，"人算"不如"天算"！周朴园最终是一个胜利者吗？

学生：他不是一个胜利者。

韩军：他是一个什么人？

学生：他是一个结局很悲惨的人。

韩军：让我们觉得是可悲的人、令人悲悯的人。想起周朴园，顿生一种悲悯的情绪。是不是？

学生：也觉得他有一点可怜。

韩军：他可怜吗？

学生：有一点可怜。

韩军：是有一点可怜。我们当然要憎恨他整死了2 230个穷苦人，但是他的一生，也挺孤独、挺悲惨的。周朴园应该是我们揭露、批判、谴责的对象吧？

学生：是。

韩军：当然不能否认周朴园是我们揭露、批判、谴责的对象！但除此之外呢？

学生：周朴园有一部分是我们要批判的，但也有一部分是值得我们可怜的。

韩军：是的，也就是说，我们对2 000多个工人满怀悲悯、满怀同情，但是不妨碍我们对周朴园这个罪人，满怀什么心情？既有愤慨，同时也有——

学生：怜悯。

韩军：有怜悯、悲悯、同情。他是一个"造孽者"，一个"毁灭者"，他毁灭他人，给他人带来悲剧。但是他又是一个试图摆脱命运控制的可怜的"突围者"。周朴园不相信有一个冥冥的"周天"，有一个"环绕"，有一个"周遭"。周朴园一生似乎耗尽了所有脑细胞去算计，去经营，去打拼；他有智慧，有才干。然而，周朴园用尽了所有的智慧、才干，最终"突围"出去了吗？

学生：没有。

韩军：他突围不出去，这就是全剧要告诉我们的。这个人一辈子什么都有了，可是人生的机关算尽，心思用尽，手段使尽，最后还是没有逃脱命运。

韩军：我们来看"周"这个字，金文原来是这样的（出示图片）——

韩军：金文的"周"，是什么意思呢？是"圈田围园"的意思，那里面四个黑点，表示播种子。下面的圆圈呢？表示圈起来、围起来。大家想想"周朴园"三个字，既懂得了"周"字的本义，同时又知道了那个"园"字的意思了吧？

学生："园"始终在这个圈里面。

韩军：叫"圈"，也可以叫"园地"的"园"。周朴园正好是这个"园地"的"园"。"朴"呢，就是一棵大树，种了参天大树，播种子。周朴园他种下了什么呢？

我用快板书，来说唱一段——

他种下果子买园子；
他买下园子建厂子；
他盖下房子找女子；
他找了女子有孩子；
他有了位子有名气；
他有了名气坐车子；
他万事周密万事备；
（最后呢？）
他万事皆空，
毁了盘子！

好了，我们再回到剧作者的话——
（学生朗读）

我并没有显明地意识着我是要匡正、讽刺或攻击些什么。

与《雷雨》俱来的情绪蕴成我对宇宙间许多神秘的事物一种不可言喻的憧憬。《雷雨》可以说是我的"蛮性的遗留"，我如原始的祖先们对那些不可理解的现象睁大了惊奇的眼。

情感上《雷雨》所象征的对我是一种神秘的吸引，一种抓牢我心灵的魔。

在这斗争的背后或有一个主宰来使用它的管辖。这主宰，希伯来的先知们赞它为"上帝"，希腊的戏剧家们称它为"命运"，近代的人抛弃了这些迷离恍惚的观念，直截了当地叫它为"自然的法则"。

……

韩军：我们都是地上的人，我们悲悯 2 000 多个工人，这是一个简单的层面。如果我们也悲悯罪人周朴园，那我们的心胸就博大了：我们既憎恨他，又悲悯他。当然我们也悲悯四凤甚至她肚中的孩子，也悲悯侍萍、周冲、周萍、鲁大海、鲁贵……

韩军：我们要"悲其天，悯其人"！我问大家，究竟是"人定胜天"还是"天必胜人"呢？

学生：是"天必胜人"。

韩军（开玩笑地）：我觉得"人定胜天"。

学生：我觉得"天必胜人"。

韩军："人定胜天"是毛主席说的。

学生："天必胜人"。

韩军：为什么"天必胜人"呢？

学生：我觉得，就是冥冥之中都有"定数"一样的"神秘"存在。

韩军：说每个个体的人，冥冥之中都有定数，并不太严密，但是说人类作为一个整体是有"定数"的，是有道理的。人类整体，最终能否战胜大自然，成为宇宙的核心，宇宙最后的神明？

学生：不能。

韩军：整体的人类，是最后的主宰者，是这个宇宙里面的核心，你相信吗？

学生：我觉得，人生活在天地之间，应该是"天必胜人"，然后人有力量去改变天，但是最终还是被天限制。

韩军：人类即使能存活 50 亿年，但 50 亿年后太阳会毁灭，世界末日降临，但是"天""大自然""宇宙"永恒。所以，我们人类应该有一种怎样的态度呢？

学生：谦卑的态度。

学生：敬畏的态度。

韩军：最后，我揭开"周"的谜底，为什么叫"周"朴园呢？为什么用"周"作姓呢？这个字来自哪里呢？这本书叫什么呢？就是有这个太极图的——

（出示图片）

学生：《周易》。

韩军："周"易。有人说《周易》之"周"指周朝，而更有专家说"周"，是"无所不备、周而复始"的意思。

韩军：周朴园，荣华富贵都"周备"，同时这个人物又"善恶兼备"，周家命运"周而复始",终受惩罚,阴阳旋转。

韩军:我特别强调《雷雨》的"神秘",不是让同学们接受一种"神秘主义"的世界观、价值观,而仅仅是从文学的"神秘主义"的审美观上去欣赏这部剧。

韩军:最后,我给大家朗诵一下侍萍的台词:

啊,天知道谁犯了罪,谁造的这种孽!——他们都是可怜的孩子,不知道自己做的是什么。天哪!如果要罚,也罚在我一个人身上;我一个人有罪,我先走错了一步。(伤心地)如今我明白了,我明白了,事情已经做了的,不必再怨这不公平的天,人犯了一次罪过,第二次也就自然地跟着来。……(立起,望着天)今天晚上,是我让他们一块儿走的,这罪过我知道,可是罪过我现在替他们犯了;所有的罪孽都是我一个人惹的,我的儿女都是好孩子,心地干净的,那么,天,真有了什么,也就让我一个人担待吧。

(播放"天雷滚滚"的声效)
韩军:好了,《雷雨》上完了。下课。

【思考与练习】
1. 学习典型案例,分别为记叙、说明、议论类文本撰写一个说课稿。
2. 仿照典型案例,以师生对话形式,分别为诗歌、散文、小说、戏剧撰写一个课堂实录。
3. 任意选择报刊文本,自主创新,采用自主—合作—探究的学习方式,设计一个教案。

参考文献

1. 倪文锦主编：《语文新课程教学法（小学）》，北京：高等教育出版社2011年版。

2. 倪文锦主编：《初中语文新课程教学法》，北京：高等教育出版社2003年版。

3. 倪文锦主编：《高中语文新课程教学法》，北京：高等教育出版社2004年版。

4. 王文彦、蔡明主编：《语文课程与教学论》，北京：高等教育出版社2002年版。

5. 贡如云主编：《语文教学论》，北京：高等教育出版社2012年版。

6. 陈旭远编著：《课程与教学论》，北京：高等教育出版社2012年版。

7. 陈建伟主编：《中学语文课程与教学论》，广州：暨南大学出版社2003年版。

8. 韦志成：《语文课程教育学》，武汉：华中师范大学出版社2005年版。

9. 王尚文主编，吴克强副主编：《中学语文教学研究》，北京：高等教育出版社2002年版。

10. 朱绍禹、傅永安、刘淼主编：《语文课程与教学论》，北京：中国社会科学出版社2007年版。

11. 闫祯主编：《中学语文教学法新编》，武汉：华中师范大学出版社2007年版。

12. 潘新和主编，赖瑞云、王荣生副主编：《新课程语文教学论》，北京：人民教育出版社2006年版。

13. 刘永康主编：《语文教育学》，北京：高等教育出版社2005年版。

14. 刘淼：《当代语文教育学》，北京：高等教育出版社2005年版。

15. 王玉辉、王雅萍主编：《语文课程与教学论》，北京：北京师范大学出版社2012年版。

16. 刘朝晖编著：《语文教学论》，北京：清华大学出版社2012年版。

17. 王显槐、王晓霞、樊海清主编，黄新宇、彭宝荣、卢忠、刘建才副主编：《语文教育创新导论》，武汉：武汉大学出版社2004年版。

18. 武汉师院、西南师院、北京师院等十二院校中文系编写：《中学语文教学法》，北京：人民教育出版社 1983 年版。

19. 朱绍禹主编：《教育实习全程解说》，太原：山西教育出版社 2005 年版。

20. 周小蓬、陈建伟主编：《语文学习心理论》，北京：语文出版社 2013 年版。

21. 李海林主编：《语文教育研究大系（1978—2005）·理论卷》，上海：上海教育出版社 2005 年版。

22. 王凤桐、李继英编著：《微格教学入门》，香港：香港教育出版社 2002 年版。

23. 李颖主编：《中学语文微格教学教程》，北京：科学出版社 2000 年版。

24. 中华人民共和国教育部制订：《普通高中语文课程标准（实验）》，北京：人民教育出版社 2003 年版。

25. 付煜主编：《中学语文课程标准与教材研究》，北京：现代教育出版社 2013 年版。

26. 付国亮、刘立峰主编：《像树一样成长》，北京：现代教育出版社 2014 年版。

27. 刘永康主编：《西方方法论与现代中国语文教育改革》，北京：人民出版社 2007 年版。

28. 宋其蕤、冯显灿：《教学言语学》，广州：广东教育出版社 1999 年版。

29. 北京义教课标教育研究中心编：《新课程改革实验优秀教学设计方案》，北京：北京图书馆出版社 2002 年版。

30. 马大为：《实际应用语文学》，北京：九州出版社 2013 年版。